Andreas Langer
Hannelore Langer
Helga Theimer

Lehrer beobachten und beurteilen Schüler

Mit über 2.500 Formulierungen für
den Zeugnisbericht

Oldenbourg

PRÖGEL PRAXIS 241

Bibliografische Information Der Deutschen Bibliothek
Die Deutsche Bibliothek verzeichnet diese Publikation in der Deutschen
Nationalbibliografie; detaillierte bibliografische Daten sind im Internet
über <http://dnb.ddb.de> abrufbar.

© 2000 Oldenbourg Schulbuchverlag GmbH, München
www.oldenbourg-bsv.de

1. Auflage 2002 RE
Druck 06   05   04   03
Die letzte Zahl bezeichnet das Jahr des Drucks.

Umschlagkonzept: Mendell & Oberer, München
Umschlaggestaltung: Lutz Siebert-Wendt unter Verwendung einer Fotografie
von Elisabeth Mitterwallner, München
Lektorat: Stefanie Fischer
Moderation: Bruno Stieren
Herstellung: Fredi Grosser
Satz: Greipel-Offset, Haag/Obb.
Druck und Bindung: Schneider Druck GmbH, Rothenburg ob der Tauber

ISBN 3-486-96061-X

Vorwort

Auch im neuen Jahrtausend beobachten und beurteilen Lehrer ihre Schülerinnen und Schüler. Sie nehmen wahr, ob es einem Kind gut oder schlecht geht, wenn es Probleme hat und wann es Hilfe braucht. Sie sehen seine Stärken und Schwächen und beurteilen ihre Schülerinnen und Schüler in den Zeugnissen. Dabei wird ihnen immer wieder bewusst, wie problematisch es ist, ein Urteil über einen Menschen zu fällen, besonders über ein Kind, das mitten in seiner Entwicklung steht.

Erschwerend kommt hinzu, dass die Zeugnisse keineswegs nur für pädagogische Förderung, sondern auch für Selektionszwecke verwendet werden.

Dieses Buch ist eine komplette Neubearbeitung des über viele Jahre erfolgreichen Prögel-Praxis-Bandes. Es will durch konkrete Formulierungshilfen (Kapitel 6) die Lehrer bei ihrer schweren Aufgabe entlasten. Diese fertig formulierten Zeugnisbemerkungen decken alle Fächer und das gesamte Leistungsspektrum vom 1. bis zum 6. Schuljahr ab. Dies wird die Arbeit des Lehrers entscheidend erleichtern – die Problematik der Schülerbeurteilung vermag es nicht zu lösen.

Darum betrachten wir es als zweite Aufgabe dieses Buches, den Lehrer bei seiner Beobachter- und Beurteilertätigkeit zu unterstützen und ihn anzuregen, sich weiter mit dieser Thematik zu beschäftigen.

In Kapitel 2 werden Wege aufgezeigt, wie der Lehrer Schülerverhalten beobachten und schriftlich fixieren kann. Mögliche Beobachtungen und Beurteilungen von Verhaltensmerkmalen der Schülerpersönlichkeit sind in Kapitel 3 formuliert.

Schülerbeobachtung und Schülerbeurteilung dürfen nie Selbstzweck bleiben. Sie bilden die Grundlage für eine Intensivierung der Beratung, für eine Änderung des Schülerverhaltens und beeinflussen das Lehrerverhalten (Kapitel 5).

Die Autoren

Hannelore Langer, Lehrerin an einer Grundschule im Landkreis München

Andreas Langer, früher Grundschullehrer und Schulleiter, jetzt Schulamtsdirektor in München

Helga Theimer, früher Grundschullehrerin und Schulleiterin im Landkreis München, jetzt Schulrätin im Landkreis Rosenheim

Inhaltsverzeichnis

1. Problematik der Schülerbeobachtung und Schülerbeurteilung

In jeder Stunde beobachtet der Lehrer seine Schüler.[1]) Zweimal im Jahr beurteilt er die Mitarbeit und das Verhalten in den Zeugnissen. Beim Übertritt in weiterführende Schulen erstellt er ein pädagogisches Wortgutachten und urteilt über Lernverhalten, Lernbereitschaft; Individual- und Sozialverhalten.

Beurteilen und Beraten gehören zu den fünf Aufgabenfeldern des Lehrers, die der Strukturplan für das Bildungswesen nennt (Deutscher Bildungsrat)[2]).

Häufig wird versucht, zwischen pädagogischer und selektiver Schülerbeurteilung zu unterscheiden. Die pädagogische Schülerbeurteilung soll das einzelne Kind über seine Fortschritte in den verschiedenen Fächern, über sein Lern- und Sozialverhalten informieren. Sie zeigt auf, welche Lernziele erreicht wurden und nennt Gründe für das Nichterreichen. Somit bildet die pädagogische Schülerbeurteilung die Grundlage für gezielte Maßnahmen zur Förderung des Schülers.

Diese Förderungsfunktion lässt sich in der Schulwirklichkeit kaum von der Selektionsfunktion trennen.

„Bedauerlich scheint, dass sich die Diagnose zur pädagogischen Hilfe und Auslesebeurteilung anscheinend nicht mehr trennen lassen. Jede Beurteilung, auch mit ausschließlichen Förderungsbemühungen des Lehrers, gerät ihm unter der Hand gleichzeitig zu einem Selektionsakt.“[3])

Das Urteil des Lehrers ist oft entscheidend für den weiteren Lebensweg eines Kindes. So öffnet oder erschwert das pädagogische Wortgutachten den Zugang zu Gymnasien. Die Leistungsbeurteilung kann ausschlaggebend für die spätere soziale Position sein. Die Bedeutung, die dem Lehrerurteil als Selektionsinstrument zukommt, erregt immer wieder Kritik.

In der Literatur wird z. B. nachgewiesen:
- Der gleiche Aufsatz wird von verschiedenen Lehrern mit allen Ziffern der Notenskala bewertet.
- Lehrer, die den gleichen Aufsatz zweimal vorgelegt bekommen, benoten diesen unterschiedlich.

---

[1]) Aus Gründen der leichteren Lesbarkeit haben wir in den Kapiteln 1 bis 5 die männliche Form gewählt. Selbstverständlich sind immer auch Lehrerinnen und Schülerinnen gemeint.
[2]) Deutscher Bildungsrat 1972. Seite 217 f.
[3]) Kleber E., Beurteilung und Beurteilungsprobleme, Weinheim 1976, Seite 33.

Titel wie „Lehrerurteil und Lehrervorurteile" (Unterrichtswissenschaft 1975/2) oder „Beurteilen oder verurteilen" (Kutscher 1977) zeigen die Kritik am Lehrerurteil.

Schülerbeobachtung und Schülerbeurteilung beinhalten eine Fülle der verschiedensten Probleme. Diese fangen an bei der Begrenztheit menschlicher Wahrnehmung und Beobachtung. Sie setzen sich fort bei der schriftlichen Fixierung. Sie enden noch nicht mit der Reaktion der betroffenen Schüler und Eltern, wenn sie die Beurteilung erhalten.

Auf den kommenden Seiten werden „Beurteilungsfehler" aufgeführt. Der Fachausdruck „Urteilsfehler" wurde aus der Literatur übernommen. Selbstverständlich handelt es sich hier nicht um Fehler im Sinn einer individuellen Schuld des Lehrers, sondern um Tendenzen, die das Urteil eines Menschen beeinflussen können. Jeder ist davon betroffen.

„Tatsächlich glaubte man früher, es sei möglich, Schüler „richtig" beurteilen zu können, wenn man nur das dafür nötige Instrumentarium hatte. Diese Ansicht, ein Urteil könne ein Schülermerkmal so richtig erfassen, wie man einen Gegenstand nach Größe, Form und Farbe beurteilt, ist überholt." – „Urteile sind keine Realitätsabbildungen, sie sind nicht „wahr"".[1]

1.1 Grenzen und Fehler

Halo-Effekt
(Hof-Effekt, Heiligenschein-Effekt)
Der Halo-Effekt beruht auf dem Übertragen des allgemeinen Gesamteindrucks auf die Beurteilung einzelner Eigenschaften. Dieser Effekt tritt besonders bei Persönlichkeitsmerkmalen auf, die moralisch hoch bewertet sind und nur schwer beobachtet werden können (z. B. Grundstimmung, Gefühlsleben). Der gesamte Eindruck entsteht dabei häufig auf Grund von Sympathie oder Antipathie.

Bei der Befragung einer 3. Klasse nannten einige Kinder den gleichen Jungen als besten Schüler und besten Sportler, obwohl sie jede Woche in den Sportstunden seine Ungeschicklichkeit sahen.

Logische Fehler
Kaum zu trennen von Halo-Effekt sind die logischen Fehler. Hierbei werden bestimmte Merkmale, die dem Beurteiler logisch zusammengehörig erschei-

---

[1] Schwarzer, C., Praxis der Schülerbeurteilung, München 1979, Seite 9/10.

nen, ähnlich bewertet. So wird ein sprachgewandter Schüler als intelligent, eifrig und ordentlich angesehen.

Implizite Persönlichkeitstheorie

In der Literatur werden der „Halo-Effekt", „Logische Fehler" und ähnlich gelagerte Probleme unter dem Begriff „Implizite Persönlichkeitstheorie" zusammengefasst. Darunter versteht man vereinfachte, naive Persönlichkeitstheorien zur Beurteilung anderer Menschen. Am bekanntesten ist die Untersuchung von Hofer. Er schreibt:

„Allgemein betrachtet, haben implizite Persönlichkeitstheorien die Funktion, die menschlichen Beziehungen einer Person und ihre Orientierung in der Umwelt zu erleichtern und die Last der Unsicherheit in neuen Situationen zu verringern. Schwierige und streng genommen unübersehbare Gegebenheiten, die eine Stellungnahme oder rasche Entscheidung erfordern, werden durch Anwendung eines subjektiven Ordnungssystems überschaubar und verständlicher gemacht"[1]). Auch bei der Schüler-Lehrer-Beziehung entwickelt der Lehrer in seiner Berufsrolle ein vereinfachtes Schema zur Beurteilung der Schülerpersönlichkeit. Oft wird ihm der Vorwurf gemacht, er sehe den Schüler nur durch die sogenannte „Lehrerbrille" und reduziere die diagnostischen Informationen auf solche, die für die Schule bedeutsam sind.

Hofer hat aufgrund empirischer Untersuchungen eine implizite Theorie von Lehrern entdeckt, die einen subjektiven Ordnungsrahmen darstellt, mit dem man die Schülerpersönlichkeit schnell und einfach erfassen kann:

I.   Arbeitsverhalten (mit Eigenschaften „konzentriert", „pflichtbewusst", „ordentlich")
II. Schwierigkeit („schüchtern", „sensibel", „kompliziert")
III. Begabung („intelligent", „begabt", „einfallsreich")
IV. Dominanz („geltungsbedürftig", „ehrgeizig")
V.   Soziale Zurückgezogenheit („verschlossen", „ungesellig")[2])

Es ist verständlich, dass Lehrer die Tendenz haben, besonders jene Eigenschaften als positiv anzusehen, die ihre Arbeit erleichtern. Doch sollte dieser Beurteilungsmechanismus von jedem Lehrer durchschaut werden. Eine implizite Persönlichkeitstheorie ist nicht von vornherein falsch. Wie differenziert die implizite Persönlichkeitstheorie des Lehrers ist, hängt von verschiedenen Faktoren ab:

---

[1]) Hofer, Manfred, Die Schülerpersönlichkeit im Urteil des Lehrers, Weinheim 1970 Seite 12.
[2]) Zit. Dumke, D., Die Auswirkung von Lehrererwartungen auf Schülerleistungen und Die Schülerbeurteilung; Blätter für die Lehrerfortbildung 1981 7/8.

- Von der Anzahl der Schüler in einer Klasse
- Von den Stunden, die der Lehrer in der Klasse unterrichtet
- Von der Vielfalt der Situationen, in denen er einen Schüler beobachten kann.

Milde-Effekt
(Error of generosity)
Manche Lehrer neigen dazu, alle Schüler milder zu beurteilen, als es die Kollegen tun.

Strenge-Effekt
Umgekehrt gibt es „harte Beurteiler", die ihre Schüler stets strenger bewerten als die anderen Lehrer.

Tendenz zur Mitte
Besonders bei Leistungsnachweisen vermeiden einige Lehrer Extremurteile und verwenden nur die mittleren Notenstufen.

Tendenz zu Extremurteilen
Im Gegensatz dazu kennen manche Lehrer nur Extremurteile. In ihrer Notenskala fehlt die Mitte.

Reihungs-Effekt
Bei der Korrektur von schriftlichen Arbeiten werden die ersten häufig strenger beurteilt als die letzten.

Schwankungs-Effekt
Bei der Auswertung mündlicher Prüfungen zeigt sich oft ein rhythmisches, periodisches Absinken und Ansteigen der Benotung.

Ähnlichkeitsfehler
Der Ähnlichkeitsfehler besteht in der Annahme des Beurteilers, die zu beurteilenden Personen hätten ähnliche und gleich ausgeprägte Verhaltensmerkmale wie er selbst.

Kontrastfehler
Der Kontrastfehler beruht auf der Tendenz des Beurteilers, der zu beurteilenden Person die seinem eigenen Wesen gegensätzlichen Merkmale zuzuschreiben.

1.2 Erwartungshaltung des Lehrers

- Sich-Selbst-Erfüllende-Prophezeiung
- Self-fulfilling-prophecy
- Pygmalion-Effekt (Rosenthal 1968/1971)
- Andorra-Effekt (Schiefele 1974)

Die Erwartungshaltung des Lehrers beeinflusst das Verhalten des Schülers. Welche Bedeutung dem Problem der Lehrererwartung zukommt, zeigt die Fülle der Veröffentlichungen zu diesem Thema. Am bekanntesten ist wohl die Untersuchung „Pygmalion im Unterricht" von Rosenthal/Jacobsen. Sie schreiben im Vorwort: „Die Menschen tun häufiger das, was man von ihnen erwartet als das Gegenteil. Ein großer Teil unseres Verhaltens wird bestimmt durch von vielen Menschen geteilte Normen oder Erwartungen, die Voraussagen ermöglichen, wie ein Mensch sich in einer bestimmten Situation verhalten wird, selbst wenn wir diesen Menschen nie getroffen haben und wenig darüber wissen, wie er sich von anderen Menschen unterscheidet ... Unsere Voraussage oder Prophezeiung ist möglicherweise selbst ein Faktor, der das Verhalten anderer Menschen bestimmt. Wenn wir zu der Erwartung veranlasst werden, gleich einen liebenswürdigen Menschen kennenzulernen, kann unsere Behandlung beim ersten Treffen ihn tatsächlich zu einem liebenswürdigen Menschen machen. Wenn wir zu der Erwartung veranlasst werden, eine unangenehme Person zu treffen, nähern wir uns ihr vielleicht so voll Abwehr, dass wir sie zu einer unangenehmen Person machen."[1]

Bei seinem berühmten Versuch testete Rosenthal Schüler einer amerikanischen Grundschule. Er teilte den Lehrern mit, aufgrund seiner Untersuchungen könne er die Kinder herausfinden, von denen in der nächsten Zeit besondere Lernfortschritte zu erwarten seien. Dann nannte er den Lehrern Namen von Kindern, die rein zufällig aus der Anzahl der Untersuchten herausgegriffen worden waren. Nach einem Jahr überprüfte Rosenthal die Auswirkungen der manipulierten Lehrererwartungen. Es zeigte sich, dass die von ihm genannten Schüler im Vergleich zur Kontrollgruppe einen überdurchschnittlichen IQ-Gewinn aufwiesen.

Auch andere Untersuchungen bestätigten die Existenz des Pygmalioneffekts. Er läuft in der Praxis nicht nach einem einfachen Ursache-Wirkung-Modell ab, sondern entwickelt sich in mehreren Schritten:
1. Der Lehrer liest im Schülerbogen, dass ein Schüler im Unterricht besonders eifrig mitarbeitet.

---

[1] Rosenthal, R., Jacobsen, L., Pygmalion im Unterricht, Weinheim 1971, Seite 3.

2. Diese Erwartungshaltung wirkt sich auf sein Verhalten aus. Er zeigt sie in seiner Sprache, Mimik und Gestik. Meldungen dieses Schülers nimmt er sofort wahr, lässt ihm mehr Zeit, wiederholt die Frage oder gibt Hinweise.
3. Der Schüler übernimmt die Lehrereinstellung in seinem Selbstbild. Er verändert und korrigiert sein Verhalten und produziert das erwartete, das heißt, er beteiligt sich noch reger am Unterrichtsgeschehen.
4. Der Lehrer beobachtet die eifrige Mitarbeit und sieht seine Erwartung bestätigt.

Der Kreis ist damit geschlossen.

Bei diesem positiven Beispiel wird deutlich, wie sich die schriftliche Fixierung des Lehrerurteils zur self-fulfilling-prophecy (Sich-Selbst-Erfüllende-Prophezeiung) entwickeln kann. Gravierende Folgen hat dies bei einer negativen Festlegung, wenn der Schüler kaum die Chance besitzt, die Rolle eines „schwachen Schülers" oder eines „Klassenkasperls" abzulegen. Dies ist auch der Grund, weshalb einige Autoren jede negative Formulierung im Lehrerurteil als gefährliche Etikettierung und Stigmatisierung ablehnen. „Der sogenannte „labeling approach" nimmt an, dass schon die bloße Bezeichnung, die Diagnostizierung einer Schwäche, Störung oder Behinderung negative Wirkung haben kann."[1]

Der Wirkungsgrad des Pygmalioneffekts hängt sicher von der Person des Lehrers und des Schülers ab. Brophy-Good[2] unterscheiden in diesem Zusammenhang drei Typen von Lehrern:
– den proaktiven Lehrer
– den reaktiven Lehrer
– den überreaktiven Lehrer

„Der überreaktive Lehrer übertreibt seine Erwartungen, indem er frühzeitig attribuiert und stereotypisiert. Aus geringen Unterschieden zwischen Schülern macht er große Gegensätze ... Er vergrößert Unterschiede, statt sie auszugleichen ... Überreaktive Lehrer „machen" Unterschiede, sie produzieren Schülerkarrieren"[3]

Dieser Lehrertyp ist für die self-fulfilling-prophecy besonders anfällig.

Bei den Schülern spielt das Alter und die Selbsteinschätzung eine wesentliche Rolle für die Ausprägung und den Ablauf des Pygmalioneffekts.

---

[1] Klauer, K., Handbuch der pädagogischen Diagnostik, Düsseldorf 1978, Seite 12.
[2] Brophy, J. – Good, T., Die Lehrer- und Schüler-Interaktion, München 1976, Seite 160.
[3] Schwarzer, C. und Schwarzer, R., Praxis der Schülerbeurteilung. München 1979, Seite 39.

2. Gewinnung diagnostischer Informationen

2.1 Einführende Bemerkungen

Die Gewinnung diagnostischer Informationen ist eine Voraussetzung für die Arbeit des Lehrers. Er kann nur dann pädagogisch sinnvoll handeln und effektiv unterrichten, wenn er seine Schüler kennt. Die Erhebung diagnostischer Informationen gehört zu den berufsspezifischen Aufgaben des Lehrers, „… weil die Möglichkeit der Langzeitbeobachtung ebenso wie die Möglichkeit des Arbeits-, Lern- und Sozialverhaltens nur dem Lehrer vorbehalten ist."[1]

Doch er muss auch seine Grenzen sehen. Große Anamnesen, Analysen und psychoanalytische Verfahren gehören in den Aufgabenbereich des Psychologen. Der Lehrer sollte sich auf Beobachtungen, Gespräche, Fragebogen und Tests beschränken.

Die diagnostischen Informationen dürfen nicht Selbstzweck bleiben. Sie liefern vielmehr die Grundlage für Erziehung und Unterricht. „Somit darf sich die pädagogische Diagnostik nicht mit der Feststellung von Unterschieden zwischen Schülern begnügen, sie muss Hinweise für erzieherisches Handeln geben. … Aus der bloß beschreibenden wird eine erklärende und damit handlungsanweisende Diagnostik. "[2]

Zur Gewinnung der diagnostischen Informationen gehören drei Schritte: Beobachtung – Beschreibung – Beurteilung.

2.2 Beobachtung – Beschreibung – Beurteilung

Beobachtung
Ein guter Erzieher sein ist fast gleichbedeutend mit ein guter Beobachter sein." (Innerhofer)
Was verstehen wir unter Beobachtung? In der Literatur finden wir folgende Definitionen:
„Beobachtung ist aufmerksame, planmäßige, methodische Sinneswahrnehmung." (Lexikon der Pädagogik, Herder 1970)

„Beobachtung ist die aufmerksame, insbesonders die methodisch durchgeführte Betrachtung eines Objekts, die zu einem Urteil über dieses führt. Beobachtung ist die wichtigste Methode jeder Erfahrungswissenschaft." (Der große Brockhaus)

---

[1] Klauer, K., Handbuch der pädagogischen Diagnostik, Düsseldorf 1978, Seite 11.
[2] p. p. f. Projektgruppe, Diagnostik in der Schule, München 1973, Seite 97/98.

„Beobachtung, das aufmerksame Wahrnehmen eines Objekts oder Vorgangs, ggf. unter Verwendung technischer Hilfsmittel. In den Erfahrungswissenschaften tritt neben die Alltags- oder Gelegenheitsbeobachtung als grundlegende Methode die systematische Beobachtung. Die wird nach bestimmten methodischen Gesichtspunkten planmäßig durchgeführt." (Brockhaus Enzyklopädie 1967)

Was wir beobachten und wahrnehmen ist nie das „wahre" Abbild der Wirklichkeit. Stets wählen wir unter den Reizen aus, die auf uns einströmen. Objektives Wahrnehmen ist nicht möglich. „... was wir in Lebenssituationen oder auch in Problemen wahrnehmen oder behalten, hängt von den Filtern ab, die wir selbst in die Situation mit einbringen. Wahrnehmend wählen wir aus. Unser Wahrnehmen ist wie das Erinnern selektiv. Vorurteile sind selektive Filter..."[1]
Unsere Beobachtung hängt von vielen Faktoren ab:

- von unseren Erfahrungen
- von unseren Erwartungen
- von unseren Interessen und Bedürfnissen
- von unserer momentanen Verfassung
- von unserer momentanen Einstellung und Werthaltung
- von unserem Gedächtnis
- von der Art, Intensität, Anzahl und Häufigkeit der Reize
- von der Begrenztheit unserer Wahrnehmungsfähigkeit.

Beschreibung
Aus dem, was der Lehrer akustisch und visuell beobachtet, zieht er seine Schlussfolgerungen. Er sieht und hört, wie ein Kind sich häufig meldet, richtige Antworten gibt, Fragen stellt ... und urteilt: „Der Schüler beteiligt sich mit großem Interesse am Unterrichtsgeschehen."

Die Deutung des Gesehenen und Gehörten stellt bei den meisten Verhaltensweisen große Anforderungen an den Lehrer. Darum sollte „... die voreilige Schlussfolgerung (Inferenz) von der Beobachtung zur Beurteilung durch einen Zwischenschritt unterbrochen werden, in dem eine möglichst urteilsfreie Beschreibung des Verhaltens vorgenommen wird."[2]

Doch auch dann ergeben sich noch Probleme. Heller bezeichnet die Beobachtungsdeskription als „das Kernstück der Beobachtungsmethode und zugleich ihren problematischsten Teil."[3]

---

[1] Silenius, A., Vorurteile in der Gegenwart, Frankfurt/Main 1966, Seite 20.
[2] Schwarzer, C., Praxis der Schülerbeurteilung, München 1979, Seite 43.
[3] Heller, K., Leistungsbeurteilung in der Schule, Heidelberg 1974, Seite 237.

Auch wenn der Lehrer versucht, „das Verhalten möglichst urteilsfrei zu gestalten" schleichen sich doch häufig wertende und erklärende Aussagen ein. Die Formulierung „Thomas sitzt mit schmollendem Gesichtsausdruck da, weil seine Mannschaft verloren hat", versucht das Beobachtete zu beschreiben, erklärt aber gleichzeitig. Vielleicht zeigt er diesen Gesichtsausdruck nur, weil er sich während des Spiels verletzt hat. Die Aussage „Anna lacht laut und beleidigend bei Stefans Antwort, um ihn zu ärgern" ist zwar informativer, aber weniger objektiv als der Satz: „Anna lacht nach Stefans Antwort".

Der Lehrer soll das Verhalten der Schüler stets so beschreiben, wie es beobachtbar ist (operationalisiert). Operationalisierte Verhaltensbeschreibung bedeutet dabei immer Konkretisierung, Präzisierung und Beschränkung auf das Wahrnehmbare. Dabei ist es zweitrangig, ob der Lehrer vorgegebene Verhaltenskategorien auf einer Liste ankreuzt oder frei protokolliert.

Beurteilung
Aufgrund der Beobachtungen kommt der Lehrer zu seinem Urteil. Er beschreibt dabei zusammenfassend und abstrahierend das Verhalten eines einzelnen Schülers und versucht, dessen persönliche Eigenart zu charakterisieren. Den Schüler „charakterisieren heißt, ihn mit solchen Begriffen kennzeichnen, dass er für Dritte in seiner Eigenart wieder erkennbar wird."[1]

Dieser Bewertungsprozess muss sich auf viele „nachweisbare" Beobachtungsdaten stützen und möglichst bewusst und vorsichtig ablaufen. Die Schülerbeurteilung entwickelt sich zu einer immer wichtiger werdenden Aufgabe im Berufsfeld des Lehrers. Sie erfüllt dabei eine Förderungs- und Selektionsfunktion. Die Beurteilung zur Förderung „lässt sich als primär pädagogisches Anliegen von der pädagogischen Intension der Schule ableiten."[2] Die Beurteilung zur Selektion „... stellt eine Forderung der Gesellschaft an die Schule dar."[3]

Wegen der wachsenden Bedeutung der Schülerbeurteilung muss sie bestimmte diagnostische Gütekriterien erfüllen (siehe Schwarzer 1979).

– „Verschiedene Lehrer sollen in ihrem Urteil übereinstimmen.
– Ein Urteil soll über einen bestimmten Zeitraum stabil bleiben, sofern auch das Beurteilungsobjekt stabil bleibt.
– Das Urteil soll auch wirklich dasjenige Schülermerkmal kennzeichnen, dessen Beurteilung beabsichtigt ist."[4]

---

[1] Ulich, D., Urteile über Schüler, Weinheim 1973, Seite 27.
[2] Kleber, E., Beurteilung und Beurteilungsprobleme, Weinheim 1976, Seite 27.
[3] Kleber, E., Beurteilung und Beurteilungsprobleme, Weinheim 1976, Seite 27.
[4] Schwarzer, C., Praxis der Schülerbeurteilung, München 1979, Seite 10.

Das Lehrerurteil wurde in vielen Veröffentlichungen von den verschiedensten Seiten kritisiert. Seit langem mehren sich jedoch andere Stimmen.

„In neuerer Zeit wird allerdings deutlich, dass das Lehrerurteil eine gewisse Rehabilitierung erfährt."[1])

Bei der Augsburger Längsschnittuntersuchung wurden etwa 2000 Schüler von 1967 bis 1971 untersucht. Dabei kamen die Autoren zu folgenden Ergebnissen:
- „Das Lehrerurteil ist differenziert.
- Das Lehrerurteil ist valide.
- Das Lehrerurteil enthält spezifische Informationen, die durch die anderen angewandten Messverfahren nicht zu erreichen sind."[2])

2.2.1 Aspekte der Beobachtung

- Verschiedene Arten der Beobachtung
- Systematische und unsystematische Beobachtung
- Offene Beobachtung
- Beobachtung unter einem bestimmten Aspekt
- Zeitstichprobentechnik
- Änderung der Beobachterperspektive
- Die Doppelrolle des Lehrers als Beobachtender und Unterrichtender

Verschiedene Arten der Beobachtung
(vgl. Heller 1974, S. 235 ff)
In der Literatur wird oft zwischen der systematischen und der unsystematischen Beobachtung unterschieden.
Die systematische (standardisierte, kontrollierte, strukturierte) Beobachtung ist die eigentliche Form der wissenschaftlichen Beobachtung. Sie verlangt „genau festgelegte Beobachtungspläne (bezüglich Beobachtungssituation, Aspekt, Zeit und Dauer), ein Höchstmaß an Konzentration auf das zu Beobachtende, ein vorauslaufendes Beobachtungstraining, das die Beschreibung beziehungsweise Kodierung mit umfasst und Zuverlässigkeits- wie Gültigkeitskontrollen."[3])

Die *unsystematische (freie, ungebundene, Gelegenheits-) Beobachtung* stellt weniger strenge methodische Anforderungen. Für den Schulalltag ist die Gelegenheitsbeobachtung die übliche Form. In den meisten Situationen reicht sie

---

[1]) Klauer, K., Handbuch der pädagogischen Diagnostik, Düsseldorf 1978, Seite 11.
[2]) Hanke, B., Schülerbeurteilung in der Grundschule, München 1980, Seite 255/256.
[3]) Heller, K., Leistungsbeurteilung in der Schule, Heidelberg 1974, Seite 235.

als Grundlage für das Handeln des Lehrers aus. Bei folgenschweren Urteilen oder bei schwierigen erzieherischen Problemfällen bietet sie zu wenig Zuverlässigkeit. Der Lehrer muss dann andere Formen der Beobachtung einsetzen. Die Gelegenheitsbeobachtung kann durch bewussten und gezielten Einsatz verbessert werden.

Bei der *offenen (nicht aspektgebundenen) Beobachtung* stellt sich der Lehrer z. B. folgende Aufgabe:
– „In der kommenden Woche beobachte ich die drei Kinder, die mir bisher am wenigsten aufgefallen sind und von denen ich noch keine Beobachtungsdaten habe."

Bei der *Beobachtung unter einem bestimmten Aspekt* entschließt sich der Lehrer z. B. dazu:
– „In der kommenden Woche werde ich besonders auf Thomas achten. Ich möchte sehen, wie seine Streitereien mit den Mitschülern ablaufen."

Eine für die Schule besonders geeignete Form stellt die *Beobachtung in standardisierten Situationen (situational sampling)* dar. Hier wird eine immer gleichbleibende Situation zur Beobachtung ausgewählt. In unseren Schulen eigenen sich viele ständig wiederkehrende Unterrichtssituationen für besonders ergiebige Beobachtungen:
– Beobachtung von Schülern beim stillen Erlesen
...
(siehe Kapitel 2.5)

Eine andere Art der systematischen Beobachtung ist die *Zeitstichproben-Technik (time sampling)*. Dabei setzt der Beobachter die Dauer des Abstands und die Anzahl der Beobachtungsphasen verbindlich fest. Zum Beispiel:
– „Ich beobachte in den nächsten zwei Wochen Ursula täglich von 9.30 Uhr bis 9.40 Uhr in der Pause."

Häufig erweist sich eine *Änderung der Beobachterperspektive* als günstig. Dadurch kann der Lehrer Einsichten gewinnen, die völlig neu für ihn sind, z. B.:
– „Ich notiere mir nächste Woche von Michael, der mir bisher vor allem negativ aufgefallen ist, nur positive Verhaltensweisen."

Die Doppelrolle des Lehrers als Beobachtender und Unterrichtender
Als weitere Schwierigkeit kommt hinzu, dass der Lehrer mitten im pädagogischen Feld steht. Er beobachtet und nimmt gleichzeitig aktiv am Unterrichtsgeschehen teil. Durch die Art, wie er als Lehrer den Unterricht gestaltet und

strukturiert, erzeugt er teilweise jenes Verhalten, das er als Beobachter wahrnimmt. Besonders bei geplanten Verhaltensmodifikationen, bei denen die Änderung des Verhaltens einen Erfolg für den Erzieher bedeutet, neigen wir dazu, Veränderungen wahrzunehmen, die noch nicht eingetreten sind.

Diese Doppelrolle als Beobachtender und Unterrichtender sollten wir Lehrer uns stets bewusst machen. Anlass mehr, unsere Beobachtungen kritisch zu kontrollieren.

Eine Möglichkeit hierzu bietet die *Selbstkontrolle.* Der Lehrer kann bestimmte Aspekte seines Verhaltens selbst überprüfen:

- Gibt es Kinder, die mir besonders sympathisch oder unsympathisch sind? Warum?
- Welche Kinder rufe ich am häufigsten auf? (Strichliste)
- Welche Kinder lobe oder ermahne ich am häufigsten? (Strichliste)
- Ist die Zahl der Ermahnungen pro Stunde vom Fach oder vom Wochentag abhängig? (Strichliste)
- Wie viele Fragen stelle ich im Verlauf einer Stunde? (Strichliste)
- Wie viele Impulse verwende ich im Verlauf einer Stunde? (Strichliste)
- Wirkt sich meine Stimmung auf den Einsatz von Lob, Tadel und Strafe aus?
Der Einsatz von Tonband- und Videogerät leistet hier oft wertvolle Dienste.

Die Selbstkontrolle erfasst nur Teilgebiete des Lehrerverhaltens. Sie birgt auch immer die Gefahr des „Selbstbetrugs" in sich. Deshalb bietet sich die *Fremdkontrolle* als bessere Alternative an.

Wir Lehrer sind nicht gewöhnt, unsere Klassenzimmer für den Kollegen zu öffnen. Dabei haben wir hier die Möglichkeit, uns von einem Fachmann für Erziehung und Unterricht beraten zu lassen, der uns nicht benotet.

Viel häufiger sollten wir die Gelegenheit nützen, unsere Beobachtungen von einem Kollegen überprüfen zu lassen. Wir können ihn zum Beispiel bitten, einen verhaltensauffälligen Schüler eine Stunde lang zu beobachten. Beim anschließenden Gespräch vermag der Vergleich der gemachten Aufzeichnungen vielfach schon zur Klärung und Lösung des Problems beizutragen.

Da der Kollege nicht selbst aktiv am Unterricht teilnimmt, kann er viele Verhaltensmerkmale objektiver und zuverlässiger beobachten.

Umgekehrt bietet sich an, den Kollegen zu bitten, eine Unterrichtsstunde zu übernehmen. Man selber beobachtet dann in dieser Stunde die eigenen Schüler besonders intensiv. Allein der Wechsel des Standortes, sowohl räumlich als auch emotional, eröffnet völlig neue Perspektiven.

Wenn zwischen Lehrern ein vertrauensvolles Verhältnis besteht, ist es durchaus möglich, den Kollegen zu bitten, das eigene Verhalten im Unterricht zu beobachten.

Gezielte Fragen versprechen hier meist mehr Erfolg als offene Beobachtung:
- Wie oft stelle ich Fragen? (Strichliste)
- Wie oft setze ich Impulse ein? (Strichliste)
- Wie lauten die häufigsten Fragen, Impulse und Befehle?
- Verwende ich bestimmte Wörter auffallend oft?
- Habe ich besondere Angewohnheiten?
- Wie groß ist mein Wahrnehmungsfeld?
- Übersehe ich bestimmte Kinder?
- Wie oft lobe oder tadle ich? (Strichliste)

Da die Ausbildung der Lehrer kaum Beobachtertraining anbietet und da die Beratungsbesuche der Vorgesetzten meist auch Bewertungen beinhalten, sollten sich die Lehrer hier selbst helfen und freiwillig Kollegen als Beobachter in ihre Klassen bitten.

2.2.2 Schriftliche Fixierung der beobachteten Verhaltensweisen

- Beobachtungsbogen
- Schematische Dokumentation
  Beispiel für eine Klassenbeobachtung – Beispiel für eine Einzelbeobachtung – Beispiel eines Beobachtungsprotokolls mit Registrierung der Zeit – Beispiel für ein Diagramm
- Kategoriensystem
- Rating – Schätzskalen

Es gibt verschiedene Möglichkeiten, die beobachteten Verhaltensweisen zu notieren. Welche Form der Lehrer wählt, hängt von den Gegebenheiten des Einzelfalles ab:
- Von der Verhaltensweise, die er beobachten möchte
- Von der Bedeutsamkeit des Problems
- Von der Häufigkeit des Auftretens
- Von der Verhaltensdauer
- Von der unterrichtlichen Situation.

Die folgenden Beispiele geben Anregungen für die Gestaltung von Beobachtungsbögen, schematischen Dokumentationen, Kategoriensystemen und Einschätzskalen.

Beobachtungsbogen
Am besten ist *der* Beobachtungsbogen, den der Lehrer nach seinen eigenen Praxiserfahrungen findet. Er sollte ökonomisch und situationsspezifisch sein,

damit der Lehrer mit wenig Arbeitsaufwand konzentriert unterrichten und gleichzeitig alle Einzelheiten der Verhaltensweise beobachten kann. Wenn er die für ihn geeignetste Protokollform gefunden hat, sollte er das so entstandene Beobachtungsblatt vervielfältigen. Einige Verlage bieten auch fertige Formulare zur Schülerbeobachtung an.

Als günstig hat sich erwiesen, alle Beobachtungsblätter, Soziogramme, Strichlisten ... in einem Schnellhefter DIN A4 aufzubewahren. Bei jeder Beobachtung muss das Datum, die Zeit und die äußere Situation angegeben werden. „Ein Beobachtungsschema, das einmal festgelegt wird, darf im Laufe einer Verhaltensbeobachtung nicht beliebig verändert werden."[1]

Beispiel für ein Beobachtungsblatt

Name: Michael S.	Klasse/Gruppe: 3a
Fach: Sachunterricht	
Beobachtungsaspekt: Zusammenarbeit	
Beobachungssituation: Gruppenarbeit	
Beobachtungsdatum: 11.2.00	
Beobachtungsnummer: 24	

Zeit:	Verhalten, in welcher Situation, Ereignisse, Besonderheiten vor dem Auftritt
8.20	macht Vorschlag für den Versuchsaufbau
8.23	hilft Kathrin beim Aufschreiben

Der Zeitpunkt der schriftlichen Fixierung hängt von den Gegebenheiten ab. Das Verhalten eines Schülers beim stillen Erlesen (z. B.: Konzentration, Ausdauer, Lesetempo ...) kann sicher gleich aufnotiert werden (begleitendes Stichwortprotokoll). Häufig jedoch muss der Lehrer sich auf seine Erinnerung verlassen und die Beobachtungen nach dem Unterricht aufschreiben. Dabei sollte der Abstand von Beobachtungen und Dokumentation möglichst gering gehalten werden.

Schematische Dokumentationen
Verhaltensweisen, bei denen es um die *Häufigkeit* geht, deren Anfang und Ende klar abgegrenzt ist, können mit Hilfe von Strichlisten notiert werden. (Z. B.: Melden, Dazwischenrufen, Verlassen des Platzes ...).
Für die Klassenbeobachtung eignen sich Listen, auf denen die Namen der Schüler alphabetisch aufgeführt sind.

---

[1] Ammer, C., Veränderung von Schülerverhalten, München 1976, Seite 81.

Beispiel für eine Klassenbeobachtung:

Klasse: _3a_				Schuljahr: _1999/2000_							
Fach: _Mathe_											
Beobachtungssituation: _Übungsstunde 1 x 1_											
Beobachtungsdatum: _8.2.00_ Beobachtungszeit: _8.45 – 9.30_											
Verhalten: _Meldeverhalten. Meldet sich!_											
1. Julia	|||||	|||||										11
2. Matthias	|||||											5
3. Till	||											2
4. Thomas	|||||	||										7

Beispiel für eine Einzelbeobachtung:

Name: _Susanne K._				Klasse/Gruppe: _4a_		
Fach: _D, M, D, D_						
Beobachtungsdatum: _7.2. – 11.2.00_ Beobachtungszeit: _8.00 – 8.45_						
Verhalten: _aggressives Verhalten_						
Kategorien:	Mo	Di	Mi	Do	Fr	gesamt
Beschimpfen	III	I	II	II	|||||	13
Zwicken	III	II		I	III	9
Schlagen	II		I	I	I	5
gesamt:	8	3	3	4	9	
Bemerkungen:						

Bei manchen Verhaltensweisen ist die *Dauer* bedeutsamer als die Häufigkeit, z. B. bei der Zeit, die vergeht, bis ein Schüler zu arbeiten anfängt – bei der Zeit, die sich ein Schüler mit Dingen beschäftigt, die nicht zum Unterricht gehören – bei Wutausbrüchen ... Für die Registrierung derartigen Verhaltens wird eine Uhr benötigt.

Beispiel eines Beobachtungsprotokolls mit Registrierung der Zeit:

Name: Anne H.   Klasse/Gruppe: 3a

Fach: M, D, D, S, M

Beobachtungsdatum: 14. 2. – 18. 2. 00   Beobachtungszeit: 9.45 – 10.30

Verhalten: Arbeitstempo – Zeit, die nach einem Arbeitsauftrag

vergeht, bis Anne mit dem Schreiben beginnt.

Tag:	Dauer/Minuten				gesamt	Bemerkungen
Mo	2'	4'	3'		9	sucht Heft
Di	4'	2'	2'		8	spitzt Bleistift
Mi	3'	2"			5	weiß nicht, was sie machen soll
Do	3'	1'	2'		6	
Fr	2'	2'	2'	4'	10	träumt

Bemerkungen:

Beim *Sozialverhalten* bieten sich verschiedene Diagramme an. Mit ihrer Hilfe lassen sich z. B. Kontaktaufnahme, aktive Beteiligung, Äußerung der Sympathie ... darstellen.

Beispiel für ein Diagramm:

Kontaktaufnahme

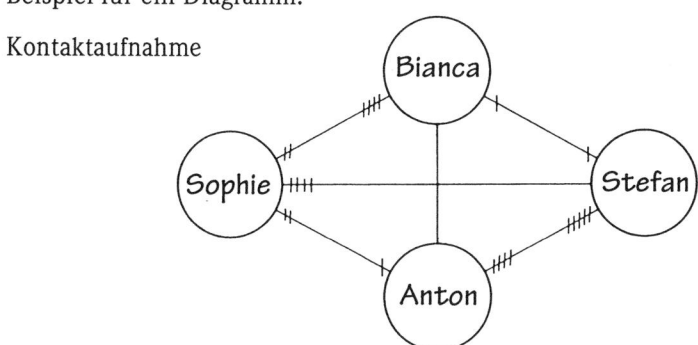

Kategoriensystem

Um beim Aufnotieren des Verhaltens Zeit zu sparen, ist es möglich, Kategoriensysteme zu verwenden, in denen die zu beobachtenden Verhaltensweisen bereits konkret vorformuliert sind. Dies können vom Lehrer selbst entwickelte oder vorgegebene Verhaltensskalen sein. In das Beobachtungsprotokoll wird dann nur ein Buchstabe oder eine Zahl für die Verhaltenskategorie eingesetzt.

Beispiel: Mitarbeit im Unterricht

Zahl:	*Verhaltenskategorie:*	*Abkürzung:*
1	Der Schüler meldet sich	M
2	Er stellt eine Frage	F
3	Er bringt einen Vorschlag zur Unterrichtsgestaltung	V
4	Er übernimmt freiwillig eine Aufgabe	A
5	...	
6	...	

Beispiel für ein Beobachtungsprotokoll nach einem Kategoriensystem:

Name : Thomas L.　　　　　**Klasse/Gruppe :** 3 a

Fach : D, M, D

Beobachtungssituation : Erarbeitender U.

Beobachtungsdatum: 21. 2. – 25. 2. 00　**Beobachtungszeit :** 8.00 – 8.45

Verhalten : Mitarbeit im Unterricht

Mo	A M V MM FM
Di	FMF A M
Mi	V M F M M
Do	F M
Fr	A M M M M

Bemerkungen :

Die in Kapitel 3 angegebenen Verhaltenskategorien (mögliche Beobachtungen) können in diesem Sinne eingesetzt werden.

22

Rating – Schätzskalen

Bei der Beurteilung von Schülerverhalten werden häufig Schätzskalen (Ratings) eingesetzt.

„Schätzskalen sind Mittel, die es erlauben, Beobachtungsergebnisse zu quantifizieren. Der Grad der Ausprägung eines Merkmals wird so eingeschätzt, dass er durch eine Zahl repräsentiert werden kann."[1]

Die Meinungen der Gegner und Befürworter stehen diametral gegenüber.

Kontra

Coombs schreibt: „Alles in allem frage ich mich manchmal, ob solche bewertenden Ratings ihre Kosten wert sind – so billig sie auch zu haben sind. Sicher: Sie sind äußerst praktisch und garantieren auch dann noch „Ergebnisse", wenn bei allen anderen Methoden nichts herauskommt."

Sixtl vertritt die Meinung, dass das Ratingverfahren für die Beurteilung anderer Menschen nahezu unbrauchbar und nur geeignet ist, wenn das Urteilsverhalten des Beurteilers im Mittelpunkt des Interesses steht.

Pro

„Man kann auf Ratingverfahren in der pädagogischen Beurteilung komplexer ganzheitlicher Schülermerkmale nicht verzichten, insbesondere dann nicht, wenn es um den emotionalen Sozialbereich des Schülers geht."[2]

Die Arten der Schätzskalen sind sehr unterschiedlich. Hier einige Möglichkeiten der graphischen Gestaltung:

1. Beispiel:
Arbeitstempo des Schülers

sehr flott	flott	gleichmäßig	langsam	zu langsam

2. Beispiel:
Wie schätzen Sie die Ängstlichkeit des Schülers ein?

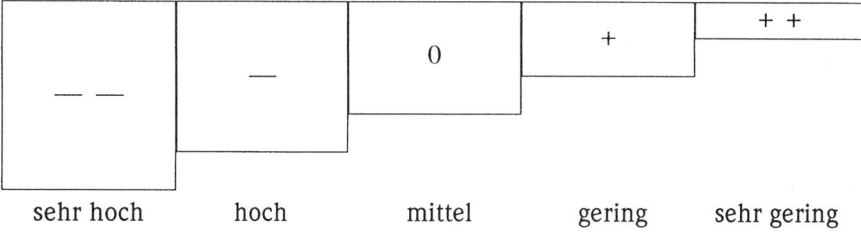

| sehr hoch | hoch | mittel | gering | sehr gering |

---

[1] Schwarzer, C., Praxis der Schülerbeurteilung, München 1979, Seite 52.
[2] Janowski, A., Beurteilungshilfen für Lehrer, Braunschweig 1981, Seite 7.

3. Beispiel

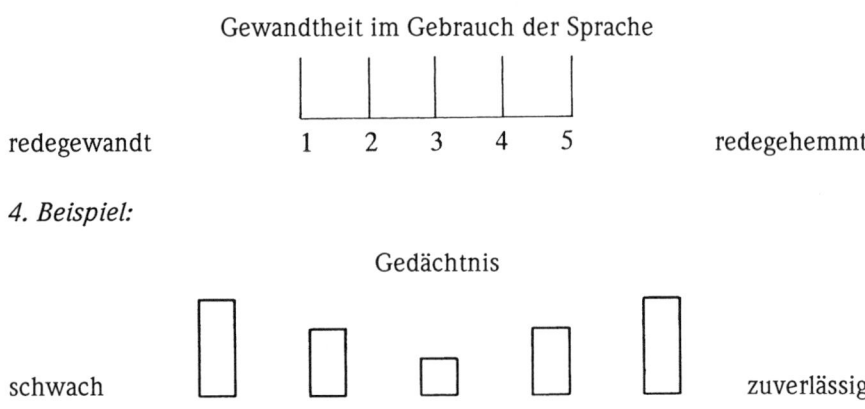

Gewandtheit im Gebrauch der Sprache

redegewandt   1   2   3   4   5   redegehemmt

4. Beispiel:

Gedächtnis

schwach   zuverlässig

5. Beispiel:
Ein Beispiel für Einschätzskalen, in denen die typischen Verhaltensweisen konkret beschrieben werden, stellen die „Beurteilungshilfen für den Lehrer" dar. (Janowski, A., Braunschweig 1981)

2.3 Notwendigkeit von Schülerbeobachtung und Schülerbeurteilung

Kinder sind in der Familie, im Kindergarten und in der Schule verschiedenen Erziehungseinflüssen ausgesetzt, die ihr Verhalten in entscheidender Weise bestimmen. Daraus ergibt sich die Notwendigkeit, Bedingungen und Merkmale zu untersuchen, die die Verhaltensweisen der Kinder prägen. Um erfolgreiche pädagogische Arbeit leisten zu können, ist dieses „Vorwissen" erforderlich.

Schülerbeobachtung und Schülerbeurteilung wird von Schulbehörden, Beratungslehrern, Erziehungsstellen, Eltern und den Schülern selbst in zunehmendem Maße Gewicht beigemessen. Sie lässt sich in dreifacher Hinsicht begründen:
– als eine Forderung der Gesellschaft
– als Grundlage für jedes pädagogische Handeln
– als Voraussetzungen für eine effektive Unterrichtsgestaltung.

„Die Schülerbeurteilung ermöglicht optimale Individualisierung und Differenzierung in der unterrichtlichen Betreuung und erzieherischen Förderung des Einzelnen und der Gruppe".[1]

---

[1] Schröder, H., Leistungsmessung und Schülerbeurteilung, Stuttgart 1974, Seite 200.

24

2.3.1 Forderung der Gesellschaft

• Forderung durch die amtlichen Bestimmungen
• Forderung der Eltern
• Forderungen, die von außen an die Schule herangetragen werden

Unsere moderne Gesellschaft ist eine Leistungsgesellschaft. In vielen wirtschaftlichen und schulischen Bereichen wird versucht, die Persönlichkeit eines Menschen möglichst in Zahlen für den Computer aufzuschlüsseln und auf dieser Grundlage eine Auslese zu treffen. Doch es zeigt sich, dass dadurch allein die differenzierte Persönlichkeit niemals erfasst werden kann.

Forderung durch die amtlichen Bestimmungen
Bei der Einstellung in den Schuldienst verpflichtet der Staat den Lehrer zum Unterrichten und Erziehen. Es wird von ihm verlangt, dass er die Schüler prüft, beobachtet und beurteilt und diese Beurteilungen in Zeugnissen, Schülerbögen, Übertrittszeugnissen und bei Überweisungen in die Sonderschule schriftlich fixiert.

Forderung der Eltern
Noch vor wenigen Jahrzehnten sah die Gesellschaft die Hauptaufgabe des Lehrers darin zu unterrichten, d. h. Kenntnisse und Fertigkeiten zu vermitteln. Seine Funktion als Beurteiler spielte kaum eine Rolle. Nicht gute Leistung und Beurteilung verhalfen zu höheren sozialen Positionen. Nur die gesellschaftliche Schicht, der die Eltern des Schülers angehörten, war hier ausschlaggebend. Durch die heutige soziale Mobilität ist der gesellschaftliche Aufstieg für jeden möglich. Voraussetzung ist der Nachweis entsprechender Zeugnisse. Deshalb hat das Interesse der Eltern an bildungspolitischen Maßnahmen und an der schulischen Laufbahn ihrer Kinder erheblich zugenommen. Sie wollen über Leistungsstand und Verhalten informiert werden. Die Eltern verlangen vom Lehrer, dass er sich intensiv mit ihrem Kind beschäftigt. Sie wollen differenzierte pädagogische Maßnahmen zur bestmöglichen Förderung ihres Kindes.

Forderungen, die von außen an die Schule herangetragen werden
Die Schule steht im „Spannungsfeld von Reproduktion und Innovation der Gesellschaft"[1]

Sie stellt Forderungen an Schülerbeurteilungen, die nur schwer miteinander in Einklang zu bringen sind:

---

[1] Fend, H., Gesellschaftliche Bedingungen schulischer Sozialisation, Weinheim 1974.

– Die Schule soll qualifizieren

In der Beurteilung muss die Eignung eines Schülers für eine bestimmte Schullaufbahn oder sogar einen späteren Beruf ausgesprochen werden. Die Gesellschaft zieht den Leistungsnachweis und die Beurteilung heran, um Positionen in Verwaltung, Wirtschaft usw. mit den geeigneten Leuten zu besetzen.

– Die Schule soll integrieren

Ihre Aufgabe besteht darin, die Schüler auf das Leben in der Gesellschaft vorzubereiten. Die Kinder müssen lernen, welche Merkmale und Maßstäbe für das soziale Zusammenleben gelten.

– Die Schule soll selektieren

Aufgrund der Beurteilungen wird über den schulischen und späteren Werdegang des Kindes entschieden.

– Die Schule soll individuell fördern

Jeder Schüler muss seine individuellen Fähigkeiten optimal entwickeln können.

Die selektive Funktion der Beurteilung gewinnt in der jetzigen Zeit mit ihrer hohen Arbeitslosenquote problematische Bedeutung.

2.3.2 Voraussetzung für pädagogisches Handeln

- in der Klasse
- mit dem einzelnen Schüler

In welchem Umfang und mit welchem Ergebnis der Lehrer das Verhalten der einzelnen Schüler beeinflussen kann, hängt von seiner Person und von vielen persönlichen Merkmalen des Schülers ab, z. B. von der gesundheitlichen Verfassung, der Intelligenz, dem sozialen Status der Familie, der Stellung zur Klasse und zum Lehrer.

Das Schülerverhalten wird nie von einer dieser Determinanten allein bestimmt, sondern hier wirken immer mehrere zusammen. Um dem Schüler individuelle pädagogische Hilfe geben zu können, muss der Lehrer bei der Suche nach den Ursachen für ein bestimmtes Verhalten möglichst viele Aspekte in Verbindung bringen. Hierzu ist intensive Beobachtung und vorsichtige, begründete Bewertung des Verhaltens wichtig.

Pädagogisches Handeln in der Klasse
Bei jüngeren Schülern ist das Verhalten ganz auf den Lehrer gerichtet, bei älteren dagegen wird es mehr gruppen- oder klassenorientiert. Die Klasse hat dann eine entscheidende Funktion.

Wenn der Lehrer das Fehlverhalten eines bestimmten Schülers abbauen will, muss er vorher durch ein Soziogramm und andere Beobachtungen folgende Fragen klären:

- Wo hat der Schüler im Klassenverband seinen Platz?
- In welchem Umfang wird er von den Mitschülern angenommen oder abgelehnt?
- Ist er in der Lage, die Aktivitäten anderer Schüler oder der ganzen Klasse zu beeinflussen?
- Inwieweit vermag er sich durchzusetzen?
- Hat er eine dominierende Rolle?

Die Klasse ist das soziale Feld, in dem sich ständig emotionale Beziehungsgeflechte entwickeln. Nur wenn der Lehrer sie kennt, kann er pädagogisch richtig handeln, d. h. die positive Wirkung der Klasse auf den einzelnen Schüler fördern (das Gefühl der Gemeinschaft, der Geborgenheit, der Solidarität) und den negativen Einfluss vermindern (Gefühl der Angst, der Unterdrückung).

Durch richtig eingesetzte kooperative Arbeitsweisen, Rollenspiele sowie durch das Übertragen von Mitverantwortung und spezieller Aufgaben ist es dem Lehrer hier möglich, auf den einzelnen Schüler im Klassenverband positiv einzuwirken.

Pädagogisches Handeln mit dem einzelnen Schüler
Bei jedem pädagogischen Handeln muss sich der Lehrer bewusst machen, welchen Schüler er damit erreichen will. Es gibt keine pädagogische Maßnahme, die in jeder Situation und für jedes Kind geeignet ist. Der wirkungsvolle Einsatz von Lob, Ermutigung und Strafe durch Worte, Gestik oder Mimik hängt jeweils davon ab, wie genau der Lehrer den Schüler kennt. Deshalb sind Schülerbeobachtung und Schülerbeurteilung die Voraussetzung für pädagogisches Handeln.

Fast täglich sieht sich der Lehrer in Situationen, die außer sofortigen pädagogischen Maßnahmen *das persönliche Gespräch* mit dem einzelnen Schüler nötig erscheinen lassen.

Gelegenheiten dazu ergeben sich immer wieder im Schulalltag, in der Schülersprechstunde, die manche Lehrer mit großem Erfolg halten, auf Wanderungen, bei Busfahrten, auf dem Schulweg usw. Auf einer gegenseitigen Vertrauensbasis müssen Schüler und Lehrer zueinander finden, damit im Schüler das Gefühl geweckt wird: Hier hat jemand Zeit für mich, hört mir zu, bringt meiner Lage Verständnis entgegen und will mir helfen.

Beispielhaft sollen zwei Probleme aufgezeigt werden, mit denen der Lehrer häufig konfrontiert wird:

<u>Ein Schüler sagt die Unwahrheit</u>
Bevor der Lehrer eine Verhaltensänderung planen kann, (siehe Kap. 5), muss er versuchen, die Motive für die unerwünschte Verhaltensweise zu finden. Bei oberflächlicher Betrachtung besteht die große Gefahr, dass die Beobachtungslücken nach dem allgemeinen Eindruck ergänzt werden, was letztlich zu einer Typisierung des Urteils führt.

Nur intensive Schülerbeobachtung kann hier wichtige Aufschlüsse bringen:
- Beruht diese Verhaltensweise auf frühkindlichen Erfahrungen?
- Will der Schüler eine Schwäche verbergen?
- Hat er Angst aus Furcht vor Strafe?
- Will er einer Blamage ausweichen?
- Will er sich zum Mittelpunkt des allgemeinen Interesses machen?
- Hat er ein großes Geltungsbedürfnis?
- Fürchtet er um seine Position in der Klasse?

Je nach dem Ergebnis lassen sich unterschiedliche Rückschlüsse ziehen, die das Lehrerverhalten bestimmen.

<u>Ein Schüler ist verzweifelt</u>
Wir erleben immer wieder, dass das Selbstvertrauen der Schüler durch schlechte Noten erschüttert wird. Hier hat der Erzieher die wichtige Aufgabe, das Selbstwertgefühl des Kindes wieder aufzubauen. Dies ist nur möglich, wenn zwischen Lehrer und Schüler ein Vertrauensverhältnis besteht, der Lehrer seinen Schüler gut kennt und sich in ihn hineindenken kann.
Schüler mit geringem Selbstvertrauen zeigen oft ein übergroßes Bedürfnis nach Anerkennung. Sie sehnen sich nach Lob.
Im Gespräch unter vier Augen gilt es, Gründe für die Minderwertigkeitsgefühle des Schülers zu suchen. In Kenntnis der besonderen Fähigkeiten der Schüler wird es dem Lehrer nicht schwer fallen, einen Ansatzpunkt für den Aufbau eines neuen Selbstwertgefühls zu finden. Lob und Ermutigung auf anderen Gebieten müssen einen Ausgleich schaffen.

Häufig sind auch unrealistische Erwartungen der Eltern mit Schuld daran, wenn ein Kind Schwierigkeiten hat, sein Selbstwertgefühl zu finden. „Die Wichtigkeit eines angemessenen Selbstbewusstseins und einer adäquaten Selbsteinschätzung kann nicht genügend betont werden, und sie gehören zu den bedeutendsten entwicklungsmäßigen Leistungen des Kindes. Ist das Konzept des Selbst erst einmal festgelegt, werden alle Erfahrungen des Individuums durch dieses Selbstkonzept sorgfältig geprüft und gewertet. Wie weit jemand im Leben Freude, Glück und Erfolg findet, wird in der Tat weitgehend von der Angemessenheit seines Selbstbewusstseins bestimmt."[1]

2.3.3 Voraussetzung für die Unterrichtsgestaltung

- Voraussetzung für die Stoffauswahl
- Voraussetzung für die Methode

Zur effektiven Gestaltung des Unterrichts ist die genaue Schülerbeobachtung eine wesentliche Voraussetzung. Der Lehrer muss die Schüler kennen, damit er seinen Unterricht vom *Stoff* und der *Methode* her für sie am vorteilhaftesten gestaltet. Er richtet sich nach den Schülern, die wiederum von seinem Unterricht beeinflusst werden. So sind letztlich die Schülerbeobachtung und -beurteilung nicht nur Hilfe für die Schüler und Eltern, sondern auch für den Lehrer die Grundlagen für eine bessere Gestaltung seines Unterrichts.

Voraussetzung für die Stoffauswahl
Aufgrund der unterschiedlichen Interessen und Lernsituationen der einzelnen Schüler nehmen sie neuen Stoff verschieden schnell auf und verarbeiten ihn individuell. So ist eine Beobachtung des Schülers und eine Überprüfung seines Lernfortschrittes notwendig, bevor zum nächsten Thema übergegangen wird. Der Lehrer weiß auch, dass ein affektiver Bezug zum Thema das Ergebnis einer Arbeit oft wesentlich verändern kann. Bei einzelnen Kindern beeinflusst die wachsende Anspannung den Ermüdungsverlauf entscheidend. Die Stoffauswahl kann nur der Individuallage der Klasse angepasst werden, wenn der Lehrer die Fähigkeiten, Interessen, Leistungsbereitschaft und Konzentration der einzelnen Schüler kennt. Manche Schüler brauchen vielleicht besondere Anschauungsmittel und Hilfe zur Überwindung von Lernschwierigkeiten. Schon bei der Unterrichtsvorbereitung sollte der Lehrer seine Schüler vor Augen haben, damit er die Stoffmenge und den Schwierigkeitsgrad richtig wählt.

Vorausssetzung für die Methode
Im Verlauf jeder Unterrichtsstunde wird deutlich, welch wesentliche Voraussetzung die Schülerbeobachtung für den Unterrichtserfolg ist.

- Ein Lehrer kann seine Schüler nur motivieren, wenn er sie genau kennt und weiß, wodurch sie besonders angesprochen werden.
- Nur wenn der Lehrer die Sprache der Schüler kennt, kann er sich alters-

---

[1] Blackham, G., Der auffällige Schüler, Weinheim 1979, Seite 45.

und schichtspezifisch angemesssen ausdrücken.

– Um abwechselnde, lustbetonte Tätigkeitsformen für die einzelnen Schüler zu finden, muss der Lehrer ihre Fertigkeiten und ihre Arbeitsweise kennen. Er muss wissen, inwieweit der einzelne Schüler bei einer bestimmten Tätigkeit Freude empfindet oder ob er überfordert ist.

– Der erfolgversprechende Einsatz einer Gruppen- oder Partnerarbeit ist nur nach der Erstellung eines Soziogramms möglich. Je ich-bezogener Kinder handeln, je sprechgehemmter sie sind, je weniger sie Anschluss an die Gemeinschaft haben, desto wichtiger ist für sie die kleine Lern-, Arbeits- oder Spielgruppe. Die sozialen Prozesse in der Lerngruppe können Verhaltensstörungen verhindern oder abbauen, wenn die soziale Situation günstig ist.

– Um bei schnell arbeitenden Schülern Leerlauf zu verhindern, muss eine Differenzierung vorgenommen werden. Der Lehrer kann diese Aufgaben für einzelne Kinder nur dann effektiv einsetzen, wenn er die Schüler durch intensive Beobachtung kennt.

– Zum Erreichen eines bestimmten Lernziels sind verschiedene Hilfen notwendig. Um dem Schüler hier wirklich individuell zu helfen, ihn weder zu überfordern noch zu unterfordern, muss seine Lernsituation bekannt sein.

– Lernzielkontrollen sollen jedem Schüler Erfolgserlebnisse vermitteln. Nur wenn der Lehrer das Sprachverständnis des Schülers kennt, weiß, wie er wahrnimmt und beobachtet, sich auch über seine Arbeitsweise und sein Arbeitstempo im klaren ist, kann er die Lernzielkontrollen richtig gestalten.

2.4 Indirekte Beobachtung

Die ersten Eindrücke, die ein Lehrer von seinen neuen Schülern bekommt, beruhen auf direkten Beobachtungen. Sie betreffen die äußere Erscheinung der Kinder, ihr Temperament, die Mitarbeit, die Aufgeschlossenheit usw.

Mit diesen ersten Beobachtungen werden nur einzelne Merkmale erfasst und nicht das Kind in seiner Gesamtpersönlichkeit. Hier sind indirekte Beobachtungen Hilfsquellen, auf die der Lehrer immer wieder zurückgreifen kann. Sie richten sich auf die gesamte Klasse und geben dem Lehrer die Möglichkeit, alle Schüler unter verschiedenen Aspekten kennenzulernen. Ihre Auswertung kann auch zu einem späteren Zeitpunkt erfolgen.

Möglichkeiten zur indirekten Beobachtung der Schüler sind:
2.4.1 Arbeiten der Schüler
2.4.2 Schülerfragebogen
2.4.3 Soziogramm

2.4.1 Arbeiten der Schüler

Alles was der Schüler schreibt, zeichnet oder malt, sagt etwas über ihn aus. Auch ohne Graphologe zu sein, kann der Lehrer aus der Größe und Richtung der Buchstaben sowie aus dem Schreibdruck Schlüsse ziehen. Besonders Veränderungen im Schriftbild werden ihm auffallen. Die Art, wie ein Lernzielkontrollblatt ausgefüllt wurde, zeigt oft, ob das Kind entspannt war oder unter großem Druck stand. Die Gestaltung eines Arbeitsblattes erlaubt häufig Aussagen über das Selbstbewusstsein des Schülers.

Es ist hier nicht der Ort, ausführlich auf die Bedeutung von Schülerarbeiten für die Urteilsbildung einzugehen. Zwei Punkte seien nur kurz herausgegriffen:

1. Bilder
Die Bilder, die ein Kind malt, können den Zugang zu seiner Persönlichkeit öffnen. Farbgebung, Einteilung des Blattes, Differenziertheit der Darstellung, Größenverhältnisse usw. lassen auf das Selbstbewusstsein, die Grundstimmung, das Gruppengefühl ... des Schülers schließen. Manche Themen wie zum Beispiel Baum- und Menschendarstellungen, „Meine Familie als Tiere" eignen sich besonders gut. Wer sich mit der Deutung von Kinderzeichnungen näher beschäftigen möchte, kann folgende Bücher lesen: Brehm-Gräser, L., „Familie in Tieren", München 1975 oder „Mama ist ein Elefant" – Die Symbolwelt der Kinderzeichnungen von Gmelin, O., Stuttgart 1978.

2. Aufsätze
Schüleraufsätze spiegeln in hervorragendem Maß Verhaltensmerkmale der Schülerpersönlichkeit wider. Sie enthalten Aussagen über die Fantasie, das Selbstverständnis, die Grundstimmung, das Sozialverhalten ... des Kindes. Somit bilden sie oft den Anlass für ein Gespräch mit dem Schüler oder für die Planung einer Verhaltensmodifikation.

Auch hier bieten sich viele Themen an, z. B.:
– Streit mit ...
– Als ich einmal Angst hatte
– Als ich einmal gelogen habe
...

Aussagekräftig sind auch Fantasieaufsätze wie:
- Wenn ich unsichtbar wäre
- Wenn ich fliegen könnte
- Wenn ich zaubern könnte
- Die Geldbörse, die nie leer wurde

...

2.4.2 Schülerfragebogen

Als Hilfe zum Kennenlernen des Schülers wird von manchen Erziehern gern der Schülerfragebogen verwendet. Besonders, wenn der Lehrer eine Klasse neu übernimmt, kann er sich auf diese Weise ohne großen Zeitaufwand von allen Schülern der Klasse gleichzeitig erste Informationen verschaffen. Aber auch bei einer späteren Befragung während des Schuljahres liefern die Schülerfragebogen dem Lehrer wertvolle Aufschlüsse.

Die Zusammenstellung der Fragen für einen derartigen Bogen kann unter verschiedenen Aspekten erfolgen, z. B.:
- Fragebogen zum allgemeinen ersten Kennenlernen
- Angstfragebogen
- Fragenbogen über die Einstellung zur Schule
- Fragebogen zum Selbstkonzept
- Fragebogen zur Leistungsmotivation
- Fragebogen zur Ursachenerklärung von Erfolg bzw. Misserfolg
- Fragebogen über besondere Interessen und Neigungen
- Fragebogen zur Erledigung der Hausaufgaben

Fragebogen mit dieser oder ähnlicher Thematik sind in der Reihe Deutsche Schultests im Beltz-Verlag erschienen. Sie setzen zum größten Teil eine gewisse Entwicklungsreife voraus, die den Grundschülern oft noch fehlt. Die meisten vorgegebenen Tests sind daher ab der vierten Jahrgangsstufe einsetzbar. Eine unbedingte Voraussetzung für die Verwendung jedes Fragebogens ist es, dass die Schüler dem Lehrer Vertrauen entgegenbringen. Sie müssen wissen, dass diese Fragebögen nichts mit Leistungsmessung zu tun haben und die Beantwortung nur für den Lehrer bestimmt ist. Die Schüler sollen auch erfahren, dass er diese Informationen braucht, um den einzelnen besser verstehen und ihm im Bedarfsfall helfen zu können. Eine genaue Anleitung zum Ausfüllen der Bögen ist erforderlich, eventuell mit Beispiel. Die Ergebnisse wird der Lehrer mit seinen Beobachtungen und mit den Ergebnissen anderer Verfahren, z. B. des Soziogramms, vergleichen, um zu einer gerechten Beurteilung zu kommen.

Die folgenden Fragen sind als Beispiele und Anregung für die Gestaltung eines klassenindividuellen Fragebogens gedacht.

Fragebogen für die 3. und 4. Klasse
Beantworte die folgenden Fragen mit ja oder nein oder mit Stichwörtern. Schreibe keine ganzen Sätze.

1. Wie viele Geschwister hast du?   … Brüder   … Schwestern
2. Hast du ältere Geschwister?   ja   nein
3. Hast du jüngere Geschwister?   ja   nein
4. Wohnen bei euch noch andere Verwandte?   ja   nein
5. Verstehst du dich meistens gut mit deinen Geschwistern?   ja   nein
6. Streitet ihr euch häufig?   ja   nein
7. Hast du ein eigenes Zimmer?   ja   nein
8. Wann gehst du im allgemeinen schlafen? ....
9. Wann stehst du im allgemeinen auf? ....
10. Welches Unterrichtsfach interessiert dich am meisten? ....
11. Gibt es ein Fach, das du gar nicht magst?   ja   nein
12. Hältst du dich für einen guten Schüler?   ja   nein
13. Hast du viele Freunde in der Klasse?   ja   nein
14. Bist du häufig mit ihnen zusammen?   ja   nein
15. Wirst du oft von den Mitschülern geärgert?   ja   nein
16. Glaubst du, dass die Mitschüler dich mögen?   ja   nein
17. Möchtest du gerne Klassensprecher sein?   ja   nein
18. Findest du, dass in der Schule viel von dir verlangt wird?   ja   nein
19. Arbeitest du gerne mit anderen Kindern zusammen?   ja   nein
20. Wo machst du deine Hausaufgaben? ....
21. Machst du deine Hausaufgaben in der Regel freiwillig?   ja   nein
22. Womit beschäftigst du dich am liebsten in deiner Freizeit?
....
23. Welche Sportart betreibst du am liebsten? ....
24. Bist du im Sportverein?   ja   nein
25. Schaust du dir täglich eine oder mehrere Sendungen im Fernsehen an?   ja   nein
26. Liest du gerne?   ja   nein
27. Welches Buch hat dir besonders gut gefallen?
....
28. Spielst du ein Musikinstrument?   ja   nein
29. Wenn ja, welches? ....
30. Wofür gibst du dein Taschengeld hauptsächlich aus?
....

Fragebogen zum Thema Hausaufgaben

Kreuze die zutreffende Antwort an.

☐ Ich mache sie gerne.
☐ Ich mache sie, weil ich muss.
☐ Ich mache sie überhaupt nicht gerne.
☐ Ich würde sie nicht machen, wenn sie nicht nachgeprüft würden.
☐ Ich würde sie auch ohne Nachkontrolle machen.
☐ Ich mache sie sofort nach der Schule.
☐ Ich mache sie nach dem Essen.
☐ Ich mache sie nachmittags vor dem Spielen.
☐ Ich mache sie abends nach dem Spielen.
☐ Ich mache sie irgendwann einmal.

Wo machst du deine Hausaufgaben?

☐ In der Küche
☐ Im Wohnzimmer
☐ In meinem Zimmer
☐ Mal da, mal da

Hast du ein eigenes Zimmer?	ja	nein
Gefällt dir dein Zimmer?	ja	nein
Bist du ungestört in deinem Zimmer?	ja	nein

Wie lange brauchst du für deine Hausaufgaben?

☐ Eine halbe Stunde
☐ 45 Minuten
☐ Eine ganze Stunde
☐ Länger als eine Stunde
☐ Kürzer als eine halbe Stunde

2.4.3 Das Soziogramm

Soziometrische Verfahren werden in unseren Schulen häufig zur Gewinnung diagnostischer Informationen eingesetzt. Die Soziometrie, als deren Begründer der Arzt und Sozialforscher J. L. Moreno gilt, hat sich zu einem bedeutsamen Spezialgebiet der Soziologie entwickelt. Sie ist ein „messendes und darstellendes Verfahren der innergrupplichen (zwischenmenschlichen) Beziehungen."

Hier wird der Versuch unternommen, die sozialen Beziehungen festzustellen und deren Ursachen aufzudecken. So gewinnt man Anhaltspunkte für eine günstige Zusammenarbeit und ein gutes Zusammenleben.

Dabei geht es nicht nur um die strukturellen Probleme der Klasse, sondern auch um den einzelnen Schüler, dessen Verhalten durch soziale Faktoren mitbestimmt wird.

Durch das Soziogramm eröffnen sich neue Möglichkeiten, die Schülerbeobachtung zu ergänzen und zu vertiefen. Die Bedeutung des Soziogramms liegt darin, dass die sozialen Strukturen graphisch dargestellt und bei der Auswertung in Zahlenwerten ausgedrückt werden können. Hier kann der Lehrer auf einen Blick die sozialen Beziehungen in seiner Klasse erkennen.

Für die Thematik des Buches ist es von Bedeutung, welche zusätzlichen Informationen der Lehrer über einen bestimmten Schüler dadurch erhalten kann. Dies hängt zum großen Teil von der Art der soziometrischen Befragung ab. Die Fragen sollten sich in jedem Fall aus einer bestimmten Situation des Schullebens ergeben, z. B. neue Sitzordnung, Bildung von Arbeits- oder Spielgruppen. Es werden sich immer reale Situationen finden lassen. Fiktive Wahlen haben nur wenig Wert (z. B. Wen würdest du zu deiner Geburtstagsparty einladen, wenn du allein darüber bestimmen dürftest?)

Folgende Fragen bieten sich häufig an:
- Neben wem möchtest du am liebsten im Unterricht (in Deutsch, Mathematik, Musik) sitzen?
- Wer ist in der Klasse dein bester (zweitbester) Freund?
- Mit welchem Kind aus der Klasse spielst du am liebsten?
- Mit welchen Kindern möchtest du in der Gruppe sitzen?
- Mit welchem Kind aus der Klasse arbeitest du am liebsten zusammen?
- Wen lädst du zur Geburtstagsfeier ein?

Von einigen Lehrern werden auch negative Wahlen durchgeführt, z. B.
- Gibt es jemanden, mit dem du nicht gerne in einer Arbeitsgruppe sein würdest?
- Mit wem würdest du nicht gerne in einer Spielgruppe sein?

Bei diesen negativen Wahlen ist Vorsicht geboten. Eventuelle Ablehnungen werden dadurch manchmal erst bewusst. Keinesfalls sollte der Lehrer auf einer Beantwortung der Frage bestehen, wenn der Schüler nicht antworten möchte.

Wenn man nach einer Begründung für die Wahl fragt, lassen sich vor allem jüngere Kinder von der momentanen Gefühlssituation bestimmen. Sie sind zu einer Differenzierung kaum fähig.

Bei jeder Wahl müssen die Kinder unbeeinflusst und geheim wählen können, am besten schriftlich. Eine genaue Erklärung des Vorhabens sollte vorausgehen, damit die Kinder sicher wissen, worum es geht. Der Hinweis, dass alle Kinder der Klasse gewählt werden können, sollte nicht fehlen.

In der Regel lässt man mindestens zwei Partner wählen. Die Reihenfolge der Gewählten muss bei der Ausarbeitung des Soziogramms beachtet werden.

Die Ergebnisse der Befragung können in verschiedenen graphischen Formen dargestellt werden. Eine der einfachsten Arten ist die Fixierung mit Hilfe von „Balken" in einer Schülerliste.

1. Beispiel:
Soziogramm 1999/00

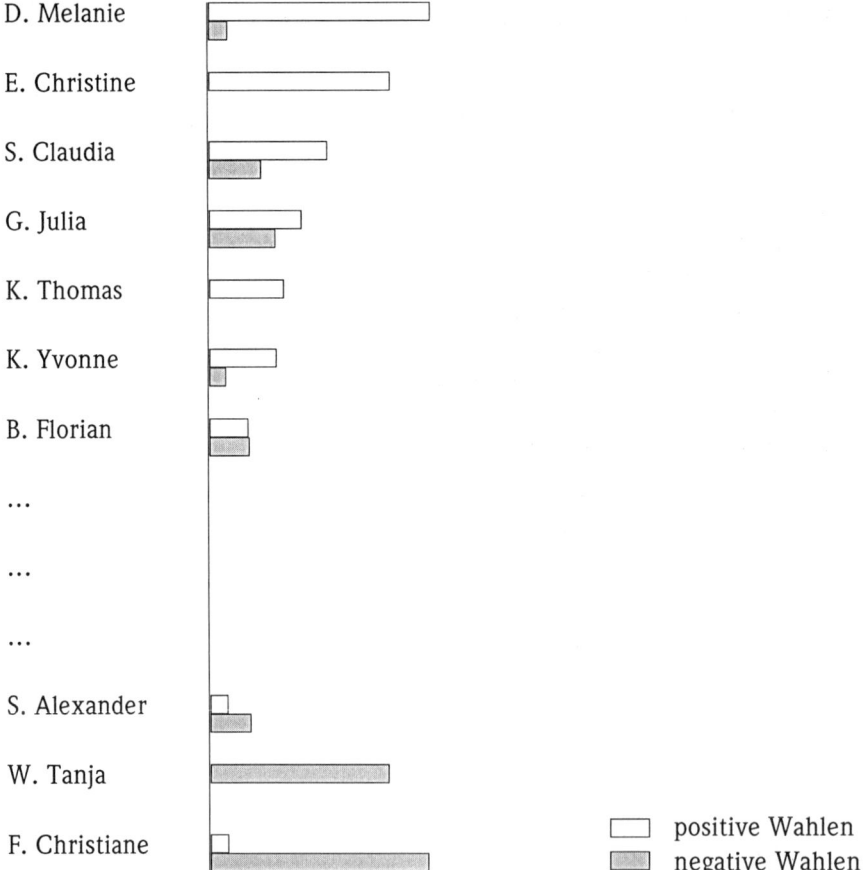

Bei der soziometrischen Tabelle werden die Namen der Schüler in gleicher Reihenfolge in senkrechter und waagrechter Anordnung eingetragen. In die sich ergebenden Spalten notiert der Lehrer die positiven und negativen Wahlen mit Plus- bzw. Minuszeichen und die Reihenfolge der Wahl durch Ziffern.

2. Beispiel:

Gewählter	1	2	3	4	5	6	7	usw.
Wähler	F	J	S	M	A	B	J	
1. Florian			1+				1+	
2. Julia			1+	1–				
3. Steffi	1–			2+	2+			
4. Markus		2–				2+		
5. Andreas		1+					1–	
6. Bruno			1–					
7. Jan						2+		
usw.								
Gewählt an 1. Stelle	1	1	2	–	–	–	1	
2. Stelle	–	–	–	1	1	2	–	
Abgelehnt an 1. Stelle	–	–	1	–	1	–	1	
2. Stelle	–	1	–	–	–	–	–	

Aus der Gesamtübersicht im unteren Teil der Tabelle ist die soziometrische Position jedes einzelnen Schülers ersichtlich. Aus der Nummerierung geht die Intensität der Zu- bzw. Abneigung hervor.

Bei der Darstellung der Ergebnisse können auch graphische Symbole verwendet werden.

3. Beispiel:

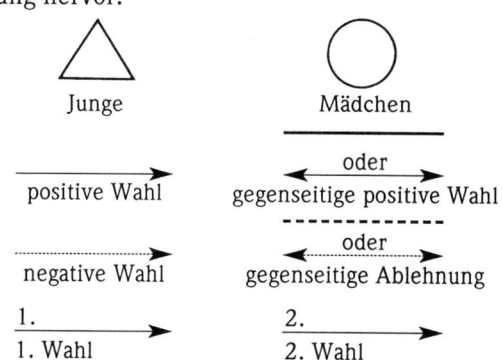

Oft kennzeichnet man die positiven bzw. negativen Wahlen auch mit unterschiedlichen Farben (+ rot, – schwarz)

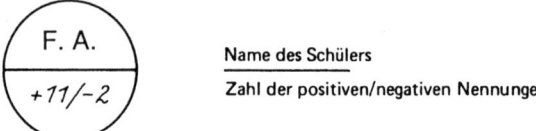

Name des Schülers

Zahl der positiven/negativen Nennungen

Aus der graphischen Darstellung ergeben sich häufig folgende typische Positionen:

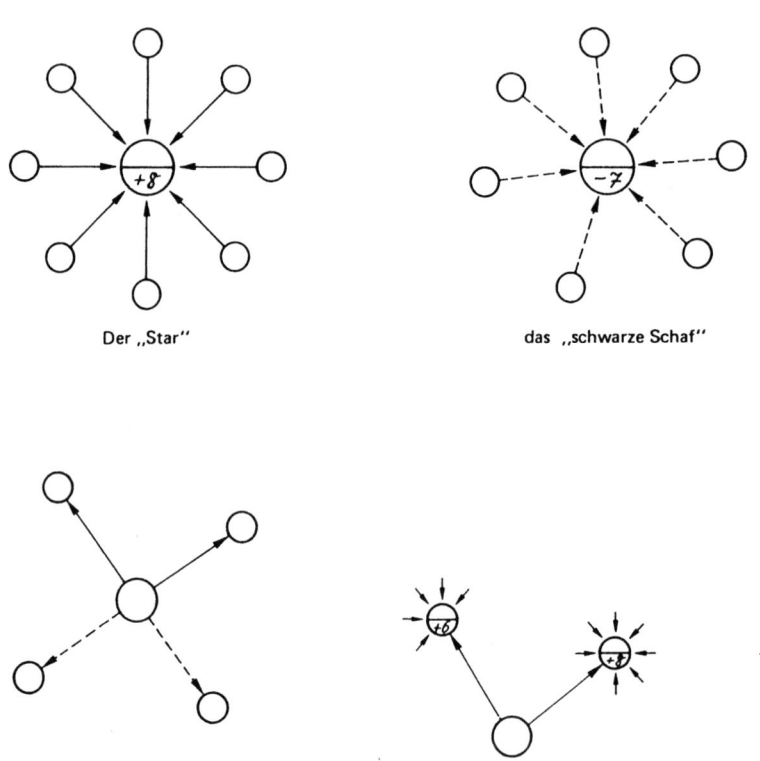

Der „Star"

das „schwarze Schaf"

der Außenseiter

der Mitläufer

38

4. Beispiel

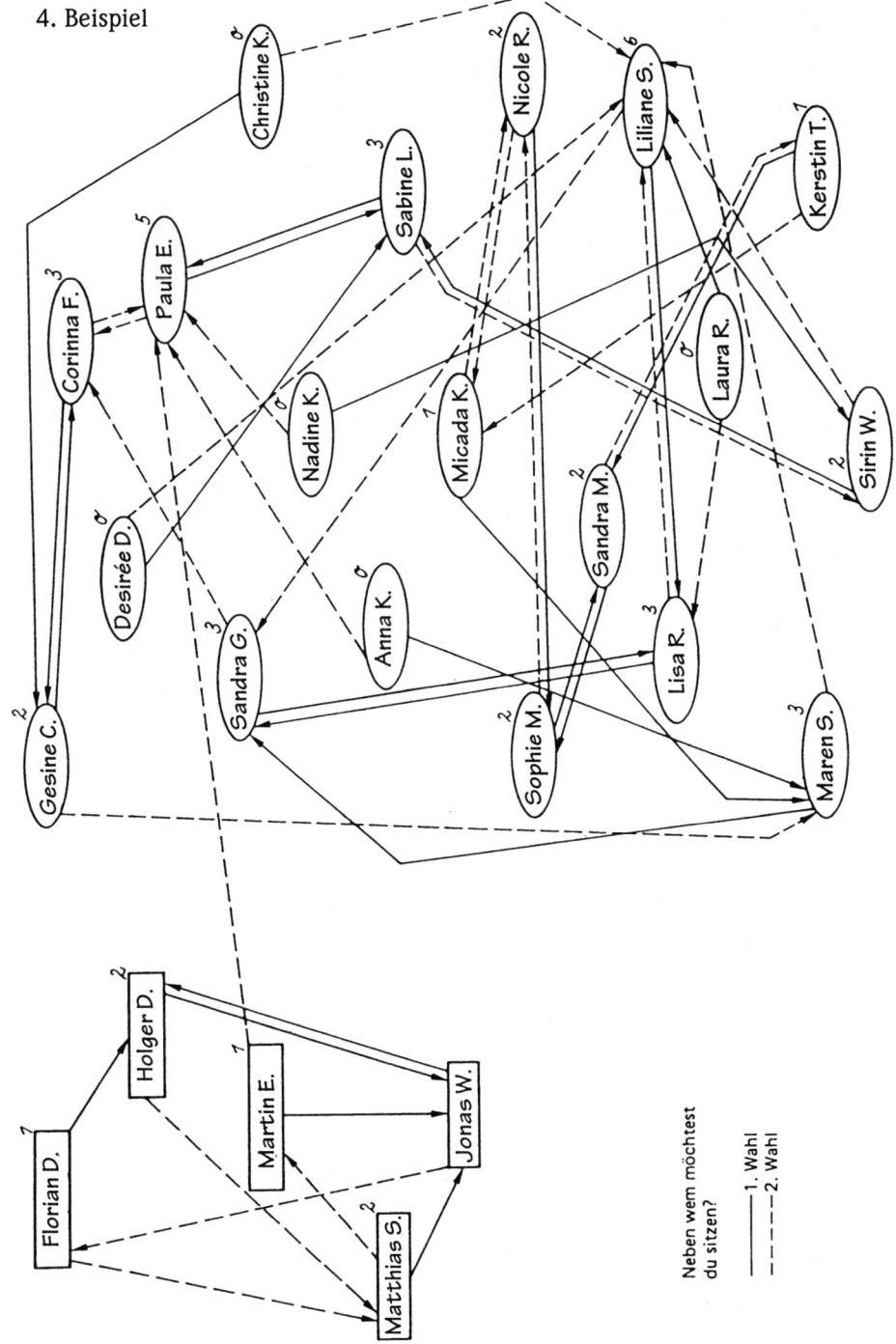

Neben wem möchtest
du sitzen?

——— 1. Wahl
------ 2. Wahl

39

2.4.4 Tests

Die Kritik am Lehrerurteil führte in den letzten Jahren zu vermehrtem Einsatz von Tests in der Schule. Klauer vermutet, diese Kritik sei nicht ganz uneigennützig gewesen:

„Psychologen haben viel dazu beigetragen, das Vertrauen in das Urteil des Lehrers zu erschüttern. Vielfach ist zwar der Eindruck entstanden, dies sei nicht ganz uneigennützig geschehen, waren es mitunter doch dieselben Psychologen, die eifrig für Tests als bessere Alternativen eintraten und für sich und ihre Produkte warben. Es wäre aber verfehlt anzunehmen, dass dem keine Berechtigung entsprochen hätte."[1]

Durch Verwendung von Tests meinte man, Fehler im Lehrerurteil ausschalten und es objektiver gestalten zu können. Für die Testgläubigkeit gab es einige Gründe:

„Ein wichtiger Grund für das hohe Ansehen, das Tests bei vielen genießen, ist, dass sie gewissermaßen wissenschaftlich sanktioniert sind als treffsichere Messinstrumente zur präzisen, quantitativen Registrierung von grundlegenden Persönlichkeitseigenschaften, die Nichtpsychologen nicht oder nur schwer zugänglich sind. Neben der globalen Wirkung eines solchen Nimbus der Psychologie beim Laien, ist es aber vor allem die formalisierte Theorie der Gütekriterien für Tests: Die Testtheorie, die die Gewichtigkeit des Tests absichert."[2]

Die Gütekriterien für formelle Tests sind:
1. *Objektivität* (= die Ergebnisse dürfen nicht von der individuellen Person des Untersuchers abhängen)
2. *Reliabilität* (= Zuverlässigkeit, die Messung muss genau sein)
3. *Validität* (= Gültigkeit, der Test muss tatsächlich das Merkmal messen, das er zu messen beansprucht).

Die Testeuphorie hat einer gewissen Ernüchterung Platz gemacht, nachdem an der Verwendung von Tests in der Schule in zunehmendem Maße Kritik geübt wird:

Die Tests stempeln den Schüler frühzeitig ab, sie gewinnen zu großen Einfluss auf den Unterricht, sie formen ein einseitiges Menschenbild und sie stehen in Widerspruch zu der pädagogischen Zielsetzung der Schule.

Sheldon schreibt: „Es ist meine Überzeugung, dass das psychometrische Modell, selbst wenn es ordnungsgemäß verwendet wird, nicht nur nutzlos,

[1] Klauer, K., Handbuch der pädagogischen Diagnostik, Düsseldorf 1978, Seite 10.
[2] ppf Diagnostik in der Schule, München 1973, Seite 65.

sondern in der Tat antagonistisch, das heißt destruktiv, innerhalb des pädagogischen Prozesses ist."[1]

Wir meinen, dass Tests, wenn man sich ihrer Gefahr bewusst ist, eine von vielen Möglichkeiten sind, Schüler objektiver zu beurteilen.

Meist wird zwischen Persönlichkeitstests (z. B. Intelligenztest, Motivationstest, Angsttest ...) und Schulleistungstests (Lesetest, Rechtschreibtest, Rechentest ...) unterschieden.

Persönlichkeitsmerkmale, von denen der Lehrer nur wenig Beobachtungsdaten hat, können durch Tests erfasst werden. Ein Fragebogen zum Selbstkonzept enthält z. B. Aussagen, wie ein Schüler sich selbst, sein Kontaktbedürfnis, seine Beliebtheit, seine Fähigkeiten und seine äußere Erscheinung einschätzt. Wenn der Lehrer so erfährt, dass ein Schüler ein sehr ungünstiges Selbstkonzept hat, kann er versuchen, ihm zu helfen.

Da beim Einsatz von Intelligenztests in der Schule rechtliche Bedenken bestehen, sollte der Lehrer sich vorher die Einwilligung der Erziehungsberechtigten einholen.

Schulleistungstests zeigen die Platzierung des Einzelschülers und der Klasse im Vergleich mit einer größeren Anzahl Gleichaltriger. Alle deutschsprachigen Tests können bei folgender Adresse bezogen werden:

Testzentrale Göttingen
Robert-Bosch-Breite 25, D-37079 Göttingen
Postfach 37 51, D-37027 Göttingen
Tel. (05 51) 5 06 88-0/-14/-15
Fax (05 51) 5 06 88-24
e-mail: testzentrale@hogrefe.de
Internet Adresse: http://www.testzentrale.de

Postgirokonto: Hannover
87 074-307 (BLZ 250 100 30)
Deutsche Bank Göttingen
411 116 (BLZ 260 700 72)
Sparkasse Göttingen
11 114 (BLZ 260 500 01)

---

[1] Zit. ppf. Diagnostik in der Schule, München 1973, Seite 91.

Testzentrale der Schweizer Psychologen AG
Länggass-Straße 84
CH-3000 Bern 9
Tel. (0 31) 3 00 45 45
Fax (0 31) 3 00 45 90
e-mail: testzentrale@HansHuber.com

CREDIT SUISSE Bern
Konto-Nr. 507-678-11

Auslieferung computergestützter Testverfahren:
Apparatezentrum
Rohnsweg 25, D-37085 Göttingen
Postfach 37 51, D-37027 Göttingen
Tel. (05 51) 4 96 09-0/-37/-38
Fax (05 51) 4 96 09-88

2.4.5 Gespräche mit Kontaktpersonen

Die Notwendigkeit der Kommunikation zwischen allen Erziehungspartnern eines Kindes ist unbestritten. Eltern, Lehrer, Erzieherinnen, Gruppenleiter, alle Personen, die an der Erziehung eines Kindes beteiligt sind, sollten gemeinsam an ihrer verantwortungsvollen Aufgabe arbeiten.

Der Schüler verbringt den größten Teil seiner Kindheit mit einem Personenkreis, den der Lehrer kaum kennt. Diese Kontaktpersonen erleben das Kind täglich in völlig anderen Situationen als der Lehrer. Sie lernen es so vielleicht von einer anderen Seite kennen und verstehen. Gegenseitige Information aller Erzieher ist deshalb zum Kennenlernen des Kindes und zur Abstimmung von Erziehungszielen und -maßnahmen notwendig.

Möglichkeiten für Gespräche ergeben sich bei den vorgeschriebenen Elternsprechtagen, Elternabenden und den Sprechstunden. Darüber hinaus bieten schulische Veranstaltungen, Ausflüge und gesellige Abende Gelegenheiten, mit den Eltern ins Gespräch zu kommen. Hausbesuche sind am besten geeignet, dem Lehrer Einblick in das häusliche Erziehungsmilieu zu verschaffen. Doch greifen die Lehrer selten auf diese Möglichkeit zurück, da die Eltern eventuell misstrauisch werden und sich beobachtet und kontrolliert fühlen könnten. Allgemeine Informationen über das Kind können auch schriftlich, z. B. in Form eines Fragebogens zu Beginn des Schuljahres, eingeholt werden.

Das Kind macht seine ersten Erfahrungen in der Familie. Hier prägen in erster Linie die Eltern die Atmosphäre und bestimmen die Regeln des Zusammenlebens. Die Einstellung des Kindes zu seinen Mitmenschen beginnt sich zu entwickeln. Das Verhalten der Eltern steht beispielhaft für alle menschlichen Beziehungen. Auch die Familienkonstellation spielt eine wichtige Rolle. Aber oft sind sich die Eltern über die Bedeutung ihrer eigenen Rolle nicht ganz im Klaren. Gewisse Haltungen der Eltern wirken sich auf das gesamte Leben des Kindes aus:

– Welche Erwartungen setzen die Eltern in ihr Kind?
– Welche Erziehungsziele haben sie sich gesetzt?
– Wie versuchen sie, diese zu verwirklichen?
– Wie sehen die Eltern das Problem der Strafe?
– Stimmen die Eltern bei der Erziehung überein?
– Wie stehen die Eltern zur Schule und zum Lehrer?
– Wie beurteilen sie ihn?
– Unterstützen sie seine Erziehungsmaßnahmen oder lehnen sie sie ab?

Eine gründliche Kenntnis darüber, wie das Leben des Schülers im Elternhaus abläuft, ist zum Verständnis der Verhaltensweisen eines Kindes unabdingbar. Die Gespräche mit den Eltern liefern meist vielfältige Informationen, die dem Lehrer den Zugang zum Kind erleichtern. Wichtig ist, dass ein echtes Gespräch entsteht und die Eltern sich frei aussprechen können. Einige grundsätzliche Regeln sind die Voraussetzung für ein fruchtbares Gespräch mit den Erziehungsberechtigten:

1. Gründliche Vorbereitung auf Seiten des Lehrers
2. Einstellen auf den Gesprächspartner
3. Nicht inquisitorisch vorgehen
4. Den Eltern genügend Zeit einräumen, sich zu den angeschnittenen Fragen zu äußern
5. Emotionen möglichst ausschalten
6. Zu große Lehreraktivität vermeiden
7. Aktiv zuhören und auf Argumente eingehen
8. Aufrichtig bleiben

Besondere Schwierigkeiten, zu einem offenen Gespräch zu finden, gibt es häufig bei den Eltern, deren Kinder Probleme haben. Einige wollen das Fehlverhalten ihrer Kinder verdrängen, vertuschen oder beschönigen, weil sie fürchten, dafür verantwortlich gemacht zu werden.

Bereits in der Anfangsphase des Gespräches muss der Lehrer versuchen, die Abwehrhaltung der Eltern abzubauen. Sie sollen erkennen, dass es hier nicht um die Suche nach einem Schuldigen geht, sondern darum, wie man gemeinsam dem Kind helfen kann. Hier hängt es vom Geschick des Lehrers ab, ob die Eltern zu einem offenen Gespräch bereit sind oder sich verschließen. Gerade beim Problemkind sollte der Lehrer sich unbedingt darum bemühen, dass die Eltern die Schwierigkeiten des Kindes aus ihrer Sicht darstellen. Hier wird dann deutlich, wie weit ihr Verständnis geht und wie sie bereit sind, bei der Lösung mitzuhelfen.

2.4.6 Gespräche mit Kollegen

Die Kontaktpersonen, mit denen der Lehrer am häufigsten zusammentrifft, sind Kollegen. Sie kennen das Kind vielleicht schon von vergangenen Schuljahren, wissen von früheren Schwierigkeiten und konnten seine Entwicklung verfolgen. Oft haben sie auch Gelegenheit, den Schüler vor dem Unterricht, in den Pausen, in den Gängen und im Treppenhaus zu beobachten. Wenn der Lehrer bei einem Kollegen nachfragt, wird dieser indirekt um Mithilfe gebeten. Gerade bei schwierigen Fällen wird er gern dazu bereit sein.

Einige wichtige Aspekte für die Schülerbeurteilung können durch ein Gespräch mit den Kollegen beleuchtet werden.
- Zeigte das Kind schon früher Schwierigkeiten?
- Seit wann waren diese zu beobachten?
- Wie äußerten sie sich?
- War eine Besserung zu merken?
- Wie ist das Verhalten in anderen Unterrichtsfächern?
- Welchen Lehrer scheint das Kind am ehesten zu akzeptieren?
- Mit welchen Mitschülern harmoniert es am besten?
- Welche besonderen Fähigkeiten zeigen sich?
- Wie verhält es sich beim Stundenwechsel?
- Wie verhält es sich seinen früheren Lehrkräften gegenüber?

Der Lehrer wird die Fragen aufgreifen, bei denen seine Beobachtungen noch unvollständig sind. Die Beobachtungen mehrerer Lehrer führen dann schneller dazu, dass die Ursache für auffälliges Verhalten gefunden wird. Oft erscheinen früher unbedeutende Beobachtungen nach einem Gespräch mit den Kollegen in einem anderen Licht.

2.5 Direkte Beobachtungen

Die indirekten Beobachtungen durch Schülerfragebögen, Soziogramme und Gespräche sind für jede Beurteilung unumgängliche Hilfsmittel. Doch zur richtigen Einschätzung der Schülerpersönlichkeit bedarf es selbstverständlich der direkten Beobachtung. Der Lehrer muss die Schüler intensiv, umfassend und kontinuierlich beobachten. Um zielgerichtet beobachten zu können, ist eine klare Aufgabenstellung erforderlich, z. B. Reaktion auf Impulse.
– Welche Schüler sprechen sofort (teilweise, gar nicht) darauf an?
– Welche Schüler brauchen gezielte Fragen, um sich an der mündlichen Arbeit zu beteiligen?

Konzentrationsfähigkeit bei den verschiedenen Fächern, bei Gruppen- oder Partnerarbeit.
– Wie verhält sich der Schüler in seinen Lieblingsfächern im Vergleich zu den anderen?

Durch die gezielten Beobachtungen lernt der Lehrer die Kinder kennen und erhält wertvolle Hinweise für seine Unterrichtsarbeit. Um möglichst umfassende Informationen über einen Schüler zu bekommen, muss unterschiedliches Verhalten in verschiedenen Situationen beobachtet werden. In der Literatur werden häufig zwei Beobachtungsrichtungen unterschieden:
1. Nonverbales Verhalten
   (Motorik, Mimik, Gestik, Bewegungskoordination ...)
2. Verbales Verhalten
   (Artikulation, Syntax ...)

2.5.1 Beobachtung im Unterricht

Deutsch

– Klare Ausdrucksweise der eigenen Gedanken
– Sachlich klare Ausdrucksweise
– Fantasievolle Ausdrucksweise
– Fähigkeit, logisch zu argumentieren
– Erkennen von Denkfehlern
– Äußern von originellen Beiträgen
– Schnelles Verstehen der gestellten Aufgaben
– Gefühl für Gerechtigkeit
– Sicherheit im richtigen Gebrauch der Sprache
– Besondere sprachliche Fähigkeiten beim Erlebnisaufsatz

- Vertreten der eigenen Meinung gegenüber den Mitschülern und dem Lehrer
- Selbstständige, zielsichere Bearbeitung von Aufsatzthemen
- Sicherheit im Rechtschreiben
- Neigung zu Flüchtigkeitsfehlern
- Arbeitstempo, Arbeitsausführung, anhaltendes Gedächtnis für einmal eingeprägte Wortbilder
- Kritische Äußerung bei Konfliktsituationen
- Redegewandtheit
- Ausdrucksvoller Vortrag
- Empfinden für Stimmungen in Gedichten
- Selbstständige Sinnentnahme bei einem Sachlesestück
- Eigene Meinungsbildung über ein Lesestück
- Aufgreifen von Impulsen
- Besonderes Interesse an Märchen (Sagen, Fabeln ...)
- Beobachtung beim stillen Lesen
  - Lesetempo
  - Konzentriertes Durchlesen bis zum Ende
  - Sofortiger Arbeitsbeginn
  - Selbstständige Bearbeitung der Arbeitsaufträge
  - Häufiges Aufschauen während des Lesens

Mathematik

- Selbstständiges Durchschauen schwieriger Sachverhalte
- Notwendige zusätzliche Erklärungen
- Neigung zu schnellem, aber flüchtigem Rechnen
- Übertragen von Erkenntnissen auf analoge Sachverhalte
- Übertragen von gefundenen Wegen auf neue Sachverhalte
- Selbstständiges Suchen nach Lösungswegen
- Selbstständiges Lösen der gestellten Aufgaben
- Erfassen von logischen Gedankenfolgen in einer Sachaufgabe
- Erkennen von logischen Fehlern
- Gute Zahlvorstellung
- An Anschauung gebundene Zahlvorstellung
- Erkennen von Rechenvorteilen
- Schnelligkeit beim Kopfrechnen
- Rasche Auffassung von Sachverhalten
- Fähigkeit zur mündlichen Darstellung komplizierter Sachverhalte
- Suchen nach mehreren Lösungswegen

- Planvolles Vorgehen bei komplizierten Aufgaben
- Verständnis für schematische Darstellungen
- Verständnis für Schaubilder (Diagramme ...)
- Spezielle Leistungsbereitschaft im Fach Mathematik
- Schwankung der Leistungsbereitschaft im Laufe des Vormittags
- Ablenkbarkeit durch äußere Störungen
- Auffälliger Konzentrationsabbau im Laufe einer Unterrichtsstunde
- Entmutigung durch Misserfolge
- Ansporn zu größerer Leistungsbereitschaft durch Misserfolge
- Zeichen von großer Freude bei einem erarbeiteten Erfolg
- Saubere Arbeitsausführung
- Vertrauen auf die eigenen mathematischen Fähigkeiten
- Fehler durch ungenaues Arbeiten

Sachunterricht

- Interesse am neuen Stoff
- Interesse an bestimmten Fachbereichen
- Lernbereitschaft im Verlauf der Unterrichtsstunde
- Lernbereitschaft im Verlauf des Unterrichtsvormittags
- Interesse an Versuchsplanung und deren Durchführung
- Erhöhte Beteiligung am Unterricht bei konkreten Gegenständen
- Besondere Entmutigung durch einen Misserfolg

- Scharfe und genaue Beobachtung
- Verständnis für neue Sachverhalte
- Erkenntnis der wesentlichen Punkte
- Hypothesenbildung bei Versuchen
- Fragen nach Ursache und Wirkung
- Auffassungsgabe bei schematischen Zeichnungen (Tafeln ...)
- Geschick bei der Durchführung von Versuchen
- Wahrnehmung der wesentlichen Vorgänge
- Ziehen von Schlussfolgerungen aus den Beobachtungen
- Selbstständige Gewinnung von Erkenntnissen
- Richtige Wiedergabe eines Sachverhalts
- Besonders gutes Gedächtnis für Zeichnungen, Filme, Bilder ...

- Bereicherung des Unterrichts durch eigene Beiträge
- Verhalten beim Vorführen von Unterrichtsfilmen
- Ablenkbarkeit
- Gleichmäßige Mitarbeit

- Selbstständiges Lösen von Arbeitsaufträgen
- Genaue Bearbeitung von Arbeitsaufträgen
- Zuverlässige Arbeitsausführung
- Gestaltung der Arbeitsmappe

- Verhalten bei Leistungsprüfung (mündlich, schriftlich)
- „Blockierung" bei direkten Fragen
- Stotterndes Antworten trotz Wissen
- Verunsicherung durch Kritik der Mitschüler
- Bestehen auf der eigenen Meinung trotz Kritik

Musische Fächer/Sport

- Zu hohe Einschätzung des eigenen Leistungsvermögens beim Sport
- Fehlendes Selbstvertrauen beim Geräteturnen
- Gewandte Bewegungen gut koordiniert
- Helfende Erklärungen für weniger sportlich geschickte Kinder
- Übung mit einem schwächeren Schüler
- Kameradschaftlichkeit beim Spiel
- Rücksichtnahme auf Leistungsschwächere
- Intoleranz gegenüber Kindern mit körperlichen Schwächen
- Trösten eines enttäuschten oder traurigen Mitschülers
- Aufnehmen von schwachen Schülern in die eigene Gruppe
- Verzicht auf eigenen Vorteil zu Gunsten anderer
- Versuch, Schwächen zu überspielen
- Große Ausdauer bei sportlichen Wettkämpfen
- Persönlicher Einsatz für die Gruppe
- Sehr großer Ehrgeiz
- ...

- Interesse beim Umgang mit Orff-Instrumenten
- Rhythmische Sicherheit beim Zusammenspiel
- Freude am Chorgesang
- Verständnis für Stimmungen in verschiedenen Musikstücken
- Erkennen eines bestimmten Taktes
- Fähigkeit, einfache Melodien richtig nachzusingen
- Besondere Leistungsbereitschaft beim Üben eines Instruments
- Begeisterungsfähigkeit für musische Tätigkeiten
- Versuch, andere Schüler miteinzubeziehen
- Beteiligung an Interessengruppen

- Freude beim Malen und Zeichnen
- Empfinden für Farben und Formen
- Geschickter Umgang mit Wasserfarben (Tusche ...)
- Einfallsreichtum – Fantasie
- Originelle Beiträge
- Mangel an eigenen Ideen
- Sinn für Blattaufteilung
- Liebe zum Detail
- Besonders korrekte Arbeitsweise
- Großzügige Arbeitsweise
- Konzentriertes Arbeiten an einem Bild
- Besonderes Interesse für Holzarbeiten

Die Beobachtung muss sich auch auf das Verhalten bei den verschiedenen *Sozialformen des Unterrichts* erstrecken. Die Forderung nach einem Wechsel der Sozialformen innerhalb einer Unterrichtsstunde ist gerade in den letzten Jahren betont worden. Dafür sprechen wichtige Gründe:
- Das Interesse der Schüler wird wach gehalten.
- Bestimmte Sozialformen sind für manche Unterrichtsgebiete besonders geeignet.
- Da die Kinder unterschiedlich geartet sind, können sie sich bei den verschiedenen Sozialformen individuell entwickeln.

Hier bieten sich dem Lehrer viele Beobachtungsmöglichkeiten. Dabei sind Dauer, Intensität und Verfestigungsgrad der Verhaltensweisen zu beobachten. Anschließend werden einige mögliche Beobachtungen aufgeführt. Zum großen Teil gelten sie für verschiedene Sozialformen.

Frontalunterricht

- Dauer der Aufmerksamkeit
- Aufmerksamkeit bei Blickkontakt
- Mitarbeit aus Interesse an der Sache
- Zeichen von innerer Unruhe (Nägel beißen ...)
- Platzwahl des Schülers
- Unterschiedliche Aufnahmebereitschaft im Laufe des Vormittags
- Aktive Mitarbeit
- Aufmerksamkeit ohne aktive Mitarbeit
- Besondere Ermüdungserscheinungen im Laufe einer Unterrichtsstunde
- Nebeninteressen (Spielen mit ...)
- Ruhiges Sitzen

Gespräche im Kreis

- Vertreten der eigenen Meinung
- Bestehen auf der eigenen Meinung trotz Kritik
- Verunsicherung durch Kritik
- Einhalten der gemeinsam aufgestellten Gesprächsregeln
- Versuch, andere von der eigenen Meinung zu überzeugen
- Eingehen auf den Diskussionsbeitrag des Mitschülers
- Heftige Reaktion bei geringfügigen verbalen Angriffen
- Freie, ungezwungene Sprechweise
- Geschickte Darstellung des eigenen Standpunktes
- Aufmerksamkeit beim Zuhören
- Blickkontakt mit dem Gesprächspartner
- Ausredenlassen des Partners
- Vermeiden von Zwischenrufen
- Beim Thema bleiben können
- Eingestehen von eigenen Fehlern
- Persönlicher Angriff des Gesprächspartners
- Achtung der Meinung anderer
- Schweigen können
- Bemühen um ein Schlussergebnis

Gruppen- und Partnerarbeit

- Freude an der Gruppenarbeit
- Zeichen von Sympathie und Antipathie
- Freiwillige Übernahme der Gruppenführung
- Freiwilliges Übernehmen der Aufgabe eines Schriftführers
- Versuch, die Gruppenführung an sich zu reißen
- Gutes Zuhören und Eingehen auf Argumente
- Grundsätzliches Ablehnen der Gegenargumente
- Versuch, die Gruppenarbeit zu stören
- Unterstützung eines verbal schwachen Schülers
- Situationsgerechtes Steuern des Verhaltens
- Darauf bestehen, angehört zu werden
- ...

Stillarbeit

- Zielstrebiges Bearbeiten der Arbeitsaufträge
- Selbstständige Arbeitsweise
- Sicherheit beim Umsetzen der Fragen

- Schnelles Arbeitstempo
- Wunsch nach Bestätigung der eigenen Ergebnisse
- Flüchtiges, unkonzentriertes Arbeiten
- Wiederholtes Nachfragen
- Notwendigkeit der mehrmaligen Erklärung der Arbeitsaufträge
- Die Suche nach verschiedenen Lösungswegen
- Schnelles Kapitulieren bei Schwierigkeiten
- Sofortiger Arbeitsbeginn

2.5.2 Beobachtung außerhalb des Unterrichts

Außerhalb des Unterrichts nimmt die freie Beobachtung den größeren Raum ein. Sie muss möglichst objektiv das Verhalten eines oder auch mehrerer Schüler erfassen. In diesem Bereich kommt den Gelegenheitsbeobachtungen eine besondere Rolle zu. Hier ergibt sich für einen aufmerksamen Lehrer eine Vielzahl von Beobachtungsmöglichkeiten. Gerade weil sich der Schüler außerhalb des Unterrichts oft unbeobachtet glaubt, zeigt er Verhaltensweisen, die den Lehrer überraschen können. Von den vielfältigen Beobachtungen werden im Folgenden einige typische Beispiele herausgegriffen:

Beobachtungen außerhalb des Unterrichts
Vor dem Unterricht

- Aufhängen der Kleidungsstücke
- Behandlung der Kleidungsstücke
- Aggressives Verhalten gegenüber Mitschülern (verbal, körperlich)
- Verstecken der Sachen von Mitschülern
- Tempo beim An- und Ausziehen
- Stille Beschäftigung (Lesen, Zeichnen)
- Spiele mit anderen Kindern
- Einhalten der vereinbarten Verhaltensregeln für diese Zeit
- Hausaufgabenvergleich mit dem Banknachbarn
- Beschäftigung mit schulischen Dingen
- Suchen von Kontakt mit dem Lehrer
- Gespräch mit dem Banknachbarn
- Beschäftigung mit Spielzeug (Comics, Sammelbilder, Spielkarten ...)
- „Auffälliges" Verhalten, um Aufmerksamkeit zu erreichen
- ...

In der Pause

- Zugehörigkeit zu einer festen Spielgruppe
- Versuch, Anschluss an eine Gruppe zu finden
- Häufiges Alleinsein in der Pause
- Ablehnung durch die Mehrzahl der Mitschüler
- Verbringen der Pause mit dem gleichen Partner
- Kontakt zu Schülern anderer Klassen
- Beteiligung an (wilden, ruhigen ...) Spielen
- Akzeptieren der Spielideen anderer Mitschüler
- Aggressives Verhalten bei gemeinsamen Spielen
- Einhalten der Pausenordnung
- Kontakt mit der Aufsicht führenden Lehrkraft
- Einbeziehen von Außenseitern in das Spiel
- Häufige Beteiligung an Auseinandersetzungen (verbal, körperlich)
- Durchsetzungsvermögen bei Auseinandersetzungen
- Hilfe für schwächere Schüler bei Streitereien
- Häufige Verwicklung in kleinere Unfälle
- ...

Bei Ausflügen und Unterrichtsgängen

- Teilen der mitgebrachten Sachen mit anderen
- Verträglichkeit mit den Mitschülern
- Vermeidung von Auseinandersetzungen
- Übernahme der Führungsrolle bei Spielen
- Kontakthäufigkeit mit gleichgeschlechtlichen oder anders geschlechtlichen Schülern
- Umgang mit Geld (Süßigkeiten ...)
- Anschluss an Mitschüler
- Annahme von Außenseitern
- ...

Bei Sportfesten und Schulfeiern

- Kontakt zu gleichaltrigen (älteren, jüngeren) Schülern
- Entwickeln von eigenen Spielideen
- Einfallsreichtum bei der Planung des Unternehmens
- Fantasievolle, originelle Ideen
- Versuch, sich in den Mittelpunkt zu rücken
- Rücksichtnahme auf andere Schüler

- Provokationen anderer Schüler
- Übernahme von Arbeiten
- Hilfe bei der Organisation
- Zuverlässige Erfüllung der übertragenen Aufgaben
- Großer persönlicher Einsatz
- Hilfe bei den Aufräumungsarbeiten
- Freude über Erfolg der Mitschüler
- Trösten bei Misserfolgen
- ...

3. Verhaltensmerkmale der Schülerpersönlichkeit

3.1 Einführende Bemerkungen

Sprachbeherrschung – Kreatives Handeln – Bereitschaft, Leistung zu erbringen – Selbstverantwortung – Hilfsbereitschaft – Selbstvertrauen – Verantwortung übernehmen – Toleranz üben – Konflikte friedlich lösen – Geschicklichkeit beim Gebrauch der Hände und des Körpers.

An diesen allgemeinen Lernzielen sind die Verhaltensmerkmale der Schülerpersönlichkeit im folgenden Kapitel orientiert:

Bei jedem Punkt werden zunächst die dazugehörenden Verhaltensmerkmale erläutert. Konkrete, gut beobachtbare, typische Verhaltensweisen sind als mögliche Beobachtungen schriftlich fixiert.

Formulierungshilfen für Zeugnisse und Gutachten sind im Kapitel 6 zu finden.

54

3.2 Allgemeines Lernverhalten

Betrachten – Beobachten
Einstellen auf Neues – Auffassen von Neuem
Verbalisieren – Sprachliche Differenziertheit
Kreativität – Intellektuelle Beweglichkeit
Behalten

Eine wesentliche Grundlage des allgemeinen Lernverhaltens ist die Intelligenz. Dieser Begriff wird sehr verschieden definiert, z. B. als Fähigkeit zur Kombination (Ebbinghaus), als Fähigkeit, Schwierigkeiten in neuen Situationen zu meistern (Stern), als geistige Struktur, die im Lauf der Entwicklung zu einem vollkommenen Gleichgewicht gelangt (Piaget), als kognitive Ziele (Gordon), als psychische Auswirkung cerebralen Erregungsgeschehens bei der Lösung neuer Probleme (Rohracher) oder auch im engeren Sinn als Begabung. Von der Vielseitigkeit der Begriffsauslegung ist es verständlich, dass es zur Feststellung der Intelligenz viele verschieden Verfahren (= Intelligenztests) gibt. Sie überprüfen unter anderem die sprachlichen Fähigkeiten, die Mengenauffassung, das Erkennen von Gemeinsamkeiten durch Vergleiche, das Gedächtnis, die Vorstellungsgabe, das Unterscheidungsvermögen, den Zahlbegriff, das Erkennen von Gegensätzen, das Planungsvermögen und das Verstehen von Gegensatzanalogien und Sprichwörtern. Dabei muss man sich im Klaren sein, dass Intelligenz nicht direkt beobachtet werden kann. Was wir sehen, ist die Leistung der Intelligenz – das Auffassen, das Begreifen und die weiterführende Verarbeitung des „Erfassten".

Die Durchführung eines Intelligenztests für die ganze Klasse ist sehr zeitraubend. Außerdem werden viele Bereiche des allgemeinen Lernverhaltens gar nicht erfasst, z. B. die Frage „Wie begegnet der Schüler Neuem?". Die Aufgabe des Lehrers geht also bei weitem darüber hinaus, nur die Intelligenz seiner Schüler festzustellen. Für die Schulleistung sind andere Faktoren von ebenso großer Bedeutung.

Die Leistung hängt auch starkt von dem Interesse ab, das der Schüler dem gestellten Arbeitsgebiet entgegenbringt. Gilt seine Vorliebe z. B. mathematischen Problemen, wird er von Anfang an dem Fach Mathematik gegenüber aufgeschlossener sein, als der Schüler, dessen Neigungen auf sprachlichem Gebiet liegen. Besonders auffällig ist dies beim sprachlichen Ausdruck. Ein Teil der Kinder steht dieser Arbeit mit Abneigung gegenüber, während andere von sich aus hier gute, freiwillige Beiträge leisten.
Für die Beobachtung und Beurteilung der kognitiven Fähigkeiten zeichnen sich drei Schwerpunkte ab:

– Wie begegnet der Schüler Neuem?
– Wie verarbeitet er das Beobachtete gedanklich und sprachlich?
– Ist er fähig, das Aufgenommene zu behalten?

3.2.1 Der Schüler begegnet Neuem

Das Kind ist von Natur aus neugierig und will den Sachen auf den Grund gehen. Wie oft ärgern sich Eltern darüber, wenn Kinder ein neues Spielzeugauto zerlegen, um zu sehen, wie es funktioniert. Dieses natürliche Interesse an den Dingen wird leider schon oft im Vorschulalter von den Erwachsenen ungewollt zerstört. Das Kind fragt und die Eltern beachten die Frage nicht, weil sie gerade mit etwas anderem beschäftigt sind. Noch einmal versucht das Kind sein Glück, wird aber wieder zurückgewiesen. Wenn das Kind diese schlechten Erfahrungen öfter macht, kann es seine Fragehaltung langsam verlieren. Das natürliche Interesse der Kinder wird durch Gleichgültigkeit verdrängt.

Hier darf auch nicht übersehen werden, dass unsere Kinder heute durch Medien ständig neuen Eindrücken begegnen. Sie werden von den Bilderfolgen im Fernsehen stundenlang „berieselt", schauen gar nicht mehr genau hin und beschäftigen sich gedanklich kaum noch mit dem Gesehenen. Da so viele Eindrücke nicht mehr verarbeitet werden können, reagiert das Kind nur noch auf besonders starke Reize, wie extrem laute Musik und grelle Farben. Daher muss die Schule wieder zum bewussten Sehen und Beobachten erziehen. Es ist notwendig, dass der Lehrer genau weiß, wie seine Schüler neue Eindrücke aufnehmen.

Mögliche Beobachtungen

– Der Schüler beobachtet einen Versuch im Sachunterricht genau und ausdauernd.
– Der Schüler beobachtet die Einzelheiten eines Versuches.
– Er nimmt nur einen kleinen Teil des Versuchsaufbaues wahr.
– Er erkennt, dass leichte Stoffe in dem Schmutzwasser schwimmen, während die schweren sich unten absetzen.
– Er untersucht die Teile einer Blüte mit großer Sorgfalt.
– Er erkennt bei einem Versuch Zusammenhänge.
– Er beobachtet gründlich und lang andauernd.
– Er verliert nach kurzer Zeit das Interesse an der Beobachtung.
– Er erfasst nach kurzer Beobachtung die wesentlichen Zusammenhänge.
– Er erkennt mit einem Blick Farben und Formen von geometrischen Formenplättchen.

- Er ist fähig, eine Melodie richtig nachzusingen.
- Er sieht sofort einen Rechenvorteil.
- Er erliest ein neues Lesestück und kann anschließend Fragen gut beantworten.
- Er versteht den Witz einer vorgelesenen Geschichte.
- Er kann aus einem Sachlesestück das Wesentliche auffassen.
- Er fasst schnell auf, worauf es ankommt.
- Er sieht auf einem Bild alle Details.
- Er bemüht sich, Wörter, die ihm nicht ganz klar sind, aus dem Zusammenhang heraus zu verstehen.
- Er schaut ruhig und konzentriert Filme und Bilder an.
- Er beginnt einen Versuch planvoll.
- Er wendet sich willig neuen Aufgaben zu.
- Er ermüdet leicht beim Beobachten.

3.2.2 Der Schüler verarbeitet die Eindrücke

Immer wieder passiert es uns in der täglichen Schularbeit, dass alle Schüler dasselbe gesehen, beobachtet, gehört oder erlebt haben und doch ist das Ergebnis bei den einzelnen Kindern ganz unterschiedlich. Die Begründung liegt darin, dass die Menschen die Eindrücke verschieden verarbeiten. Hier spielen die unterschiedlichen Typen eine große Rolle. Ein visuell veranlagter Mensch wird von Bildern und Filmen immer besonders beeindruckt sein und das Gesehene auch besser behalten. Darüber hinaus ist die Verarbeitung des gewonnenen Eindrucks abhängig vom Sprachvermögen. Kinder, die gewandt im Gebrauch der Sprache sind, werden uns ihren Eindruck immer vorteilhafter vermitteln als Kinder, die Schwierigkeiten bei der Artikulation haben.

Hinzu kommt die unterschiedliche Kreativität. Manche Kinder zeigen einen erstaunlichen Einfallsreichtum bei der Lösung von neuen Problemen, wogegen andere einen oder mehrere Denkanstöße brauchen. Die intellektuelle Beweglichkeit ist zum Teil angeboren, aber doch auch beeinflussbar. Durch Sachverhalte, die beim Kind Erstaunen und Erregung auslösen, wird es zu neuen kreativen Handlungen angeregt. Wie Erziehung überhaupt, ist auch Erziehung zur Kreativität nicht planbar, denn „Kreativität hängt nicht allein von der Erbmasse noch primär von Umwelt und Erziehung ab. Sie ist in erster Linie das Produkt des eigenen Ich"[1]). Diesen Selbsterziehungsprozess zu unterstützen, ist die Aufgabe der Schule.

---

[1]) Matusek, P., Kreativität als Chance, München, Zürich, Seite 7.

Die Lehrpläne für die Grundschulen weisen wiederholt darauf hin, dass die Stufe der Verarbeitung, zu der die Wiederholung, Sicherung und Übung gehören, wieder in den Mittelpunkt des Unterrichts rücken muss.

Mögliche Beobachtungen

- Der Schüler beobachtet ein physikalisches Experiment und kann erklären, was er sieht.
- Er kann ohne Stocken den wesentlichen Inhalt eines kurzen Sachlesestückes wiedergeben.
- Er spricht deutlich.
- Er verfügt über einen großen Wortschatz.
- Er bringt plausible Hypothesen bei einer physikalischen Frage.
- Er hat viele gute Ideen bei der Inhaltsbesprechung eines Lesestückes.
- Er hat viele gute Ideen bei der Vorbereitung einer kleinen Adventsfeier.
- Er hat eine verständliche, bildhafte Ausdrucksweise.

...

- Der Schüler steht Sachinformationen kritisch gegenüber.
- Er erfasst den Zusammenhang von Körperbau und Lebensraum beim Eichhörnchen.
- Er versteht die Querschnittszeichnung einer Tulpenblüte.
- Er hat Schwierigkeiten, die Zeichnung zu durchschauen.
- Er ist beim Stellenwertsystem an Anschauung gebunden.
- Er kann eine Sachaufgabe analysieren und folgerichtig durchdenken.
- Er bemüht sich, eine Aufgabe auf verschiedene Weise zu lösen.
- Er zeigt Fantasie beim Aufsatzschreiben.
- Er erkennt Parallelen bei der Verhaltensweise von verschiedenen Tieren (z. B. bei allen Winterruhern).
- Er zeichnet fantasievoll.
- Er kann sich nur drei Glieder einer Zahlenkette merken.
- Er löst auch komplexere Aufgaben, indem er sie in Einzelschritte zerlegt.
- Er kann Einzelheiten nach übergeordneten Gesichtspunkten einteilen.
- Er kann bei der Erarbeitung von Niederschriften die wesentlichen Punkte herausarbeiten.
- Er versucht, einmal erarbeitete Regeln auf neue Sachverhalte zu übertragen.
- Er kann ein Arbeitsblatt, dessen Lösung aus dem vorher besprochenen Stoff klar sein sollte, ohne fremde Hilfe ausfüllen.
- Er erkennt logische Fehler in Aussagen und Texten.

...

3.2.3 Der Schüler behält Gelerntes

Unter Gedächtnis versteht man die Fähigkeit, sich etwas unwillkürlich oder durch bewusstes Lernen zu merken. Es ist ein Bestandteil der individuellen Begabung. Das Kind merkt sich von Natur aus Einzelheiten aufgrund seiner persönlichen, subjektiven Auswahl. Was es sich dabei einprägt, ist oft nicht das Wesentliche des Sachverhalts. Wir müssen uns also bemühen, dem Schüler die wichtigen Informationen durch bestimmte didaktische und methodische Schritte so nahe zu bringen, dass er sie aus dem Stoffangebot auswählt und sich einprägt. Bei Erinnerungen an frühere Geschehnisse spielt die enge Verbindung mit einer konkreten Situation eine große Rolle. Gefühlsbetonte Erlebnisse, Bedürfnisse, Interessen und Erfolge scheinen das Behalten zu fördern. Wir versuchen also, Eindrücke dieser Art zu vermitteln.

Wenn wir Gedächtnisleistungen beobachten, stellen wir fest, dass die Merkfähigkeit in verschiedenen Bereichen sehr unterschiedlich ausgeprägt sein kann, z. B. auf graphischem, plastischem, mathematischem, musikalischem und auf musisch-pantomimischem Gebiet. Keines dieser Teilgebiete darf bei der Beobachtung außer acht gelassen werden.

Mögliche Beobachtungen

– Er erinnert sich bei der Nacherzählung an jede Kleinigkeit.
– Er merkt sich Fremdwörter gut und verwendet sie richtig.
– Er prägt sich Sachstoffe gut ein.
– Er erinnert sich genau an ein einmal gesehenes Bild.
– Er prägt sich eine graphische Darstellung gut ein.
– Er merkt sich Zahlenfolgen gut.
– Der Schüler erkennt einmal Gesehenes wieder.
– Der Schüler merkt sich ein kurzes Gedicht nach einmaligem Hören.
– Er gewinnt beim Memory-Spiel.
– Er kann das neu gelernte Lied am nächsten Tag auswendig.
...

3.3 Lernbereitschaft

Die intellektuelle Beweglichkeit macht einen Teil des Schulerfolges aus. Trotz guter Begabung leisten aber viele Schüler weniger, als eigentlich von ihnen zu erwarten wäre. Kinder sind in der Regel lernbereit, wollen etwas leisten und sich anstrengen. Doch wir alle kennen in unseren Klassen Schüler, die keine Lernbereitschaft mehr zeigen. Wodurch wurde sie gestört?

Die Ursachen können im persönlichen, familiären und schulischen Bereich liegen. Jeder Entwicklungsschub, jede Veränderung der Familiensituation, jeder Lehrerwechsel bringt Probleme mit sich. Das Kind ist durch die neuen Umstände verunsichert. Dies wirkt sich oft negativ auf die Lernbereitschaft aus.

Hier muss auch das Schlagwort „Stress" aufgegriffen werden. Das Kind, so wird vielfach argumentiert, sei durch die Stofffülle überlastet und überfordert. Dadurch wird seine prinzipiell vorhandene Lernbereitschaft gestört. Durch Anhäufung von Stoff allein können aber keine massiven Störungen entstehen. Sie werden erst durch Angst vor schlechten Noten und Bestrafung ausgelöst und häufig so manifest, dass eine positive Einstellung zum Lernen nur schwer wieder gewonnen werden kann.

Für die Lernbereitschaft ist auch die Atmosphäre bedeutsam, die in einer Klasse herrscht. Diese wird einerseits von der Lehrerpersönlichkeit und ihrem Führungsstil, andererseits aber von den unterschiedlichen jahrelang eingeübten sozialen Verhaltensweisen der Kinder geprägt. Eine Atmosphäre des Vertrauens, der Ermutigung und der emotionalen Zuwendung lässt viele Schwierigkeiten erst gar nicht entstehen und beeinflusst die Einstellung zum Lernen positiv.

3.3.1 Der Schüler ist bereit, Leistungen zu erbringen

Die Voraussetzung für den Lernprozess ist eine Neugier- und Fragehaltung. „Wo die Motive fehlen, wird die Welt nicht angesprochen und bleibt stumm".[1] Dies gilt auch für das Lernen in der Schule. Die Motivforschung hat gezeigt, wie wichtig die Aufbereitung des Unterrichtsstoffes für die Motivation ist, vor allem, wenn der Lerngegenstand keinen unmittelbaren Aufforderungscharakter besitzt. Ein zündender Einstieg in ein neues Thema kann starkes Interesse und Begeisterung hervorrufen. Wir wissen, dass man einige Schüler leicht motivieren kann, während andere nur schwer ansprechbar sind.

Die Leistung, die ein Kind erbringt, hängt von vielen Faktoren ab. Die Motivaktivierung spielt dabei eine entscheidende Rolle.

Mögliche Beobachtungen

– Der Schüler meldet sich freiwillig für ein Referat (Protokoll ...).
– Er bringt ein Buch zum Sachunterricht mit.
– Er bringt Material für den Schaukasten mit.

[1] Schiefele, H., Motivation im Unterricht, München 1963, Seite 10.

- Er bringt Blumen für den Pflanzentisch mit.
- Er bringt sein Meerschweinchen in den Unterricht mit.
- Er sammelt passende Zeitungsausschnitte.
- Er rechnet zusätzliche Übungsaufgaben.
- Er schreibt ein Erlebnis auf.
- Er zeigt Freude über ein neues Sachunterrichtthema.
- Er interviewt seinen Großvater für den Geschichtsunterricht.
- Er beschäftigt sich in der Pause mit ausgestellten Büchern.
- Er möchte bei der Schlussfeier ein Gedicht aufsagen.
- Er möchte der Klasse seinen Aufsatz vorlesen.
- Er will der Klasse von seinem neuen Buch erzählen.
- Er übernimmt freiwillig die Aufgaben des Protokollführers bei der Gruppenarbeit.
- Er bringt brauchbare Vorschläge für den Versuchsaufbau.
- Er äußert Bedauern, weil eine Stunde ausfällt.
- Er experimentiert zu Hause mit Magneten.
- Er leiht sich von der Schule einen Stabmagnet.
- Er misst die Länge seines Schattens zu verschiedenen Tageszeiten.
- Er legt eine Sachmappe als Geschenk für seinen Vater an.
- Er sucht vielfältige Hypothesen bei einem Problem.
- Er sucht bei mathematischen Aufgaben nach mehreren Lösungswegen und begnügt sich nicht mit dem ersten besten.
- Er kritisiert Aussagen in einem Lesestück.
- Er erledigt die übertragenen Aufgaben prompt.
- Er beschäftigt sich unaufgefordert mit zusätzlichen Lernangeboten.

3.3.2 Der Schüler beteiligt sich am Unterricht

In jedem Zeugnis steht eine Bemerkung über die Mitarbeit im Unterricht. Häufig wird dabei auf die Beteiligung am Unterrichtsgespräch eingegangen. Das Verhalten bei schriftlichen oder praktischen Arbeiten findet gesondert Erwähnung.

Die Gesprächsbereitschaft kann unterschiedlich ausgeprägt sein. Einige Kinder ergreifen häufig das Wort, andere nur selten. Darüber hinaus beeinträchtigen eine schlechte Motivaktivierung, Konzentrationsschwächen und Störungen des Selbstbewusstseins die Beteiligung am Gespräch.

Zahlreiche Schüler folgen dem Unterrichtsgespräch ausschließlich oder überwiegend passiv, obwohl sie konzentriert bei der Sache sind. Bei schriftlichen Arbeiten treten meist keine Probleme auf. Dagegen haben sie beim Unterrichtsgespräch Angst, sich zu blamieren und vielleicht ausgelacht zu werden. Ihnen fehlt noch die Erfahrung, dass jeder etwas Falsches sagen darf, ohne gleich negative Folgen befürchten zu müssen. Diese Hemmungen stehen einer Gesprächsbereitschaft entgegen. Sie können durch Schaffung einer vertrauensvollen Atmosphäre und vor allem durch eine strikte Einhaltung der verschiedenen Gesprächsregeln gemildert werden.

Mögliche Beobachtungen

– Der Schüler meldet sich, weil er etwas nicht verstanden hat.
– Er stellt eine für den Unterrichtsverlauf wichtige Frage.
– Er übt Kritik an einer aufgestellten Hypothese.
– Er geht auf Argumente des Vorredners ein.
– Er meldet sich ... mal in einer Stunde.
– Er unterbricht den Lehrer.
– Er unterbricht einen Mitschüler.
– Nach einer falschen Antwort meldet er sich die ganze Stunde nicht mehr.
– Er schreit vor.
– Nach einem Lob meldet er sich ununterbrochen.
...

3.3.3 Der Schüler lässt sich nicht ablenken

Verschiedene psychologische Theorien definieren den Konzentrationsbegriff unterschiedlich. Häufig verwendet man Aufmerksamkeit und Konzentration synonym. Die fixierende Aufmerksamkeit wird teilweise mit Konzentration gleichgesetzt und als deren höchste Form angesehen. Diese steht dann im Gegensatz zur fluktuierenden Aufmerksamkeit. Folgende Aspekte müssen beim Konzentrationsbegriff gesehen werden: eine gewisse Reife, die Möglichkeit der Übung der Aufmerksamkeit, die Einengung der Bezugsobjekte, das Fixieren eines Gegenstandes und die willkürliche Steuerung.[1]

Selbstvertrauen, Interesse an einem Gegenstand und der Wille, etwas zu leisten, steigern die Intensität des Aufmerkens. Widerwille, Ermüdung, Über- oder Unterforderung zählen zu den Störfaktoren der Konzentrationsleistung. Die Kinder sollen lernen, ihre Aufmerksamkeit bewusst auf einen Gegenstand zu lenken und sich damit einen angemessenen Zeitraum zu beschäftigen.

Viele Schüler sind leicht ablenkbar und ermüden zu rasch. Aufmerksamkeit kann aber geschult und gesteigert werden. Eine konsequente Beobachtung in

[1] Mierke, K., Konzentrationsfähigkeit und Konzentrationsschwäche, 3. Aufl. Stuttgart 1966. Seite 21 ff.

verschiedenen Situationen ist nötig, um mit einzelnen Schülern oder mit der ganzen Klasse ein geeignetes Konzentrationstraining durchführen zu können.

Mögliche Beobachtungen

– Der Schüler arbeitet weiter, obwohl sein Nachbar spielt.
– Er malt ein Bild, ohne aufzublicken.
– Er hört einer Geschichte aufmerksam bis zum Ende zu.
– Er schreibt seinen Aufsatz, ohne auf die anderen Kinder zu achten.
– Er erschrickt, als er angesprochen wird, weil er in seine Arbeit vertieft ist.
– Er ermahnt seinen Nachbarn, ihn nicht zu stören.
– Während einer Rechenübung will er ... mal mit seinem Nachbarn Kontakt aufnehmen.
– Er schaut ... mal auf die Uhr.
– Er schaut ... mal zum Fenster hinaus, weil es schneit.
– Er schaut ... mal auf beim stillen Erlesen des Textes.
– Er hat die Argumente des letzten Redners nicht gehört.
– Er verliert den Gesprächsfaden.
– Er hört nicht zu.
– Er meldet sich, hat aber die Antwort vergessen, wenn er aufgerufen wird.
– Beim Werken arbeitet er ohne Unterbrechung an einem Werkstück.
...

3.3.4 Der Schüler erledigt seine Arbeiten

Das Arbeitsverhalten eines Kindes steigert oder beeinträchtigt seine Leistung. Folgende Fragen sind hier von Bedeutung:
– Wird der Schüler dem geforderten Arbeitstempo gerecht?
– Arbeitet er ausdauernd?
– Arbeitet er sorgfältig und genau?

Eine gute Konzentration beeinflusst besonders die Ausdauer und das Arbeitstempo eines Schülers positiv. Eine gut leserliche Handschrift ist die Voraussetzung für eine schriftliche Kommunikation. Die Freude am Schreiben und an der sauberen Gestaltung sollten auch deshalb bewusst gefördert werden, da dies zur ästhetischen Erziehung beiträgt. Übersichtliches und genaues Arbeiten ist eine Fertigkeit, die den Zugang zu fachspezifischen Arbeitstechniken erleichtert. Zahlenkolonnen, die nicht präzise untereinander stehen, können schlecht addiert werden.

Ein solides Arbeitsverhalten bildet letztlich ein Fundament für leichteres und damit erfolgreiches Lernen.

- Beim Hefteintrag wird er als Erster (Zweiter ...) fertig.
- In der vorgesehenen Zeit schafft er nur die Hälfte der Mathematikaufgaben.
- Die Mathematikaufgaben löst er in der Hälfte der vorgesehenen Zeit.
- Er unterstreicht alle Ergebnisse sorgfältig.
- Auf seinem Block arbeitet er genauso sorgfältig wie im Heft.
- Er arbeitet mit dem Zirkel sehr genau.
- Er teilt sein Blatt übersichtlich ein.
- Sein Heft hat Eselsohren.
- Er hat Flecken im Hausheft.
- Er zieht in allen Heften einen Rand.
- Seine Arbeitsgeräte sind in Ordnung.
- Er vergisst, sein Lineal zu benützen.
- Er verziert seinen Eintrag.
- Seine Schultasche ist übersichtlich eingeräumt.
- Das Fach unter seiner Bank ist aufgeräumt.
- Er beachtet den Pausengong nicht und rechnet weiter.
- Er übt außerhalb des Unterrichts den Weitwurf.
- Er will beim Weitsprung weitere Versuche machen.
- Er probiert so lange verschiedene Rechenwege, bis er eine Sachaufgabe lösen kann.

3.4 Individual- und Sozialverhalten

Kontaktaufnahme – Kontaktfreudigkeit – emotionale Ansprechbarkeit – Initiative – soziale Intelligenz – Sensibilität – Offenheit.

Hilfsbereitschaft – solidarisches Handeln – soziales Engagement – Kameradschaft.

Verhalten in der Gruppe – Führerrolle – Dominanz – Kommunikationsfähigkeit – Initiative.

Verhaltensstörung – Aggression – Streitlust – Angst – Beherrschtheit – Ausgeglichenheit.

Unsere Gesellschaft ist eine Leistungsgesellschaft. Als Hauptaufgaben der Schule werden die Wissensvermittlung, das Einüben von Arbeitstechniken und die Vorbereitung auf den Beruf angesehen. Trotz gut gemeinter Ansätze kommt die Erziehung zu sozialem Handeln immer noch zu kurz. In vielen Reden werden die Ideale der Zusammenarbeit beschworen. Dennoch wird der Mitschüler häufig als Konkurrent gesehen. Aggressionen der Schüler gegen sich und andere nehmen zu. Schulangst und Prüfungsangst sind weit verbreitet. Statistiken zeigen, dass die Zahl der Kinder mit Verhaltensstörungen steigt.

In unserer Klasse sitzen keine reinen Verstandeswesen, sondern Menschen in ihrer Ganzheit, mit ihrer Körperlichkeit, mit ihren Gefühlen und ihren vielfältigen sozialen Beziehungen. Für das weitere Leben des Kindes ist die Entwicklung des Selbstwertgefühls wichtiger als die Wissensvermittlung in einem Fach. Das soziale Lernen in der Schule übertrifft in seiner Bedeutung für die Gesellschaft das Einüben intellektueller Fertigkeiten. In der Klasse kann der Schüler Möglichkeiten der Kontaktaufnahme, der Zusammenarbeit, der Hilfe und der Auseinandersetzung mit anderen trainieren. Doch das Individual- und Sozialverhalten hat nicht nur diese zukunftweisende Komponente für den Heranwachsenden und sein Leben in der Gesellschaft. Es beeinflusst auch wesentlich den Verlauf der Schulzeit. Die Einstellung zur Schule hängt in hohem Maße davon ab, ob ein Schüler sich wohlfühlt und ohne Angst ist. Das Angenommensein durch Mitschüler und Lehrer entscheidet oft über ein Schulschicksal. Leistungen und Lernerfolg hängen vom Individual- und Sozialverhalten ab. Viele Störungen beim allgemeinen Lernverhalten (siehe 3.2) und bei der Lernbereitschaft (siehe 3.3) haben ihre Ursachen und Wurzeln in diesem Bereich. Trainingsprogramme zur Förderung der Konzentration helfen wenig, wenn die Gedanken des Schülers den ganzen Vormittag nur um den Punkt – niemand mag mich – kreisen. Hier liegt oft der Schlüssel zur Änderung des Verhaltens.

All dies begründet die Notwendigkeit der intensiven Beobachtung des Individual- und Sozialverhaltens durch den Lehrer. Diesen Beobachtungen stehen oft große Schwierigkeiten entgegen. Viele Kinder haben sich im Laufe der Jahre einen Panzer zugelegt, unter dem sie ihre wahren Gefühle ängstlich verbergen. Oft spielt ein Schüler den Selbstsicheren, um seine Unsicherheit zu tarnen. Deshalb fällt die Beschreibung des Schülerverhaltens auf diesem Gebiet besonders schwer. Die richtige Beurteilung des Individual- und Sozialverhaltens ist jedoch Voraussetzung, um dem Schüler erfolgreich helfen zu können.

3.4.1 Der Schüler hat Kontakt mit anderen

Jeder Lehrer kennt die Situation, dass ein neues Kind in die Klasse kommt. Meist fühlt sich dieser Schüler etwas unbehaglich in der neuen Umgebung, unter seinen neuen Mitschülern. Er versucht, Kontakte mit den anderen Schülern aufzunehmen. Als Gemeinschaftswesen wollen und brauchen wir diese Kontakte. Je nachdem, wie seine Erfahrungen mit den ersten Bezugspersonen, den Geschwistern, den Kindern der Nachbarschaft und im Kindergarten waren, fallen die Versuche, Kontakte aufzunehmen, unterschiedlich aus. Manche Kinder sind in der Gefahr, sich zu Einzelgängern zu entwickeln und verhalten sich vorsichtig, ängstlich, schüchtern und zurückhaltend. Andere gehen offen auf ihre neuen Mitschüler zu und wirken aufdringlich und ungeschickt bei dem Versuch, Kontakt herzustellen. Der Lehrer wird feststellen, wie unterschiedlich die Kontaktfreudigkeit der einzelnen Schüler ausgeprägt ist. Möglichkeiten zu beobachten, welche Kontakte der Schüler mit anderen hat, sind in den Kapiteln 2.4 und 2.5 besprochen.

Mögliche Beobachtungen

- Der Schüler sitzt vor Unterrichtsbeginn allein am Platz.
- Er ist vor Unterrichtsbeginn von anderen Kindern umringt.
- Er erzählt einer Gruppe von Schülern einen Witz.
- Er bittet einen Mitschüler um Hilfe beim Anziehen.
- Er fragt, ob ein Mitschüler neben ihm sitzen möchte.
- Er wirbt um Stimmen bei der Klassensprecherwahl und erhält viele (wenige, einige ...) Stimmen.
- Er streichelt einen Mitschüler, der sich verletzt hat.
- Er gibt seinem Nachbarn zur Versöhnung die Hand.
- Er ergreift die Partei für einen Mitschüler (schwächeren, stärkeren).
...
- Der Schüler fragt, ob er bei einer Gruppe mitspielen darf und wird (nicht) aufgenommen.
- Er spielt mit Mädchen (Jungen, Älteren, Jüngeren, Gleichaltrigen).
- Er wird beim Wettspiel als Letzter (als Erster ...) gewählt.
- Er fordert einen Mitschüler (ausländischen Schüler, Außenseiter, beliebten Schüler ...) zum Mitspielen auf.
- Er organisiert ein Fußballspiel am Nachmittag.
- Er lädt Kinder zum Spielen (Geburtstag, Übernachten ...) zu sich ein.
...
- Er verteilt Süßigkeiten an seine Mitschüler (Klassenstar, Außenseiter ...).
- Er teilt eine Schokolade mit dem Banknachbarn.
- Er verschenkt ein kleines Spielzeug an seinen Freund.
...
- Er hat einen ständigen (wechselnde, keine ...) Begleiter für den Schulweg.
- Er sucht einen Partner (Mädchen, Klassenstar ...) für den Schulweg.
...

- Der Schüler erzählt dem Lehrer vom Wochenende.
- Er zeigt dem Lehrer Fotos vom Urlaub.
- Er schenkt dem Lehrer ein Bild.
- Er bietet dem Lehrer Süßigkeiten an.
- Er möchte dem Lehrer die Tasche tragen.
- Er setzt sich beim Kreisgespräch neben den Lehrer.
- Er verpetzt Mitschüler beim Lehrer.
- Er beschwert sich über Mitschüler beim Lehrer.

...

Dies ist nur ein kleiner Teil aus der Fülle von möglichen Beobachtungen. Sie helfen dem Lehrer, die Kontaktfreudigkeit des Kindes zu beurteilen. Doch gerade hier muss er behutsam vorgehen, um nicht zu Fehlurteilen zu gelangen.

Hilfsbereitschaft

Häufig wird über die mangelnde Hilfsbereitschaft der „heutigen Jugend" geklagt. „Zu meiner Zeit sind die Kinder in der Straßenbahn noch aufgestanden und haben ihren Platz angeboten, wenn ein Erwachsener kam" – Diesen Satz kann man oft von älteren Menschen hören. Der Egoismus und die Rücksichtslosigkeit der Kinder und Jugendlichen werden angeprangert. Doch genauso oft hören wir positive Beispiele: Schulen sammeln für SOS-Kinderdörfer, Schüler übernehmen Patenschaften für Kinder in der Dritten Welt oder für ein Altersheim in der Nachbarschaft. Auch in unseren Klassen erleben wir täglich spontane Hilfsbereitschaft und solidarisches Handeln. Die Hilfe für den Schwächeren, für den Mitmenschen ist ein wesentlicher Bestandteil des sozialen Verhaltens. Sie ist Voraussetzung für ein Leben in der Gemeinschaft. Daher muss die Schule Erziehung zur Hilfsbereitschaft als eine ihrer wichtigsten Aufgaben ansehen.

Mögliche Beobachtungen

- Der Schüler unterstützt die Argumente eines Mitschülers.
- Er spendet einer guten Leistung eines Mitschülers Beifall.
- Er wählt einen schwächeren Schüler in seine Mannschaft.
- Er tröstet einen traurigen Schulkameraden.
- Er ergreift für einen Mitschüler das Wort.
- Er unterstützt einen Mitschüler, der sich gegen falsche Vorwürfe wehren muss.
- Er gibt einem Mitschüler Ratschläge, wie er seine Leistung im Springen verbessern kann.

...

- Er leiht einem Mitschüler, ohne zu zögern, seine Filzstifte.
- Er schenkt einem Mitschüler ein Zeichenblatt.
- Er bietet seine Hilfe an beim Tafelputzen (Aufräumen, Bildaufhängen).
- Er teilt sein Pausebrot, wenn der Mitschüler seines vergessen hat.
- Er bringt einem erkrankten Mitschüler die Arbeitsaufgaben.
- Er überlässt beim Ballspiel einem schwächeren Schüler den Ball.
- Er tröstet (streichelt, umarmt ...) einen Mitschüler.
- Er besorgt für die ganze Klasse Spielgeld von der Bank.
- Er hilft beim Aufstellen der Turngeräte.
- Er erkennt, wenn ein Mitschüler bei einer Rauferei seine Hilfe braucht.
- Er hilft einem Mitschüler, der hingefallen ist.
- Er klopft ihm den Schmutz von seiner Jacke.
- Er sucht die verlorene Mütze eines Mitschülers.
...
- Er erklärt einem Mitschüler eine nicht verstandene Textaufgabe.
- Er fragt einen Mitschüler vor Unterrichtsbeginn ab.
- Er bietet einem schwächeren Mitschüler an, mit ihm gemeinsam Hausaufgaben zu machen.
- Er lässt den langsamer arbeitenden Banknachbarn abschreiben.
- Er deckt seine Arbeit zu, wenn der langsamere Nachbar nicht mitgekommen ist.

Zusammenarbeit

Teamwork gilt als eine anzustrebende Form der erfolgreichen Arbeit. Die Grundlagen für die Zusammenarbeit mit mehreren Partnern werden in der Schule gelegt. Hier erlebt der Schüler, dass bei einer Wortfeldarbeit die Gruppe zusammen mehr Wörter findet als der Einzelne.

Er lernt Möglichkeiten kennen:
- Wie man seine Meinung formuliert.
- Wie man dem Partner richtig zuhört.
- Wie man Arbeit plant und aufteilt.
- Wie man miteinander umgeht.

Die Techniken und Regeln der Zusammenarbeit müssen besprochen werden. Verstehen und beherrschen kann sie der Schüler aber nur, wenn er sie täglich trainiert. Hier entscheidet sich, ob er im späteren Leben bereit und fähig sein wird, mit anderen zusammenzuarbeiten.

Das Verhalten und der Unterricht des Lehrers bestimmen zum großen Teil die Atmosphäre in der Klasse, in der sich die Kinder gegenseitig bei der Arbeit helfen oder jedes geschriebene Wort abdecken, damit es der Nachbar nicht sehen kann.

Mögliche Beobachtungen

- Der Schüler zeigt Freude an der Gruppenarbeit.
- Er beteiligt sich aktiv an der Gruppenarbeit.
- Er sorgt dafür, dass jeder seine Meinung sagen kann.
- Er sagt offen seine Meinung.
- Er zeigt sich aufgeschlossen für die Meinung Anderer.
- Er hört den Mitschülern aufmerksam zu.
- Er vertritt seinen Standpunkt, auch wenn er mit seiner Meinung allein steht.
- Er lässt sich durch Kritik nicht verunsichern.
- Er spricht frei und ungezwungen vor den Mitschülern.
- Er überzeugt die Gruppe von seiner Meinung.
- Er lässt andere nicht zu Wort kommen.
- Er will sich unbedingt Gehör verschaffen.
...
- Er übernimmt die Führerrolle.
- Er bestimmt, wer welche Rolle übernimmt.
- Er fordert einen Mitschüler auf, sich auch etwas zu überlegen.
- Er übernimmt freiwillig Aufgaben für die Gruppe.
- Er übernimmt den attraktiven Teil der Aufgaben.
- Er ergreift die Initiative bei der Arbeit.
- Er meldet sich als Gruppensprecher.
- Er plant mit Anderen ein Vorhaben.
- Er stellt persönliche Interessen zurück.
- Er sorgt für Gerechtigkeit in der Gruppe.
- Er hält sich an vereinbarte Regeln.
- Er macht verschiedene Vorschläge.
- Er zeigt offen seine Sympathie.
- Er drückt seine Gedanken und Gefühle auch mit Gesten aus.
- Er ist am guten Abschneiden einer Gruppe interessiert.
...
- Er arbeitet auch in der Gruppe allein.
- Er nimmt nicht am Gruppengeschehen teil.
- Er spielt mit dem Bleistift, während die Mitschüler arbeiten.

- Er versucht die Gruppe durch Witze (Unfug ...) von der Arbeit abzuhalten.
- Er gibt seine Gedanken der Gruppe nicht preis.
- Er zeigt demonstratives Desinteresse.
- Er ist beleidigt und macht nicht mehr mit.

...

Konfliktverhalten

Täglich erleben wir in unseren Klassen Konflikte. Einige Kinder raufen in der Pause – Fabian beschuldigt Hannes, seinen Malbecher umgestoßen zu haben, dieser bestreitet es entschieden – Uli beschwert sich beim Lehrer, dass er sich immer meldet und nie drankommt.

Die Zahl der Beispiele lässt sich beliebig erweitern. Wenn Menschen zusammen leben, kommt es zu Auseinandersetzungen. Es wäre falsch, diese Tatsache bei Grundschülern zu leugnen oder zu verniedlichen, um eine „heile Welt" vorzutäuschen.

In der Schule müssen die Kinder lernen, wie man Konflikte angemessen austragen kann. Hier können sie üben, Aggressionen zu beherrschen und zu verarbeiten.

Die Zunahme der Gewalt bei Auseinandersetzungen, beim Umgang mit Andersdenkenden zeigt, wie bedeutsam diese Aufgabe der Schule für die Gesellschaft ist. Obwohl der Lehrer Konfliktverhalten häufig erlebt, ist es für ihn oft schwer, die Situation richtig zu beurteilen. Er sieht zwar, wie zwei Schüler miteinander raufen, doch weiß er nicht, wie es zu dem Streit kam. Die sich häufig widersprechenden Äußerungen der Kinder erschweren eine klare Beurteilung des Konflikts.

Mögliche Beobachtungen

- Der Schüler ermahnt Mitschüler, eine Rauferei zu beenden.
- Er schlichtet einen Streit durch überzeugende Argumente.
- Er beschwert sich, wenn er sich ungerecht behandelt fühlt.
- Er beschwert sich beim Lehrer, wenn dieser seiner Meinung nach einen Mitschüler ungerecht behandelt.
- Er beschwert sich beim Lehrer über einen Mitschüler.
- Er verpetzt einen Mitschüler beim Lehrer.
- Er lacht einen Mitschüler aus, der eine falsche Antwort gibt.
- Er reagiert verbal unbeherrscht.
- Er ruft einem Mitschüler Schimpfnamen nach.
- Er boxt einen anderen Schüler.

- Er schlägt wild um sich.
- Er versetzt einem am Boden liegenden Mitschüler Fußtritte.
- Er beteiligt sich an einer Rauferei.
- Er versteckt die Hausschuhe (Federmäppchen ...) eines Mitschülers.
- Er mischt sich in jede Auseinandersetzung ein.
- Er kritzelt in das Heft seines Nachbarn.
- Er zerstört die Bastelarbeit eines Mitschülers.
- Er zerreißt die Zeichnung eines Mitschülers.
- Er wehrt sich nicht, als er von einem Mitschüler eine Ohrfeige bekommt.
- Er läuft weg, wenn eine Auseinandersetzung droht.
...

3.4.2 Der Schüler sieht sich selbst

Wenn ein Kind in die Schule kommt, hat es bereits ein relativ stabiles Bild von sich selbst. Sechsjährige Erfahrungen haben bei den Kindern das Selbstwertgefühl unterschiedlich entwickelt. Bei einem lang ersehnten Einzelkind kann die Umwelt, die jeden neuen Schritt des Kindes mit Begeisterung registrierte, zu großer Selbstsicherheit oder sogar zu Selbstüberschätzung geführt haben. Ganz anders dagegen sind die Erfahrungen eines Kindes, das erlebt hat, wie es durch die Geburt der Geschwister von seiner Rolle als bewunderte Hauptperson der Familie verdrängt wurde und wie es nun Aufmerksamkeit und Zuwendung der Eltern mit Anderen teilen muss. Dadurch kann sich Selbstunsicherheit entwickelt haben. Die Entwicklung des Selbstwertgefühls der Kinder wird stark von der Situation und der Atmosphäre in der Familie geprägt. Das Selbstgefühl der Eltern beeinflusst das des Kindes in einem großen Maße.

Ähnlich verhält es sich mit der Grundstimmung. Auch hier ist die prägende Kraft des elterlichen Vorbildes groß. Einige Kinder sind fast immer ausgeglichen und froh. Sie begegnen der Welt mit Optimismus und Vertrauen. Andere stehen der Umwelt pessimistisch gegenüber. Ihre Stimmung ist meist missmutig und gedrückt.

Eine dritte Gruppe schwankt zwischen diesen Extremen hin und her. Diese Kinder sind unausgeglichen und ihre Laune kann sich im Laufe eines Vormittags mehrmals ändern.

Die Grundstimmung eines Kindes beeinflusst seine Einstellung zur Schule. Der ausgeglichene Schüler geht an Probleme und Schwierigkeiten, die die Schule mit sich bringt, ganz anders heran als der pessimistische. Es ist schwer für den Lehrer, die negative Grundstimmung eines Kindes zu verändern. Doch er sollte sich bemühen, die krassen Auswirkungen abzumildern. Dazu ist es notwendig, dass er die Stimmung des einzelnen Schülers kennt.

- Der Schüler betritt das Schulhaus fröhlich pfeifend.
- Er lacht mit seinen Mitschülern über einen Witz.
- Er zeigt, dass er sich über ein Lob freut.
- Er hüpft vor einem Spiel vor Begeisterung auf und ab.
- Er feuert seine Mitschüler lautstark an.
- Er umarmt nach einem gewonnenen Spiel seine Mannschaftskameraden.
- Er erzählt freudestrahlend, dass er ein neues Fahrrad bekommen hat.
- Er erzählt freudig, dass er am Wochenende bei seinem Freund übernachten darf.
- Er äußert Begeisterung bei der Ankündigung eines Ausflugs (Theaterbesuch, Wanderung ...).
- Er schlägt ein neues Spiel vor.
- ...
- Er sitzt mit schmollendem Gesichtsausdruck da, weil seine Mannschaft verloren hat.
- Er erzählt mürrisch, wie langweilig das Wochenende war.
- Er betritt das Schulhaus mit einem missmutigen Gesicht.
- ...

Stellung in der Klasse

Das Bild, das der Schüler von sich selbst hat, ist mitbestimmend für seine Stellung in der Klasse. Kinder, die unsicher sind und das Gefühl haben – ich bin ein Versager – ich kann gar nichts – niemand mag mich – gelten in der Klasse wenig. Dadurch wird ihre Unsicherheit vergrößert, und ihre Position verschlechtert sich noch mehr. Selbstsichere Kinder imponieren ihren Kameraden, werden bewundert und entwickeln sich häufig zu Klassenstars. Auf diese Weise steigt ihr Selbstwertgefühl und es fällt ihnen noch leichter, führende Rollen in der Klasse zu übernehmen.

Wir müssen uns darüber klar sein, dass es in unseren Klassen eine Rangordnung gibt und alle Kinder in höherem Ansehen stehen möchten. Daher strebt jeder eine Rolle an, die viel Prestige verleiht, sei es als Klassensprecher, als bester Schüler oder als bester Sportler. Selbst der Klassenkasper ist nur das Ergebnis eines verfehlten Versuchs, auf irgendeine Art Geltung zu erlangen.

Der Verlust einer herausragenden Stellung in der Klasse kann für das Kind genauso schwerwiegend sein, wie ein beruflicher Abstieg bei Erwachsenen.

Weitere Gedanken zur Stellung des Kindes in der Klasse sind im Kapitel 2.4.3 „Das Soziogramm" – zu finden.

- Der Schüler erhält viele (keine, ...) Stimmen bei der Klassensprecherwahl.
- Mehrere Kinder möchten neben ihm sitzen.
- Er bestimmt, was in der Pause gespielt wird.
- Er bestimmt, wer mitspielen darf.
- Die Mitschüler gehorchen sofort, als er befiehlt, einen Streit zu beenden.
- Er wird zu vielen (wenigen, ...) Geburtstagsfeiern eingeladen.
- Er wird als Erster (Letzter ...) bei einem Spiel gewählt.
- Er ist vor dem Unterricht von mehreren Schülern umringt.
- Er steht in der Pause allein.
- Er drängt andere Schüler beim Aufstellen beiseite.

3.4.3 Der Schüler erlebt die Schulsituation

Die Medien zeichnen oft ein erschreckendes Bild der heutigen Schule.

„5 Schülerselbstmorde nach den Zeugnissen" – „Der Leistungsdruck an den Schulen steigt" – „Die Schule macht unsere Kinder kaputt" –. So und ähnlich lauten die Schlagzeilen.

Wie erlebt der Schüler nun tatsächlich die Schulsituation? Die Antwort auf diese Frage kann entscheidend sein für das weitere Leben des Kindes.

Drei Aspekte, die eng zusammenhängen, zeigen sich auf:
1. Motivation zum Schulbesuch
2. Ausmaß der Verhaltensstörung
3. Angst

Motivation zum Schulbesuch

Der Schüler verbringt 9 bis 15 Jahre seines Lebens in der Schule. Einen großen Teil des Tages nimmt die Zeit für den Unterricht und die Hausaufgaben ein. Die Motivation zum Schulbesuch beeinflusst deshalb die Einstellung des Schülers zum Leben überhaupt. Grundvoraussetzung für eine erfolgreiche und glückliche Schulzeit ist, dass die Kinder gern in die Schule gehen.

Mögliche Beobachtungen

- Der Schüler äußert Missfallen, weil eine Stunde ausfällt.
- Er meldet sich freiwillig zu Förderkursen (Neigungsgruppen, Chor, ...).
- Er erzählt dem Lehrer von seinen Erlebnissen.
- Er äußert sich, dass er sich schon auf die Sportstunde (Kunsterziehung, ...) freut.

- Er schreibt dem Lehrer aus den Ferien eine Karte.
- Er kommt nachmittags freiwillig in die Schule, um beim Aufbau für das Schulfest zu helfen.
- Er spricht im Pausenhof andere Lehrer an.
- ...

Ausmaß der Verhaltensstörung

„Wer Schwierigkeiten hat – macht Schwierigkeiten!" Demnach haben viele unserer Kinder große Probleme, denn die Anzahl der „schwierigen" Schüler in unseren Klassen steigt. Immer mehr Kinder werden mit Verhaltensstörungen zu Erziehungsberatungsstellen und zu Psychologen geschickt. Jeder Lehrer kennt verhaltensgestörte Kinder an seiner Schule. Bei vielen Kindern ist die Möglichkeit, eine Störung aufzubauen, latent gegeben. Ob und wie sie zum Tragen kommt, hängt auch von der Situation in der Schule ab. Eine ruhige angstfreie Klassenatmosphäre, in der sich der Schüler geborgen fühlt, kann helfen, vorhandene Störungen abzubauen.

Die Schule in unserer Zeit erliegt leicht der Gefahr, auffällige Kinder vorschnell in Sonderschulen oder zum Spezialisten zu schicken. Wir sollten uns bemühen, durch die Gestaltung von Unterricht und Schulleben auch diese Schüler in unseren Klassen zu integrieren. Bei schwerwiegenden Verhaltensstörungen muss selbstverständlich ein weiterer Fachmann hinzugezogen werden.

Mögliche Beobachtungen

- Der Schüler kaut an den Fingernägeln.
- Er nässt ins Bett.
- Er hat Magenbeschwerden, ehe er in die Schule geht.
- Er kann vor der Schule nichts zum Frühstück essen.
- Er spielt mit seiner Uhr.
- Er schreckt nachts im Schlaf auf.
- Er zerbeißt seinen Bleistift.
- Er schaut ... Minuten zum Fenster hinaus.
- Er zeigt keine sichtbare Reaktion bei schlechten Noten.
- Er weigert sich mitzuschreiben.
- Er zerstört die Werkarbeit eines Mitschülers.
- Er schneidet ein Loch in den Anorak der Nachbarin.
- Er spuckt einem Schüler ins Gesicht.
- Er schreit Schimpfwörter.

- Er zerreißt die Zeichnung eines Mitschülers.
- Er versteckt die Schultasche (Hefte, ...) des Nachbarn.
- Er zuckt ... mal in der Stunde mit seinen Augen.
- Er verlässt seinen Platz ... mal.
- Er wirft sich auf den Boden.
- Er zwickt seinen Nachbarn.
- Er weigert sich, das Schulhaus zu betreten.
- Er schneidet Grimassen.
- Er steht in der Pause allein.
- Er schiebt die Schuld auf andere, wenn er wegen seines Raufens angesprochen wird.
- ...

Angst

K. Singer schreibt: „Eine Schule, in der Angst herrscht, hemmt das Lernen und verursacht psychische und körperliche Störungen".[1] An unseren Schulen herrscht oft Angst. Nach wissenschaftlichen Untersuchungen leiden 82 % der Gymnasiasten, 74 % der Realschüler und 66 % der Hauptschüler daran. Die Zahlen für die Grundschüler liegen darunter.[2] Diese Angst macht den Schüler unsicher, behindert ihn beim Lernen, blockiert ihn bei Lernzielkontrollen und verursacht Verhaltensstörungen. Da sich die Angst derart zerstörerisch auswirkt, muss der Lehrer wissen, wie stark seine Schüler davon betroffen sind. Einige Äußerungen der Angst wie Bettnässen oder Schlafstörungen erfährt der Lehrer nur durch Gespräche. Andere beobachtet er im Unterricht. Schüler werden blass und stottern, wenn sie aufgerufen werden, oder zittern, wenn sie etwas an die Tafel schreiben sollen.

Auch Angstfragebögen bieten eine gute Möglichkeit, Informationen über dieses Problem zu sammeln. Hier kann das Kind, wenn es will, auch anonym seine Gefühle frei äußern.

Das Aufsatzthema „Als ich einmal Angst hatte" liefert dem Lehrer ebenso wichtige Erkenntnisse.

Das Kind kann sich und seine Fähigkeiten nur in einer angstfreien Atmosphäre entwickeln. Diese zu schaffen, ist vordringliche Aufgabe des Lehrers.

---

[1] Singer, K., Maßstäbe für eine humane Schule, Frankfurt 1981, Seite 51.
[2] Winkel, R., Angst in der Schule. In Grossmann/Winkel (Hrsg. Angst und Lernen, München 1977, Seite 96 – 99).

- Der Schüler wird rot (blass …), wenn er aufgerufen wird.
- Er meldet sich und hat vergessen, was er sagen wollte.
- Er erzielt in Prüfungssituationen schlechtere Ergebnisse als im täglichen Unterricht.
- Er fragt – mal nach der nächsten Klassenarbeit.
- Er erkundigt sich – mal nach dem Ergebnis der Lernzielkontrolle.
- Er stottert und stockt beim Vortrag eines Gedichtes, obwohl er beteuert, es gut gelernt zu haben.
- Seine Stimme versagt, wenn er ein Lied vorsingen soll.
- Seine Hand zittert, wenn er etwas an die Tafel schreiben soll.
- Er geht nicht allein zur Schule.
- Er weint bei einer Lernzielkontrolle.
- Er weint, weil er seine Turnschuhe vergessen hat.
- Er kann vor dem Unterricht nichts essen.
- Er leidet an Schlafstörungen.
- Er muss bei jeder Probe auf die Toilette.
- …

3.5 Besonderheiten der körperlichen und gesundheitlichen Verfassung

Bei Schülerbeurteilungen stehen meist intellektuelle Leistungen und das Sozialverhalten im Vordergrund. Viel zu wenig machen wir uns klar, wie sehr jede Leistung, jedes Verhalten von der körperlichen und gesundheitlichen Verfassung eines Menschen abhängig ist. Kerschensteiner sah die Hauptaufgabe der Schule darin, den Schüler auf seinen zukünftigen Beruf innerhalb der Gemeinschaft vorzubereiten. Er betonte immer wieder, dass körperliche Entwicklung der geistigen vorausgehe. Die praktischen Interessen müssen zuerst aufgegriffen werden, um daraus das theoretische Interesse zu entwickeln.

Heute sind die intellektuellen Fähigkeiten bei der Beurteilung von Menschen ganz in den Vordergrund gerückt. Um einem Kind in der Beurteilung gerecht zu werden, darf jedoch keinesfalls der körperliche Aspekt unbeachtet bleiben. Hier erschließt sich für die Schülerbeobachtung ein umfangreiches Aufgabenfeld. Schon das körperliche Erscheinungsbild des Schülers sollte Beachtung finden!

- Stimmen die Proportionen?
- Ist der Schüler besonders dick oder zu dünn?
- Ist er klein oder hoch gewachsen?
- Macht er einen zarten oder robusten Eindruck?
- Macht der Schüler einen gepflegten oder ungepflegten Eindruck?

- Hat der Schüler einen großen Bewegungsdrang?
- Bewegt sich der Schüler hastig?
- Ist der Schüler reaktionsschnell?
- Hat der Schüler Durchhaltevermögen?
- Ist er ausdauernd im Sport?
- Hat er gute Nerven?

3.5.1 Der Schüler hat manuelles Geschick

Mögliche Beobachtungen

- Der Schüler geht geschickt mit Werkzeugen um.
- Er schneidet sicher mit der Schere aus.
- Er kann Schleifen binden (Knoten lösen ...).
- Er zeigt großes Geschick bei Holzarbeiten.
- Er formt gern mit Ton.
- Er schreibt flüssig (zügig, hastig, verkrampft).
- Er hat eine gleichmäßige (ungleichmäßige) Schrift.
- Er drückt beim Schreiben und Malen starkt mit den Stiften auf.
- Er hält den Füller verkrampft.
- Er hat bewegliche (steife) Finger.
- ...

3.5.2 Der Schüler beherrscht seinen Körper

Mögliche Beobachtungen

- Der Schüler bewegt sich körperlich geschickt.
- Er turnt geschickt am Barren.
- Er ist ein schneller Schwimmer.
- Er kann gut am Reck turnen.
- Er bewegt sich gewandt.
- Er ist ein schneller Läufer.
- Er ist besonders geschickt beim Ballspielen.
- Er kann sich rhythmisch richtig zur Musik bewegen.
- Er kann bei der Gymnastik Bewegungen koordinieren.
- Er hat Schwierigkeiten, die Bewegung von Händen und Füßen zu koordinieren.
- Seine Bewegungen sind harmonisch (hastig, nervös ...).
- Er bewegt ständig Arme und Beine im Sitzen.
- ...

3.5.3 Der Schüler zeigt Auffälligkeiten

- Er hat Schwierigkeiten bei der optischen Unterscheidung von Buchstaben.
- Er kann Farben nicht unterscheiden.
- Er verwechselt ähnlich klingende Laute.
- Er leidet an einer Sehschwäche (Hörschwäche).
- Er schielt.
- Er leidet an einer Sprachstörung (stottert, lispelt, stammelt ...)
- Er hat starkes Übergewicht (Untergewicht).
- Er ist körperlich sehr zart und nicht belastbar.
- Er leidet unter Kreislaufstörungen.
- Er ist sehr nervös und unkonzentriert.
- Er beißt Nägel.
- Er ist sehr phlegmatisch.
- Er lutscht ständig Daumen.
- Überstandene schwere Krankheiten zeigen noch Nachwirkungen.
- Es ist körperlich behindert.
- Er zeigt große Konzentrationsschwäche.
- Er hat eine schwache Blase.
- Er leidet an Zuckerkrankheit.
- Der Schüler ist Linkshänder.

4. Schülerbeurteilung in der Grundschule

4.1 Einführende Bemerkungen

In diesem Kapitel sind alle Bestimmungen gesammelt, die für die Schülerbeurteilung gelten:
– Bei der Schulaufnahme
– im Schülerbogen
– in den Zeugnissen
– beim Übertritt in weiterführende Schulen
– bei der Überweisung in die Förderschule.

Bei jedem Punkt wird angegeben, worauf besonders zu achten ist. Einen breiten Raum nehmen die Zeugnisberichte des 1. Schuljahres ein. Hier sind auch Bemerkungen zum Leistungsstand des Kindes aufgeführt.
Lesen – Schreiben – Rechtschreiben – Mündlicher Sprachgebrauch – Mathematik – Sachunterricht – Musischer Bereich.
Die Zeugnisbemerkungen und Gutachten sollen dem Lehrer Anregungen für seine individuelle Gestaltung geben. Diese Beispiele sind keinesfalls als Mustersammlung gedacht. Sie weisen durchaus qualitative Unterschiede auf, zeigen aber deutlich, welch vielfältige Möglichkeiten zur Verbalisierung von Schülerbeurteilungen sich anbieten. Die Formulierungen sollen dem Lehrer helfen, sein Urteil über ein Kind möglichst treffend zu gestalten. Vielleicht tragen einige Vorschläge dazu bei, das Repertoire zu erweitern, das immer in der Gefahr ist, in Standardformulierungen zu erstarren.

4.2 Schülerbeurteilung bei der Schulaufnahme

Schon am Tag der Schuleinschreibung lassen sich erste Beobachtungen durchführen. Selten bietet sich für den Lehrer wieder die Gelegenheit, Eltern und Kind in einer für alle neuen Situation zu erleben. Viele Schulanfänger kennen ihr Geburtsdatum, die Adresse und Telefonnummer und geben ungehemmt Auskunft, während anderen kein Wort zu entlocken ist. Einige klammern sich ängstlich an die Mutter, andere treten forsch auf. Diese oder ähnliche Beobachtungen sind kleine Mosaiksteine für das Gesamtbild eines Schulanfängers. Deshalb empfiehlt es sich, dass der einschreibende Lehrer Besonderheiten notiert.

Das Testheft des Kieler Einschulungsverfahrens[1]) bietet einen Leitfaden für Elterngespräche sowie Hinweise für die Bewertung. Bei Unklarheiten werden

---

[1]) Fröse, S., Mölders, R., Wallrodt, W., Das Kieler Einschulungsverfahren, Beltz Test Gesellschaft, Weinheim 1986

danach im sogenannten Unterrichtsspiel neben den kognitiven Fähigkeiten auch Motorik, Motivation, Arbeitsverhalten und Emotionalität überprüft. Bei Unklarheiten, ob das Kind nun eingeschult werden soll, kann eine Einzeluntersuchung erfolgen, in der hauptsächlich kognitive Fähigkeiten erfasst werden.

Im Münchner Modell zur Einschulung[1]), das große Gemeinsamkeiten mit dem Kieler Einschulungsverfahren aufweist, wird das Gespräch zwischen Kind, Lehrer und Eltern auf der Grundlage eines Leitfadens geführt. Die Aussagen werden auf einem vorgegebenen Protokollbogen notiert. Außerdem werden durch ein Screening verschiedene Basisfähigkeiten und -fertigkeiten ermittelt.

Kinder, die Auffälligkeiten zeigen sowie solche, die vorzeitig eingeschult oder zurückgestellt werden sollen, nehmen an dem Unterrichtsspiel teil. Ist die Entscheidung über die Schulaufnahme in eine Regelklasse immer noch unklar, wird das Kind von einem Schulpsychologen oder qualifizierten Beratungslehrer einzeln untersucht.

Die Daten aus dem Elterngespräch, das Ergebnis des Einschulungsverfahrens und die Auswertung der Beobachtungen führen anschließend zur Entscheidung über die Schulfähigkeit. Wird nun ein Kind zurückgestellt oder eine vorzeitige Einschulung abgelehnt, müssen die Eltern eingehend über die Förderungsmöglichkeiten eines Vorschulkindes beraten werden.

---

[1]) Schnell, A., Ulbricht, H., Einschulung nach dem Münchner Modell, München 1999, ohne Verlagsangabe, Staatliche Schulberatungsstelle für München

Kieler Einschulungsverfahren
Protokollbogen für das Elterngespräch

Protokollbogen für das Elterngespräch:

Names des Kindes: _____ geb.: _____
Anwesend: _____Datum: _____

**Einstellung zur Schule, Geschwister,
Spiel- und Arbeitsplatz, Kenntnis des Schulweges:**

Kontaktaufnahme zu Kindern:

Regeln einhalten:

Kontaktaufnahme zu Erwachsenen:

Selbstständigkeit:

Konzentration über einen längeren Zeitraum (Ausdauer):

Reaktion auf Erfolg/Misserfolg:

Bewerten eigener Leistung:

Sonstiges:

Beobachten während des Gesprächs:
(Sprechverhalten, Kontaktaufnahme zum Lehrer, Emotionalität:
Leistungs- und soziale Angst)

81

Leitfaden zum Eltern-Kind-Lehrer-Gespräch

1. Sprechverhalten und Sprache des Kindes:

z. B. spricht in ganzen Sätzen, artikuliert deutlich, erzählt der Reihe nach, antwortet auf Fragen

2. Interaktion zwischen Eltern und Kind

Eltern und Kind unterbrechen/ergänzen sich gegenseitig in ihren Antworten; geduldige Zuhörer

3. Konzentration und Ausdauer

zeigte die ganze Zeit über Interesse, sitzt ruhig auf dem Stuhl

4. Kontaktaufnahme zu Erwachsenen

schaut den Ansprechpartner an, hat nicht dauernden Körperkontakt mit der Mutter, begrüßt die Lehrerin mit Handschlag, antwortet direkt auf Fragen.

5. Frustrationstoleranz

wartet ab, bis es wieder angesprochen wird, ist beim Screening nicht auf übermäßiges Lob aus

6. Vorschulische Erfahrung

z. B. Kindergartenbesuch, Erfahrung mit Freunden, soziales Umfeld

7. Einstellung zur Schule

z. B. Einstellung des Elternhauses, Einstellung des Kindes, Geschwistererfahrungen

8. Soziale Kompetenz

z. B. Selbstständigkeit, Frustrationstoleranz, Verantwortung, Regeln befolgen, Beziehungen zu Kindern

9. Motivation und besondere Interessen

z. B. Vorfreude auf die Schule, besondere Hobbys

Münchner Einschulungsverfahren
Handanweisungen und Protokollbogen zum Screening

Jedes Kind darf sich aus den 2 Vorlagen ein Bild heraussuchen. Anschließend wird gefragt, warum es sich gerade dieses Bild ausgesucht hat, ob es das Märchen kennt usw.
Das Kind sucht sich Farbstifte heraus, benennt die Farben und malt ein Märchenbild aus. Bei Zeitmangel gibt die/der Lehrer/in Einzelanweisungen, z. B. „Male der Gretel braune Haare, dem Hänsel rote Schuhe."
Das Puzzle wird auf der Rückseite in 7 Teile geschnitten (an der Linienführung entlang). Die Teile werden laut gezählt und aufeinandergelegt. Die/der Lehrer/in bildet mit den Puzzleteilen (alternativ Schusser o. Ä.) verschiedene Mengen zum Vergleich (höchstens Siebenermengen), z. B. 3 Teile und 4 Teile. Fragestellung „Wo sind mehr Teile, wo sind weniger? Lege zwei gleiche Haufen mit gleich vielen Teilen." Wenn vorhanden, können auch Steckwürfel, Schusser o. Ä. für die Mengenbestimmung verwendet werden. Zum Schluss setzt das Kind aus den 7 Teilen das Puzzle wieder zusammen.
Material: Farbstifte in den Grundfarben, Schere, 2 Märchenbilder zur Auswahl, evtl. Steckwürfel

| Name: | Datum: | Lehrer/in: |

1. Sprechverhalten und Sprache des Kindes:
z. B. spricht in ganzen Sätzen, artikuliert deutlich, erzählt der Reihe nach, antwortet auf Fragen

2. Händigkeit
benutzt die linke bzw. rechte Hand beim Greifen, Malen, Schneiden

3. Farbprüfung
benennt die Farben beim Ausmalen, wählt Stifte mit Farbnamen aus

4. Feinmotorik
malt nicht verkrampft, hält Begrenzungen ein, hält den Farbstift richtig, kann schneiden, schneidet das Puzzle an den Linien entlang aus

5. Umgang mit Mengen
benennt die Menge, ohne nachzuzählen; unterscheidet kleinere und größere Menge; findet gleichmächtige Mengen heraus

6. Optische Wahrnehmung, Leistungsmotivation, Konzentration
setzt das Puzzle richtig zusammen, gibt nicht auf, geht überlegt an die Arbeit (z. B. sortiert die Teile oder sucht das leichteste Teil zuerst heraus usw., lässt sich nicht ablenken)

83

Arbeitsaufgaben	Worauf zu achten ist	Notizen
I. Kennenlernen		
Überprüfen des Sozialverhaltens, der Emotionalität und der Merkfähigkeit	– trennt sich schwer von Mutter/Vater – Kontaktaufnahme zum Lehrer:	
Kinder stehen oder sitzen im Kreis. Der Lehrer stellt sich vor.	– reagiert mit Lächeln – reagiert mit Sprechen	
Kannst du mir deinen Namen sagen? Namenskärtchen werden ausgeteilt. Die Kinder stellen diese vor sich auf den Boden.	– schaut den Lehrer an – schaut auf den Boden – steht oder sitzt ängstlich da	
Schauen wir mal, welchen Namen du dir gemerkt hast. Rufe ein Kind auf und wirf ihm den Ball zu.	– nimmt Kontakt mit den Anderen auf – wartet, bis es an die Reihe kommt – stellt eigene Bedürfnisse zurück – erlebt Aufforderung an die Gruppe als für sich verbindlich – stört durch Dazwischenrufen – merkt sich die Namen der Kinder	
Die Kinder machen sich mit diesem Spiel miteinander bekannt. Der Lehrer hilft bei Bedarf nach.		
Folgende Übung kann bei Bedarf und auf Wunsch eingefügt werden: Du kennst sicher Abzählverse! Ich spreche dir einen vor, und du darfst ihn nachsprechen und in der Gruppe auszählen!	– Überprüfung des Sprechverhaltens – merkt sich den Abzählvers	
Du bist heute in der Schule. Du weißt sicher, dass in der Schule geschrieben, gemalt und auch erzählt wird. Leider können wir nicht alle auf einmal reden, deshalb melden wir uns, wenn wir etwas sagen wollen. Wir warten dann ab, bis wir aufgerufen werden. Das wollen wir jetzt miteinander üben.	– hält sich an die Regeln Der Lehrer stellt Fragen aus dem Alltag z. B. Wie heißt du? Wie heißt deine Mama? Wie viele Beine hat ein Hund?	
Überleitung zur Einzelarbeit: Jetzt gehe auf deinen Platz. Wir schauen nun miteinander Bilder auf einem Blatt an.		

Kieler Einschulungsverfahren
Protokollbogen für das Unterrichtsspiel

Aufgaben	Fähigkeiten		Namen der Kinder							
Aufgabe 1: Spiel zum Kennenlernen	Kontaktaufnahme	Lehrer								
		Kinder								
	zusätzl. Beobachtungen, z. B.: Sprechverhalten									
Aufgabe 2: Malen und Ausschneiden eines Hauses	Arbeiten in der Gruppe									
	Feinmotorik									
	Gliederungsfähigkeit									
	zusätzl. Beobachtungen, z. B.: Arbeitstempo Emotionalität (Leistungs- u. soz. Angst)									
Aufgabe 3: Zeichnen von Formen und Linien in den Wegen	Sprach- und Anweisungsverständnis									
	Formwiedergabe									
	Konzentration (Genauigkeit bei einer Aufgabe)									
	Feinmotorik									
	zusätzl. Beobachtungen, z. B.: Rechts-Links-Orientierung Arbeitstempo Emotionalität (Leistungs- u. soz. Angst)									
Aufgabe 4: Arbeit mit Käfern	Mengenvergleich									
	Simult. Mengenerfassen									
	Mengenordnen									
	Gedächtnis									
	Anstrengungsbereitschaft									
	zusätzl. Beobachtungen, z. B.: Rechts-Links-Orientierung Konz. ü. e. längeren Zeitraum (Ausdauer) Konz. (phys. Belastbarkeit) Arbeitstempo Emotionalität (Leistungs- u. soz. Angst)									
Aufgabe 5: Erzählen zu einem Wandbild	Emotionalität (Leistungs- u. soz. Angst)									
	zusätzl. Beobachtungen, z. B.: Sprechverhalten Konz. ü. e. längeren Zeitraum (Ausdauer)									
Aufgabe 6: Legen und Erzählen einer Bildgeschichte	Arb. i. d. Gruppe (abwarten)									
	Denkfähigkeit									
	Sprechverhalten									
	Gedächtnis									
	zusätzl. Beobachtungen, z. B.: Rechts-Links-Orientierung Sprechverhalten Konz. ü. e. längeren Zeitraum (Ausdauer)									
Aufgabe 7: Turnen	Motorik (Zickzack)									
	Kontaktaufnahme zu Kindern									
	zusätzl. Beobachtungen									
			Namen der Kinder							
Zusammenfassung über alle zusätzlichen Beobachtungen (in + oder –)	Rechts-Links-Orientierung									
	Sprechverhalten									
	Konz. ü. e. längeren Zeitraum (Ausdauer)									
	Konz. (phys. Belastbarkeit)									
	Arbeitstempo									
	Emotionalität (Leistungs- u. soz. Angst)									

Münchner Einschulungsverfahren
Beobachtungsbogen I zum Unterrichtsspiel

Aufgaben	Beobachtungshinweise	Namen						
1. Kennenlernen	– Kontaktaufnahme zu Erwachsenen							
Überprüfung	– Kontaktaufnahme zu Kindern							
– Sozialverhalten	– Trennt sich leicht von Vater oder Mutter							
– Emotionalität	– Steht oder sitzt angstfrei da							
– Merkfähigkeit	– Reagiert mit Lächeln, Sprechen							
	– Schaut den Lehrer an							
	– Wartet, bis es an die Reihe kommt							
	– Stellt eigene Bedürfnisse zurück							
	– Kann sich den Abzählvers, die Namen merken							
2. Einzelarbeit	– Hört den Anweisungen zu							
Überprüfung	– Bezieht diese auf sich							
– Formauffassung	– Versteht den Arbeitsauftrag							
– Formwiedergabe	– Arbeitet ohne Zusatzerklärungen selbstständig							
– Aufgabenverständnis	– Arbeitet konzentriert und flott							
– Arbeitshaltung	– Nimmt Unterschiede optisch wahr							
– Feinmotorik	– Vergleicht genau							
– Konzentration	– Erfasst die Form und zeichnet sie formgerecht							
	– Handgeschicklichkeit vorhanden							
	– Hat mehr als die Hälfte der Aufgaben richtig gelöst							
3. Am Marktstand	– Erfasst Mengen bis 5							
Überprüfung	– Kann Mengen im Zahlenraum bis 5 herstellen							
– Mengenerfassung	– Erfasst Mengen simultan							
– Zahlbegriff bis 5	– Zahlauffassung bis 5 ist sicher							
	– Kennt die Farben							
	– Erfasst die Aufgaben rasch und sicher							
	– Arbeitet konzentriert auf dem Blatt							
4. Bildbetrachtung	– Erzählt Handlungsabfolgen in mehreren Sätzen							
Überprüfung	– Erzählt einen Satz, der eine Handlungsbeschrei-							
– Sprech- und Sprach-	bung enthält							
verhalten	– Zählt nicht nur Gegenstände auf							
– Emotionalität	– Äußert sich angstfrei und gut hörbar							
	– Verfügt über einen vielfältigen Wortschatz							
	– Auffälligkeiten bei der Lautbildung:							
	lispelt, stößt mit der Zunge an usw.							
	– Artikuliert deutlich und klar							
5. Kind zeichnen	– Zeichnet wesentliche Merkmale einer							
Überprüfung	menschlichen Gestalt							
– Wahrnehmung	– Zeichnet Details							
– Detailbeachtung	– Stifthaltung links, rechts oder wechselnd							
– Gliederungsfähigkeit	– Stifthaltung entspannt, locker							
– Lateralität	– Normaler Druck beim Zeichnen							
6. Turnen	– Werfen und Fangen eines Balles							
Überprüfung	– Gleichgewichtsfähigkeit							
– Grobmotorik	– Koordinationsfähigkeit beim Springen							
	– Bewegt sich sicher im Raum							

Kinder freuen sich in der Regel auf die Schule. Die meisten beginnen diesen Lebensabschnitt voller Stolz und froher Erwartungen. Es werden aber vielleicht Kinder darunter sein, deren Freude in Unlust oder Angst umschlägt, weil sie den Anforderungen des ersten Schuljahres noch nicht gewachsen sind.

Auch wenn der Schularzt die körperliche Reife bestätigt und das Einschulungsverfahren positiv ausfällt, ist noch nicht sicher, ob ein Kind erfolgreich am Unterricht teilnehmen wird. Oft zeigt sich erst beim täglichen Schulbesuch, dass ein Kind den schwierigen Übergang vom Kindergarten zur Schule nicht schafft.

Unbekannte Defizite im kognitiven, meist jedoch im sozialen oder emotionalen Bereich oder auch in der Motivation können dazu führen, dass eine Zurückstellung empfohlen wird. Diese ist bis zum 30. November möglich. In diesem Fall muss die gezielte Beobachtung des Kindes noch intensiviert werden, um eine sachgerechte, überzeugende Beratung der Eltern sicherzustellen.

Mögliche Beobachtungen können sein:

- Das Kind zeigt häufig Angst.
- Es weint bei Misserfolg.
- Es konzentriert sich nicht ausreichend.
- Es kann sich im Spiel nicht durchsetzen.
- Es hält sich nicht an vereinbarte Regeln.
- Es findet in der Pause keine Spielpartner.
- Es findet keine Lernpartner.
- ...

Besonders schwierig ist die Diagnose der Schulfähigkeit bei Kindern mit mangelhaften Deutschkenntnissen. Verschiedene Fähigkeiten, die für den Schulerfolg bedeutsam sind, können auch bei geringem Sprachverständnis überprüft werden, wenn die Kinder durch zusätzliche Hilfen wie Zeigen oder Vormachen unterstützt werden. Finden sich aber weitergehende Defizite, so ist von einer Einschulung abzuraten und der Besuch des Schulkindergartens zu empfehlen, um die Lernvoraussetzungen für einen erfolgreichen Schulbesuch zu schaffen.

4.3 Schülerbeurteilung im Schülerbogen

Die Schulordnungen der einzelnen Bundesländer fordern, dass Schülerbögen und Schülerlisten geführt werden. Es heißt zum Beispiel:
Die Schule führt für jeden Schüler einen Schülerbogen. In diesen werden die für den schulischen Bildungsweg wesentlichen Feststellungen, Beobachtungen und Empfehlungen aufgenommen.
In einzelnen Klassen sollen im Schülerbogen zusammenfassende Schülerbeurteilungen erstellt werden.
Zum Beispiel
– in den Klassen 4 und 6 als Grundlage der Entscheidung über die weitere Schullaufbahn,
– in der Klasse 8 im Hinblick auf die Berufsfindung,
– wenn das Vorrücken in die nächste Klasse versagt wird.

Die Klassenleiter schreiben die Schülerbeurteilungen im Benehmen mit allen Lehrern, die in der Klasse unterrichten. Die Eintragungen müssen sich auf nachweisbare Tatsachen stützen. Einmalige Vorkommnisse sind als solche zu kennzeichnen.

Die Erziehungsberechtigten können den Schülerbogen zwar einsehen, doch in der Praxis nehmen die wenigsten Eltern diese Gelegenheit wahr.

Schüler, die nach der Grundschule in ein Gymnasium übertreten, bekommen im Frühjahr ein Übertrittszeugnis. Es enthält ein pädagogisches Wortgutachten. Da auch dieses eine umfassende Schülerbeobachtung darstellt, übernehmen es viele Lehrer in den Schülerbogen.

Beim zukünftigen Hauptschüler soll die Beurteilung im Schülerbogen „als Grundlage der Entscheidung über die weitere Schullaufbahn" dienen. Deshalb können auch in diesem Fall die Gesichtspunkte des pädagogischen Wortgutachtens voll berücksichtigt werden. Diese lauten:

• Allgemeines Lernverhalten (kognitive Fähigkeiten), z. B. Auffassen, Betrachten, Vergleichen, Behalten, Abstrahieren, Kombinieren, Verbalisieren, reproduktives und produktives Denken (Problemlösungen), Übertragen
• Lernbereitschaft, z. B. Einstellung zur Schularbeit, Arbeitshaltung, Anstrengungsbereitschaft, Ausdauer, besondere Interessen
• Individual- und Sozialverhalten, z. B. Grundstimmung, Gefühlsleben, Wertstellungen, Kontaktfähigkeit, Verhalten in der Gruppe
• Besonderheiten der körperlichen und gesundheitlichen Verfassung, soweit sie für den Schulerfolg bedeutsam sein können

- Besondere Schwierigkeiten beim Erlernen des Lesens und Rechtschreibens
- Besonderheiten des Schulverhältnisses, z. B. erschwerende Umstände wie Schul- oder Lehrerwechsel (Siehe auch Kapitel 4.6)

Der Lehrer der Grundschule weiß, dass die Beurteilung im Schülerbogen in erster Linie seine Kollegen als Adressaten findet. Für den neuen Klassenleiter oder Fachlehrer ist sie eine wertvolle Hilfe. Es gibt allerdings unterschiedliche Meinungen darüber, wann die Einträge gelesen werden sollten.

Einige Lehrer informieren sich, ehe sie zum ersten Mal vor der Klasse stehen. Sie argumentieren:

Die Kenntnis von besonderen Problemen oder Schwierigkeiten einzelner Schüler hilft, diese richtig zu behandeln. So lassen sich mitunter gravierende Fehler bei der ersten Begegnung vermeiden. Nur wer die Schwierigkeiten seiner Schüler kennt, kann richtig auf sie eingehen.

Die anderen Lehrer wollen ihren ersten Eindruck unbeeinflusst vom Urteil eines Kollegen gewinnen. Sie fürchten, dass ihre Meinung sonst zu stark von einer Erwartungshaltung geprägt wird. (Siehe Pygmalioneffekt 1.2)

Für beide Standpunkte gibt es also gewichtige Gründe. Der einzelne Lehrer muss sich entscheiden, zu welchem Zeitpunkt er die Beurteilung im Schülerbogen liest.

Allerdings sollte jeder Lehrer, ehe er eine Klasse neu übernimmt, auf besonders schwerwiegende psychische und physische Störungen eines Kindes vom Vorgänger oder vom Schulleiter aufmerksam gemacht werden.

Schülerbeurteilung bei der Wiederholung einer Klasse

Auch wenn das Vorrücken in die nächste Jahrgangsstufe versagt wird, muss eine zusammenfassende Schülerbeurteilung geschrieben werden. Dieses Urteil ist besonders problematisch. Einige Autoren nennen das Wiederholen einer Klasse „... eine unangemessene Reaktion des Schulsystems auf sein eigenes Versagen. Es gelingt der Schule nicht, leistungsschwache Schüler so zu fördern, dass ein Verbleib im normalen sozialen und institutionellen Kontext möglich ist. Sie reagiert auf ihr eigenes Unvermögen dadurch, dass sie diese, sie belastenden Beweise entfernt."[1]

Im Gegensatz dazu steht die Meinung: „In einem starren Schulsystem ohne ausreichende Differenzierungsmöglichkeiten, ohne intensive Einzelbetreu-

---

[1] Schwarzer, Ch., Praxis der Schülerbeurteilung, München 1979, Seite 134.

ung, ohne Stützkurse in bestimmten Fächern kann sich bei manchen Kindern die Wiederholung einer Klasse durchaus positiv auswirken. Schüler, die sich ständig überfordert fühlen und dauernd Entmutigung erleben, können im Wiederholungsjahr durch Erfolge Selbstvertrauen gewinnen und Lücken schließen. Dadurch gewinnen sie ein neues Fundament und eine neue Einstellung zur Schularbeit."

Solange das Nichtversetzen in die nächste Jahrgangsstufe in der Praxis existiert, muss der Lehrer in seiner Beurteilung auf einige Punkte besonders intensiv eingehen.

– Welche Lernziele wurden nicht erreicht?
– Wo weist der Schüler die größten Lücken auf?
– Was war die Hauptursache für das Nichterreichen des Klassenziels?
– Wo muss die Hilfe des Lehrers im Wiederholungsjahr ansetzen?
– Was muss der Schüler an seinem Verhalten ändern?
– Wie können die Eltern helfen?

Die Beurteilung ist in diesem Fall deshalb so schwer, weil das Nichterreichen des Klassenziels auch für den Lehrer ein Scheitern bedeuten kann. Gerade der verantwortungsbewusste Lehrer wird dies oft als eigenes Versagen ansehen. Er macht sich Gedanken, dass er ein ihm anvertrautes Kind nicht genügend fördern kann. In dieser Situation kann er zwar angeben, welche Lernziele nicht erreicht wurden und wo die Lücken liegen, oft jedoch nicht die Ursachen aufzeigen. Eine fast unlösbare Aufgabe mag es für ihn sein, Hinweise zu geben, wie dem Schüler im Wiederholungsjahr geholfen werden kann.

Beispiele von Schülerbeurteilungen im Schülerbogen

Der große, schlanke Schüler weiß seine Körperkraft im Sport geschickt einzusetzen.

Er beobachtet gründlich und fasst sicher auf. Mit regem Interesse beteiligt er sich am mündlichen Unterricht. Beim Verbalisieren fallen besonders seine anschaulichen und humorvollen Erzählungen auf. Es gelingt ihm aber nicht, seine sprachlichen Fähigkeiten auch im schriftlichen Ausdruck zu realisieren.

Die Arbeitshaltung, die Anstrengungsbereitschaft und die Ausdauer schwanken. Der Schüler arbeitet sehr flott, aber etwas oberflächlich. Sein kameradschaftliches Verhalten verdient besonderes Lob. Er setzt sich immer für die Klassen- und Schulgemeinschaft ein. Seine fröhliche Stimmung wirkt ansteckend und ausgleichend.

Die Eltern sind sehr schulfreundlich eingestellt. – –

Hannes ist ein großer, kräftiger Schüler. Seine Bewegungen wirken gewandt und gut koordiniert.

Er fasst rasch auf, beobachtet gründlich und denkt selbstständig. Das Verbalisieren im mündlichen Unterricht fällt ihm leicht. Die Anstrengungsbereitschaft und die Ausdauer sind groß. Der Schüler arbeitet zuverlässig und sorgfältig. Seine Konzentration schwankt. Teilweise lässt er sich noch leicht ablenken. In der Gruppe verhält er sich kameradschaftlich und ist unermüdlich bereit, Aufgaben für die Klassengemeinschaft zu übernehmen. Seine zunächst gedrückte Stimmung entwickelte sich im Laufe des Jahres zu fröhlicher Ausgelassenheit. Bei Klassenarbeiten zeigt er gelegentlich noch immer zu wenig Selbstvertrauen.

Die Eltern erkundigen sich regelmäßig nach seinen Leistungen und seinem Verhalten. – –

Der kleine Schüler zeigt Freude an Tätigkeiten, die körperliche Fähigkeiten erfordern.

Seine Auffassungs- und Beobachtungsgabe sind gut entwickelt. Er kann, besonders bei mathematischen Aufgaben, kombinieren und abstrahieren. Beim Rechtschreiben hat er große Probleme. Der Schüler erledigt seine Aufgaben pflichtbewusst und bemüht sich, gegen Schwächen beim schriftlichen Gestalten anzukämpfen. Dem Unterrichtsgeschehen folgt er meist aufmerksam, aber zu wenig aktiv.
Der ausgeglichene Schüler ordnet sich willig in die Klassengemeinschaft ein.

Die Eltern sind schulfreundlich eingestellt. – –

Der kräftige Schüler zeigt hervorragende Leistungen in der Leichtathletik.

Er fasst etwas bedächtig auf, kann aber Zusammenhänge meist erkennen und übertragen. Am mündlichen Unterricht beteiligt er sich stets überaus aktiv. Es fällt ihm aber schwer, sich schriftlich richtig auszudrücken.

Der pflichtbewusste Schüler arbeitet flott, gründlich und zuverlässig. Seine Anstrengungsbereitschaft und seine Ausdauer sind groß. Markus setzt sich als Klassensprecher in vorbildlicher Weise für die Belange der Klasse und der Schule ein.

Die Eltern zeigen großes Interesse am schulischen Fortkommen ihres Sohnes. – –

Susanne ist eine blasse zierliche Schülerin, die häufig unter einer Allergie leidet.

Sie beobachtet noch nicht genau und ausdauernd genug. Am Unterrichtsgespräch beteiligt sie sich stets eifrig. Beim Lesen und Rechtschreiben hat sie große Probleme. Das Kombinieren fällt ihr oft schwer.

Ihre Anstrengungsbereitschaft und ihr Pflichtbewusstsein schwanken stark.

Die freundliche Schülerin ist hilfsbereit und übernimmt gern Aufgaben für die Klassengemeinschaft.

Die Eltern zeigen nur gelegentlich Interesse an der schulischen Entwicklung ihrer Tochter. – –

Die körperliche Gewandtheit der kräftigen Schülerin ist groß. Sie beobachtet allseitig und gründlich. Mit Interesse geht sie an neue Aufgaben heran. Kombinieren und Verbalisieren fallen ihr leicht.

Ines zeigt großes Pflichtbewusstsein und stets Ausdauer. Sie arbeitet flott und kann sich gut konzentrieren.

Die hilfsbereite Schülerin verhält sich kameradschaftlich und verantwortungsbewusst. Manchmal leidet sie unter den hohen Anforderungen des Elternhauses und entwickelt dann Angst vor Klassenarbeiten. Besonders nach den Ferien neigt sie zu nervöser Übelkeit.

Die Eltern sind zu einer Zusammenarbeit mit der Schule bereit. – –

Weitere Anregungen können dem Kapitel 4.6 „Schülerbeurteilung beim Übertritt in weiterführende Schulen" entnommen werden.

4.4 Schülerbeurteilung in den Zeugnissen

Der Begriff Zeugnis bedeutet in seinem ursprünglichen Sinn die Darstellung eines Sachverhaltes durch einen „Zeugen". Im Laufe der Zeit wurden die mündlichen Aussagen schriftlich fixiert und durch Unterschrift beglaubigt. So war die persönliche Anwesenheit des Zeugen nicht mehr notwendig und das „Zeugnis" jederzeit zur Hand. Damit stieg sein Wert. Aus früheren Schulordnungen (z. B. Sächsische Schulordnung von 1530) wissen wir, dass die „Gezeugnisse", die Kinder aus den ärmeren Bevölkerungsschichten für die Erlangung eines Stipendiums brauchten, mehr eine Charakterwürdigung waren als ein Leistungsnachweis.

Erst viel später wurden die Leistungen im Zeugnis mit einer Note bewertet und die allgemeine Beurteilung trat in den Hintergrund. Das System der Ziffernbeurteilung setzte sich in Deutschland im Gegensatz zu anderen Ländern durch. Doch seit Einführung der Ziffernnote gab es auch immer Bestrebungen, sie wieder abzuschaffen. Heute geht die Tendenz eindeutig weg von den Noten, hin zur Wortbeurteilung.

Die Schulordnungen enthalten Aussagen zum Erstellen von Zeugnissen: Unter Berücksichtigung der einzelnen schriftlichen, mündlichen und praktischen Leistungen werden Zeugnisse erteilt. Hierbei werden die gesamten Leistungen eines Schülers unter Wahrung der Gleichbehandlung aller Schüler in pädagogischer Verantwortung des Lehrers bewertet. Dabei sollen Bemerkungen über Anlagen, Mitarbeit und Verhalten des Schülers in das Zeugnis aufgenommen werden.

Die Abfassung der Zeugnisbemerkungen liegt in der pädagogischen Verantwortung des Klassenleiters. Wenn mehrere Lehrer in einer Klasse unterrichten, sollten diese die Bemerkung miteinander absprechen. Von deutlich negativen Äußerungen über den Schüler wird nach Möglichkeit abgesehen. Dies gilt besonders für Zeugnisse, die bei Bewerbungen vorgelegt werden. Sie sollen keine Aussagen enthalten, die den Eintritt ins Berufsleben erschweren. Falls im Einzelfall aus Gründen der sachlichen Richtigkeit und des Aussagewertes des Zeugnisses solche Äußerungen aufgenommen werden, müssen sich diese auf nachweisbare Tatsachen stützen.

Ausländische Schüler – Aussiedler – Schüler mit nichtdeutscher Muttersprache
Für ausländische Schüler gibt es in den einzelnen Bundesländern unterschiedliche Sonderregelungen.

Legasthenie – Lese- und Rechtschreibschwäche
Auch bei Schülern mit diagnostizierter Legasthenie oder anerkannter Lese-Rechtschreibschwäche gelten Ausnahmebestimmungen bei der Bewertung der Leistungen – besonders im Fach Deutsch.

Vorrücken und Wiederholen
Alle Schulordnungen äußern sich zu den Punkten Vorrücken und Wiederholen. Z. B.: Lassen es die Leistungen des Schülers im ersten Schulhalbjahr fraglich erscheinen, ob ihm am Ende des Schuljahres die Erlaubnis zum Vorrücken erteilt werden kann, wird die Gefährdung im Zwischenzeugnis angegeben. Unterbleibt die Zeugnisbemerkung oder eine Benachrichtigung, so kann daraus ein Recht auf Versetzung nicht hergeleitet werden.

Amtliche Muster
Für die Zeugnisse sind die Vordrucke zu verwenden, die den von den Staats- und Landesministerien herausgegebenen Mustern entsprechen.

Erstellen der Zeugnisse

Die Zeugnisberichte und die Zeugnisnoten werden vom Klassenleiter im Einvernehmen mit den in der Klasse im betreffenden Fach unterrichtenden Lehrern auf Grund der Einzelnoten für schriftliche, mündliche und praktische Leistungsnachweise in pädagogischer Verantwortung festgesetzt.

An der Grundschule gibt es keine Klassenkonferenz, die Berichte oder Zeugnisnoten im Beschluss festsetzt. Der Klassenleiter setzt die Noten in den Fächern, die er selbst unterrichtet, allein fest, in den Fächern, die von anderen Lehrern unterrichtet werden, im Einvernehmen mit dem jeweiligen Lehrer. Wenn keine Einigung zustande kommt, muss der Schulleiter auf eine Einigung hinwirken und letztlich selbst entscheiden.

Hat der Schüler in einem Fach keine Leistungsnachweise erbracht, so erhält er anstelle einer Zeugnisnote eine Bemerkung. Dies gilt nur für Schüler, bei denen die Leistungsnachweise ohne eigenes Verschulden fehlen. Wenn ein Schüler schuldhaft keine Leistungsnachweise erbracht hat, so erhält er für die fehlenden Leistungsnachweise die Note 6, was auch zur Zeugnisnote 6 führen kann.

Kenntnisnahme der Zeugnisse

Auf den Zwischenzeugnissen und den Jahreszeugnissen bestätigt ein Erziehungsberechtigter durch Unterschrift die Kenntnisnahme. Nach Überprüfung der Kenntnisnahme sind die Zeugnisse zurückzugeben.

Erläuterungen:

1. Die Unterschrift der Erziehungsberechtigten dient bei minderjährigen Schülern dem Lehrer als Kontrolle. Die Unterschrift bedeutet nicht, dass sich die Erziehungsberechtigten mit dem Inhalt der Zeugnisse einverstanden erklären. Weigern sich die Eltern ein Zeugnis zu unterschreiben, so sollten sie über diesen Sachverhalt aufgeklärt werden. Wenn sie trotzdem nicht unterschreiben, empfiehlt es sich, dass der Klassenleiter hierüber einen kurzen Vermerk im Schülerbogen macht. Die fehlende Unterschrift der Erziehungsberechtigten beeinträchtigt die Gültigkeit des Zeugnisses nicht.

2. Zu welchem Zeitpunkt die Überprüfung der Kenntnisnahme stattfindet, ist in der Bestimmung nicht festgelegt. Die Schule regelt dies nach eigenem Ermessen. Sinnvollerweise sollte die Prüfung möglichst bald nach der Ausgabe der Zwischen- und Jahreszeugnisse erfolgen.

Beim Schreiben der Zeugnisse ist Folgendes zu beachten: Das Zeugnis wendet sich an die Eltern. Es soll ihnen Auskunft über das Verhalten und die Mitarbeit ihrer Kinder in der Schule geben. Eine Information über Auffälligkeiten im Arbeits- oder Sozialverhalten sowie über starke Leistungsschwankungen kann hier auch festgehalten werden. Die Zeugnisbemerkung soll die Eltern nicht nur informieren, sondern ihnen auch Hinweise geben, wo ihr Kind spezieller Förderung bedarf. Diese Hilfen können in einer kontinuierlichen Überwachung der Hausaufgaben bestehen, in einer zusätzlichen Übung in bestimmten Fächern, in der Sorge für ausreichenden Schlaf des Kindes und für eine ruhige Arbeitsatmosphäre oder auch in einer Aussprache mit dem Kind über eventuelle Kontaktschwierigkeiten. Häufig wird die Zeugnisbemerkung der Anstoß für ein Gespräch mit dem Lehrer sein.

Das Zeugnis spricht auch den Schüler an und hat damit neben dem feststellenden auch einen erzieherischen Wert. Negative Formulierungen sollen daher vermieden werden. Der Schüler wird durch sie entmutigt, bekommt Angst, die an ihn gestellten Anforderungen nicht erfüllen zu können und bestraft zu werden. Eine positive Bemerkung dagegen kann zur Entwicklung der Schülerpersönlichkeit beitragen und das Selbstbewusstsein stärken. An dieser Stelle sei auf Kapitel 3 verwiesen.

Das Zeugnis ist auch für den Lehrer, der den Schüler übernimmt, von Bedeutung. Er soll eine möglichst objektive Information bekommen, die ihm im Umgang mit dem Schüler weiterhilft.

Es ist schwer, Eltern, Kinder und Lehrer gleichzeitig anzusprechen. Wenn sich die Bemerkung in erster Linie an die Eltern und die zukünftigen Lehrer wendet, wird das Kind Schwierigkeiten haben, den Text zu verstehen. Viele Ausdrücke, besonders Fremdwörter, sind für das Kind unverständlich. Schon allein durch die Tatsache, dass der Schüler in der Bemerkung nicht beim Namen genannt wird, fühlt er sich nicht angesprochen. Das Zeugnis wirkt unpersönlich. Wenn man dem Schüler durch eine aufmunternde Bemerkung etwas mitteilen will, ist es unpädagogisch, nur „Der Schüler..." zu schreiben.

Eine fast unlösbare Aufgabe für den beurteilenden Lehrer ist es, in ein paar Sätzen und auf dem wenigen Platz, der im Formblatt dafür vorgesehen ist, die Persönlichkeit des Schülers zu charakterisieren.

Der Tag der Zeugnisausgabe, von dem früher nur Schülereltern und Lehrer Notiz nahmen, steht heute im Mittelpunkt des öffentlichen Interesses. Die Zeitungen berichten davon und auch Radio und Fernsehen bringen Beiträge zu diesem Thema. Telefonnummern und Adressen werden bekannt gegeben, an die sich Schüler und Eltern wenden können, die Beratung oder Hilfe brauchen. Die Zahl der Jugendlichen, die durch schlechte Noten in eine Krise geraten, nimmt ständig zu. In den vergangenen Jahren trieb die Verzweiflung einzelne Schüler sogar in den Selbstmord. Diese verhängnisvolle Entwicklung muss unbedingt aufgehalten werden. Unsere Gesellschaft darf die Wertschätzung eines Menschen nicht von einer Ziffernbenotung abhängig machen.

Eine Möglichkeit, die Schockwirkung zu mildern, die schlechte Zeugnisnoten oft hervorrufen, hat der Lehrer. Er muss die Schüler und Eltern über die Leistungen in den einzelnen Fächern auf dem Laufenden halten. Das Kind darf keinesfalls von den Noten überrascht werden. Es soll durch vorausgehende Gespräche mit dem Lehrer erfahren, wie sein Zeugnis aussehen wird. Sicher können wir damit dem Zeugnistag etwas von seinem Schrecken nehmen.

Bei der Erstellung der Zeugnisse müssen einige formale Punkte berücksichtigt werden:

1. Allgemeine Hinweise:

- Für die Zeugnisse sind die von den Ministerien für Unterricht und Kultus festgelegten Vordrucke zu verwenden. Diese sind sehr sorgfältig in gut leserlicher Handschrift oder mit Schreibmaschine auszufüllen.
- Sämtliche urkundlich belegten Vornamen sollen aufgeführt werden, der Rufname ist zu unterstreichen.
- Beim Geburts- und Ausstellungsdatum wird der Monatsname ausgeschrieben.
- Leerbleibende Zeilen sind durch waagrechte Striche zu sperren.
- Die Notenbezeichnungen müssen so eingetragen werden, dass nachträglich keine Zusätze angebracht werden können. Radierungen oder Änderungen dürfen nicht vorgenommen werden.
- Da das Erscheinungsbild der Zeugnisse Rückschlüsse auf die Schule erlaubt, hat der Schulleiter das Recht, nach Form und Inhalt unzulänglich abgefasste Zeugnisse neu erstellen zu lassen (Nr. 4 zu § 6 Abs. 4 der LDO, Amberg, Schiedermeier, Selbke, Donauwörth 1977).
- Das Zwischenzeugnis kann vor Gericht nicht angefochten werden, da es keine unmittelbar rechtserhebliche Folgen für den Schüler hat.

2. Hinweise zu den Bemerkungen:

- Da das Jahreszeugnis Urkundencharakter hat, sollte der Vorname des Kindes nicht genannt werden. (Der Schüler/Die Schülerin...), Kosenamen sind nicht zulässig.

Beispiele für Zeugnisberichte

3. bis 6. Klasse – Zwischenzeugnis

Das Verhalten des freundlichen Schülers ist lobenswert. Er gibt sich meist Mühe, dem Unterrichtsgeschehen zu folgen. Seine großen Lücken behindern oft eine erfolgreiche Mitarbeit. Er muss noch lernen, stets mit gleichbleibendem Einsatz zu arbeiten.

Die freundliche Schülerin beteiligt sich stets eifrig am Unterrichtsgeschehen. Es fällt ihr noch schwer, konzentriert und ausdauernd zu arbeiten. Ihr Verhalten stellt zufrieden.

Marie ist eine hilfsbereite, aufgeschlossene Schülerin, die Lernwillen und Interesse an der schulischen Arbeit zeigt. Mit ihren Mitschülern geht sie offen und freundlich um. Am mündlichen Unterrichtsgeschehen beteiligt sie sich meist aufmerksam. Schriftliche Arbeiten werden zuverlässig erledigt.

Simone zeigt sich als ausgeglichene, freundliche, hilfsbereite Schülerin, die im Umgang mit ihren Klassenkameraden offen und herzlich ist. Am mündlichen Unterrichtsgeschehen beteiligt sie sich ausdauernd und konzentriert. Schriftlich arbeitet sie zügig und zuverlässig. Das Verhalten ist tadellos.

Anke ist eine eifrige, ehrgeizige Schülerin. Das Unterrichtsgeschehen verfolgt sie konzentriert und aufmerksam und bereichert es durch treffende Beiträge. Wegen ihres verträglichen Wesens ist sie beliebt und kommt mit allen Klassenkameraden stets gut aus.

Florian ist wegen seines kameradschaftlichen Verhaltens in der Klasse als Spiel- und Arbeitspartner gern gesehen. Es fällt ihm nicht immer leicht, dem Unterrichtsgeschehen mit anhaltender Aufmerksamkeit zu folgen. Seine Hausaufgaben erledigt er vorbildlich.

3. bis 6. Klasse – Jahreszeugnis

Das besondere Interesse des meist eifrigen Schülers galt dem Fach Sachunterricht. Bei den schriftlichen Arbeiten musste er immer wieder zu konzentrierter, zielstrebiger Arbeit angehalten werden, da er mit seinen Gedanken oft abschweifte. Sein Verhalten war lobenswert.

Die eifrige Mitarbeit des interessierten Schülers wirkte sich in den letzten Wochen positiv auf seine Leistungen aus. Er bemühte sich, auch seine schriftlichen Arbeiten ordentlich zu erledigen. Sein Verhalten war lobenswert.

Die zurückhaltende, zuverlässige Schülerin verfolgte das Unterrichtsgeschehen aufmerksam und beteiligte sich meistens auch aktiv. Die geforderten Leistungen erbrachte sie mühelos. Ihre besondere Stärke lag im Fachbereich Deutsch. Ihre Hefte führte sie immer gewissenhaft. Sie verhielt sich stets vorbildlich.

Der kontaktfreudige, beliebte Schüler nahm aktiv am Unterricht teil und verhielt sich stets tadellos. Sehr lobenswert waren seine sorgfältige Heftführung und die zuverlässige Erledigung der Hausaufgaben.

Der kontaktfreudige, aufgeweckte Schüler war bei seinen Klassenkameraden anerkannt und beliebt. Im Unterricht arbeitete er ausdauernd und interessiert mit. Alle schriftlichen Arbeiten erledigte er selbstständig, gewissenhaft und zügig. Sein Verhalten war tadellos.

Verena zeigte sich stets als höfliche Schülerin und kam mit allen Klassenkameraden problemlos aus. Mit Aufmerksamkeit und Interesse folgte sie dem Unterrichtsgeschehen. Alle schriftlichen Aufgaben löste sie pflichtbewusst und ordentlich.

4.5 Schülerbeurteilung in den Zeugnisberichten der 1. und 2. Klassen

Die Kritik an der oft Angst auslösenden Ziffernbenotung führte dazu, dass die Zeugnisse für das erste und zweite Schuljahr keine Noten mehr enthalten. Dies ist ein Weg, in der Schule Druck abzubauen, sie wieder humaner werden zu lassen und damit der Pädagogik mehr Raum zu geben. „Wo die Ziffernzensur beginnt, endet die Pädagogik. Ohne ein pädagogisches Beurteilungssystem und damit die Abschaffung der Ziffernzensur kann die Schule ihren Angst machenden Charakter nicht verlieren."[1])

Die Grundlage für die Zeugnisberichte finden sich in den einzelnen Schulordnungen.

Die Zeugnisberichte bieten die Möglichkeit, eine umfassende Aussage über die individuelle Entwicklung, den Leistungsstand und die unterschiedlichen Fördermöglichkeiten zu treffen. Pädagogische Anliegen können genauer und damit verständlicher formuliert werden.

Zeugnisse richten sich an Schüler und Eltern. Für Kinder des ersten und zweiten Schuljahrgangs wird der Zeugnisbericht fast immer unverständlich sein. Aber auch Schüler dieser Altersstufe möchten wissen, was in ihrem Zeugnis

---

[1]) Singer, Kurt: Maßstäbe für eine humane Schule, Frankfurt 1981, Seite 52.

steht. Der Lehrer sollte deshalb den einzelnen Kindern in altersgemäßer Form die Aussagen in seinem Bericht erklären. Einige Lehrer schreiben neben dem amtlichen ein zweites Zeugnis, das sich speziell an das Kind richtet. Waldorfschulen tragen diesem Problem Rechnung, indem sich der Bericht ausschließlich an das Kind wendet und es darin persönlich angesprochen wird. Auf jeden Fall brauchen die Eltern eine Anregung oder sogar eine Anleitung, dass und wie sie mit ihren Kindern über die Zeugnisse sprechen müssen.

Für viele Eltern ist diese neue Form des Zeugnisberichts unbekannt, sie haben daher oft Schwierigkeiten, die Aussagen richtig zu interpretieren.

Die Eltern müssen deshalb auf Elternabenden oder durch Elternbriefe über folgende Punkte informiert werden:

- In den Berichten wird der individuelle Lernfortschritt auf den einzelnen Gebieten festgestellt (beurteilt).
- Ein Vergleich mit anderen Kindern unterbleibt.
- Der Begriff der Leistung besteht nicht nur aus dem kognitiven, sondern auch aus dem sozialen Bereich.
- Damit das Zeugnis von den Eltern mühelos verstanden werden kann, sind Fremdwörter und Fachausdrücke zu vermeiden.
- Die Eltern suchen im Zeugnisbericht noch häufig nach Noten oder setzten bestimmte Ausdrücke einer Note gleich. Deshalb müssen Formulierungen, die einer Zensur entsprechen oder ähneln, vermieden werden.
- Jeder Zeugnisbericht sollte in seiner Grundtendenz Ermutigung und Zuversicht ausstrahlen und Möglichkeiten aufzeigen, wie eventuelle Defizite behoben oder gebessert werden können.
- Durch das Zeugnis sollen sie Eltern motiviert werden, mit dem Lehrer Kontakt aufzunehmen und sich beraten zu lassen, bestehende Kontakte weiter zu pflegen oder direkte Anregungen aus dem Bericht aufzunehmen.

Die Zeugnisberichte stellen erhebliche Anforderungen an den Lehrer. Er muss schon von Beginn des Schuljahres an seine Schüler beobachten und diese Beobachtungen schriftlich fixieren. Diese bilden dann die Grundlage für den Bericht (siehe Punkt 3 Verhaltensmerkmale der Schülerpersönlichkeit und Punkt 2 Beurteilungshilfen).

Es besteht die Gefahr, dass sich Standardformulierungen einschleichen, die nicht mehr aussagekräftig sind. Damit geben wir den Eltern keine individuellen Hilfen und die positiven Möglichkeiten der Zeugnisbemerkungen werden nutzlos vertan.

Die folgende Sammlung von Formulierungen soll helfen, einer Schematisierung entgegenzuwirken. Sie ist als Anregung und Hilfe für treffsichere und damit genauere Berichte gedacht.

Beispiele für Zeugnisberichte
1. Schuljahr – Zwischenzeugnis

Benjamin ist ein freundlicher Schüler, der zu anderen Kindern rasch Kontakt findet. Teilweise versucht er, vereinbarte Regeln zu umgehen, verhält sich aber auch immer wieder einsichtig.
Er fasst schnell auf und zeigt Interesse am Unterrichtsgeschehen, lässt sich jedoch noch leicht ablenken. Darunter leiden sein Arbeitstempo und seine aktive Beteiligung am Gespräch.
Er hat die Technik des Zusammenlesens verstanden. Unbekannte einfache Texte liest er selbstständig vor und versteht ihren Sinn. Er schreibt gleichmäßig und genau und gestaltet seine Hefte und Arbeitsblätter in ansprechender, übersichtlicher Form. Den erarbeiteten Zahlenraum hat er erfasst. Er löst die Gleichungen auch ohne Hilfsmittel meist richtig. Kleine Rechengeschichten zu durchdenken, fällt ihm schwer. Viel Geschick zeigt er im Umgang mit den Orff-Instrumenten. Am Sportunterricht beteiligt er sich freudig und geschickt.

Stefanie ist eine ruhige, äußerst höfliche Schülerin, die mit Freude zur Schule kommt und anderen Kindern offen und freundlich begegnet. Mit ihren Banknachbarn arbeitet sie zielgerichtet und harmonisch zusammen. Ihre schulischen Pflichten nimmt sie sehr ernst. Aufmerksam folgt sie dem Unterrichtsgeschehen und meldet sich auch eifrig mit konstruktiven Beiträgen zu Wort. Für die gewissenhafte und eifrige Erledigung ihrer Hausaufgaben verdient Stefanie ein großes Lob. Schriftliche Arbeiten erledigt sie selbstständig und sehr ordentlich. Alle bis jetzt erlernten Buchstaben hat sie sich gut eingeprägt; sie ist in der Lage, Wörter und kurze Sätze zu erlesen und ihren Sinngehalt zu verstehen. Die Druckbuchstaben schreibt sie im richtigen Bewegungsablauf. In Mathematik hat sie den Zahlenraum bis 10 erfasst. Geübte Plus- und Minusrechnungen kann sie mit Hilfe von Anschauungsmaterialien richtig lösen. Probleme treten jedoch auf, wenn die Aufgabenstellung wechselt. Im Sachunterricht arbeitet sie mit sichtbarem Interesse mit. Anerkennenswert ist Stefanies Beteiligung in den Fächern Religion und Textilarbeit/Werken. Das Erlernen neuer Lieder und das Spielen kleiner Szenen bereiten ihr ebenfalls viel Freude.

Die freundliche, besonnene Schülerin hat zu anderen Kindern zahlreiche Gesprächskontakte, obwohl sie von sich aus selten die Initiative ergreift. Einsichtig hält sie sich an vereinbarte Regeln. Sie fasst schnell auf und folgt stets aufmerksam und interessiert dem Unterrichtsgeschehen. Unermüdlich setzt sie sich ein und leistet wesentliche Beiträge. Eine besondere Vorliebe zeigt sie für sachkundliche Themen. Judith kennt alle erarbeiteten Buchstaben, liest auch unbekannte Texte selbstständig vor und versteht ihren Sinn. Das Lesetempo muss nur noch etwas flüssiger werden. Ihre Hefte und Arbeitsblätter gestaltet sie meist ordentlich, die Schrift ist aber noch nicht gleichmäßig und steht nicht genau in den Zeilen. Im Zahlenraum bis sieben rechnet sie alle Aufgabenarten auch ohne konkrete Hilfen recht sicher. Sie zeichnet gern farbenfrohe, differenzierte Bilder. Judith besucht den Französischunterricht.

Michael ist ein lebhafter, aber auch sehr sensibler Junge, der sich langsam besser an den täglichen Schulrhythmus gewöhnt. Auf andere Kinder geht er aktiv zu; doch führt sein oftmals zu hitziges Temperament bisweilen zu Missstimmungen in der Klassengemeinschaft. Während des Unterrichts bemüht er sich um angemessenes Verhalten und zeigt sich nun leistungsbereiter als zu Beginn des Schuljahres. Immer wieder allerdings lässt er sich von unterrichtsfremden Dingen ablenken. Es fällt ihm schwer, sich längere Zeit auf eine Arbeit zu konzentrieren. Mit seinen Heften, Büchern und Arbeitsmaterialien sorgfältig umzugehen und auch seine Hausaufgaben regelmäßig zu erledigen, muss Michael noch lernen. In Mathematik hat er den erarbeiteten Zahlenraum erfasst. Auch die Formen der Druckschrift beherrscht er und ist bemüht, sie genau in die Zeilen zu schreiben. Damit das Zusammenlesen auch längerer Wörter flüssiger gelingt, ist häusliches Üben notwendig. Bei allen heimatkundlichen Themen zeigt Michael sichtbares Interesse. Mit großer Ausdauer und viel Freude beteiligt sich der begeisterungsfähige Junge an den musischen Fächern und am Sportunterricht.

Beispiele für Zeugnisberichte
1. Schuljahr – Jahreszeugnis

Daniela war eine aufgeschlossene, höfliche Schülerin, die sich ihrer Klassenkameraden gerne annahm und ihnen stets tröstend zur Seite stand. Im Unterricht war sie aufmerksam. Ihre Konzentration ließ aber dann rasch nach, wenn es um neue Lerninhalte ging. Das fiel besonders in Mathematik auf, wo sie leicht der Mut verließ. Der Zehnerübergang mit Zahlzerlegung und das Rechnen mit Zehnerzahlen bereitete ihr Schwierigkeiten. Im Lesen hat sie große Fortschritte gemacht. Auch fremde Texte erliest sie fließend und Sinn erfassend. Ihre Schrift ist gleichmäßiger und flüssiger geworden. Nachschriften gelangen oft fehlerfrei. Im mündlichen Ausdruck zeigte sie sich wortgewandt, Erlebnisse schilderte sie ausführlich. Bei Gedichtvorträgen setzte sie gezielt Gestik und Mimik ein. Die Hausaufgaben erledigte sie zuverlässig. Im Umgang mit den Orff-Instrumenten bewies sie Rhythmusgefühl. Am Französischunterricht nahm sie teil.

Im letzten Halbjahr ging Sebastian viel aktiver auf seine Klassenkameraden zu. Er war in der Regel entgegenkommend und hilfsbereit. Mit einem Partner zu arbeiten, fiel ihm jedoch nicht immer leicht. Der Schüler konnte seine Mitarbeit etwas steigern. Allerdings ermüdete er rasch und folgte dem Unterricht dann oft nicht mehr mit der nötigen Aufmerksamkeit. Neuen Aufgabenstellungen begegnete er zunächst zaghaft, bearbeitete sie dann aber konzentriert, zügig und mit immer mehr Selbstvertrauen. Sebastian machte im Lesen sichtbare Fortschritte. Geübte Texte trug er sinnbetont vor, auch aus längeren fremden Geschichten konnte er ohne fremde Hilfe Informationen gewinnen. Noch nicht sicher genug war sein Gedächtnis für die geübten Lernwörter. Nachschriften gelangen ihm nur selten fehlerfrei. Im erarbeiteten Zahlenraum bis 20 kam er fast immer zu richtigen Ergebnissen; allerdings bereitete ihm das Lösen von kleinen Rechengeschichten noch Probleme. Sebastian gelang es, sachunterrichtliche Zusammenhänge zu erkennen und sein Wissen erfolgreich unter Beweis zu stellen. In Textilarbeit/Werken arbeitete er ruhig und selbstständig und setzte eigene Ideen zielstrebig in die Tat um. Besonderes Talent bewies er beim Zeichnen.

Andreas Stimmungslage hat sich in den letzten Monaten deutlich stabilisiert, sodass sie im Umgang mit ihren Mitschülern gelassener und sicherer und dadurch selbst ausgeglichener geworden ist. Im Unterricht beschäftigte sie sich zwar noch gerne mit anderen Dingen, konnte aber nach Aufforderung immer wieder in das Unterrichtsgeschehen einbezogen werden. Ihre Arbeitsweise war aufgrund ihrer leichten Ablenkbarkeit viel zu langsam und oberflächlich. Im Lesen hat sie große Sicherheit gewonnen. Neue Texte erliest sie fast fließend. Nachschriften gelangen oft fehlerfrei. Ihr Schriftbild ist etwas besser geworden, doch dürfen ihre Bemühungen nicht nachlassen. Andrea ist erzählfreudig, spricht aber oft nicht in vollständigen Sätzen. Im Rechnen hatte Andrea besondere Schwierigkeiten beim Zehnerübergang mit Zahlzerlegung. Die Hausaufgaben erledigte sie pünktlich, aber nicht immer sorgfältig genug. Ihre Zeichnungen waren oft unvollständig.

Die Schülerin war aufgrund ihres verträglichen, fröhlichen Wesens und ihres vorbildlichen Verhaltens sehr gut in die Klassengemeinschaft integriert. Auf Kritik, bei dem Gefühl der Überforderung oder bei Misserfolgserlebnissen reagierte

Bianca bisweilen noch mit Tränen. Immer öfter aber zeigte sie sich in solchen Situationen schon viel selbstbewusster. Dem Unterricht folgte sie mit Interesse und gleichbleibender Konzentration. Durch ihren großen Eifer und ihre rege Mitarbeit erweiterte und festigte sie ihre Kenntnisse und Fertigkeiten auf allen Gebieten. Sie hielt ihr zügiges Arbeitstempo bei, ohne die Sorgfalt, mit der sie alle Aufgaben ausführte, zu vernachlässigen. Rasch steigerte sie ihre Lesefähigkeit und trug fremde Texte fließend und sinnerfassend vor. Die Nachschriften gelangen ihr meist mit wenigen Fehlern. Ziffern und Buchstaben formte sie exakt; ihr Schriftbild wirkte ausgeglichen und schön. In Mathematik erreichte Bianca mittlerweile eine große rechnerische Sicherheit, auch bei schwierigeren Aufgaben suchte sie selbstständig nach möglichen Lösungswegen. Lob verdient ihre Begeisterung für sachunterrichtliche Themen. Zunehmend besser gelang es ihr in diesem Fach, Gelerntes auch in neuen Zusammenhängen anzuwenden. Biancas Engagement im Religionsunterricht schien im zweiten Halbjahr etwas nachzulassen. Sie zog sich mehr und mehr zurück und wirkte oft müde. Sehr geschickt und ausdauernd zeigte sie sich bei Bastel- und Malarbeiten. Auch am Sportunterricht beteiligte sie sich mit großer Freude.

Beispiele für Zeugnisberichte
2. Schuljahr – Zwischenzeugnis

Andreas ist ein hilfsbereiter Schüler, der mit seinen Mitschülern im allgemeinen gut zurechtkommt. Beim Spielen und beim Turnen ist er oft noch recht ungestüm und ausgelassen. Auf Kritik reagiert er empfindlich. Andreas begreift rasch und kann schnell und selbstständig arbeiten. Auch seine Beiträge zum Unterricht sind überlegt, doch sind Mitarbeit und Aufmerksamkeit Schwankungen unterworfen. Die Schrift ist zügig und locker, wobei das Gleichmaß von der aufgewandten Sorgfalt abhängt. Er liest fast fließend, sollte aber mehr Wert auf Betonung legen. Gelesenes kann er zusammenfassend wiedergeben. Das Auswendigschreiben geübter Texte gelingt ihm oft fehlerlos. Seine ersten Aufsätze sind folgerichtig und recht wortgewandt. Beim Rechnen im Zahlenraum bis 100 ist er schnell und sicher. Er findet selbstständig Fragestellung und Lösungsweg bei Sachaufgaben. Die Hausaufgaben erledigt er regelmäßig. Beim Turnen zeigt er Ausdauer und Wendigkeit. In seinen Zeichnungen verwirklicht er eigene Ideen.

Der freundliche, unternehmungslustige Schüler ist bei seinen Schulkameraden sehr beliebt. Dem Unterrichtsgeschehen folgt er meist aufmerksam; Konzentration und Anstrengungsbereitschaft lassen zeitweise jedoch rasch nach, sodass sich Leistungsschwankungen ergeben. Schriftliche Arbeiten fertigt er in der Regel selbstständig an. Seine Hausaufgaben erledigt er zuverlässig, pünktlich und vollständig. Alexander kann altersgemäßen Texten Informationen entnehmen; seine Leseflüssigkeit muss er aber noch steigern. Er wendet die Schreibschrift zügig an und auch mit Füller geschriebene Einträge wirken recht gleichmäßig und sauber. Wörter aus dem Grundwortschatz muss er regelmäßig üben, um bei Nachschriften und Diktaten sicherer zu werden. Den erarbeiteten Zahlenraum hat er erfasst. Alexander rechnet in angemessenem Tempo und meist selbstständig; bisweilen unterlaufen ihm jedoch Flüchtigkeitsfehler. Die Inhalte des Sachunterrichts erfasst er schnell und kann sie sicher wiedergeben. Der lebhafte Junge zeigt großes Interesse für das Fach Textilarbeit/Werken. Seinem Bewegungsdrang kommt der Sportunterricht entgegen. Hier beteiligt er sich mit viel Freude und großer Ausdauer.

Hanife verhält sich zu ihren Mitschülern freundlich und verträglich, sucht aber von sich aus wenig Kontakt. Einsichtig beachtet sie alle schulischen Regeln. Im Unterricht ist sie immer aufmerksam. Sie bemüht sich, auch am Gespräch aktiv teilzunehmen. Selbstständige Arbeiten führt sie zügig und konzentriert aus. Sie liest flüssig und spricht die Wörter auch richtig aus. Wortbilder muss sie sich gründlich einprägen, um bei Nachschriften zu fehlerfreien Ergebnissen zu kommen. Hefte und Arbeitsblätter gestaltet sie oft ordentlich. Ihr Schriftbild ist meist gleichmäßig. Den Aufbau des Hunterraums hat sie verstanden. Sie kann die verschiedenen Aufgaben ohne Hilfsmittel weitgehend richtig lösen. Bei ungewohnten Aufgaben und bei Sachaufgaben findet sie selbstständig Ansatz und Lösungsweg. Hausaufgaben erledigt sie immer pünktlich. Sie beteiligt sich wendig am Sport und unterstützt mit ihrer schönen Stimme den Chor.

Julia ist eine umgängliche, freundliche und ausgeglichen wirkende Schülerin. Im Umgang mit ihren Klassenkameraden verhält sie sich kontaktfreudig und hilfsbereit. Sie übernimmt gerne Aufgaben für die Gemeinschaft und führt diese zuverlässig und umsichtig aus. Ihre Schrift ist seit der Benutzung des Füllers gleichmäßiger geworden, sodass sie jetzt meist sauber und ordentlich wirkt. Große Freude bereitet Julia das Lesen. Bekannte Texte trägt sie flüssig vor; aber auch unbekannte Lesestücke kann sie sich zunehmend besser erschließen. Die Wörter aus dem Grundwortschatz sind weitgehend gesichert; bisweilen unterlaufen der Schülerin allerdings noch Flüchtigkeitsfehler. Für die Inhalte des Sachunterrichts zeigt Julia ein gutes Gedächtnis. In Mathematik rechnet sie auch ohne Anschauungsmittel selbstständig und sicher. Mit viel Geschick und Kreativität beteiligt sie sich an allen musischen Aktivitäten. Lobenswert ist ihre genaue und konzentrierte Arbeitsweise in Textilarbeit/ Werken.

Die höfliche Schülerin war bei ihren Klassenkameraden sehr beliebt. Allen Unterrichtsinhalten wandte sie sich mit gleichbleibend hoher Anstrengungsbereitschaft zu. Lobenswert waren ihre hervorragenden Gedächtnisleistungen und ihr gutes Konzentrationsvermögen. Franziska erledigte die ihr gestellten Aufgaben pflichtbewusst und sehr sauber, muss aber mehr auf ein zügiges Arbeitstempo achten. Die Schülerin fasste Probleme und Sachverhalte rasch auf und schaffte es, Gelerntes in neuem Kontext anzuwenden. Die mathematischen Grundrechenarten beherrschte sie sehr sicher, auch komplexere Sachaufgaben, die eine umfassende Denkleistung erforderten, bewältigte sie ohne Hilfestellung. Im Aufsatzunterricht gelang es ihr gut, ihre Gedanken sprachlich gewandt zu formulieren. In Textilarbeit/Werken bewies Franziska großes manuelles Geschick.

Jakob verhielt sich zu seinen Mitschülern nach wie vor freundlich und hilfsbereit. Kontakte zu knüpfen war ihm nicht wichtig. Er arbeitete stets selbstständig, konnte aber auch sinnvoll mit einem Partner oder in der Gruppe lernen. Er nutzte gern zusätzliche Lernangebote. Gespräche verfolgte er aufmerksam, oft kritisch. In der Kleingruppe beteiligte er sich auch aktiv, im Klassenverband blieb er zurückhaltend. Seine Konzentrationsfähigkeit war groß. Die Hausaufgaben lieferte er immer pünktlich ab. Er las schon recht flüssig und entnahm mühelos genauere Informationen aus den Texten. Seine Schrift war jetzt auch mit Füller gleichmäßig und die Hefte führte er immer ordentlich. Beim Aufschreiben von Wörtern aus dem Grundwortschatz gewann er an Sicherheit. Er erzählte mündlich und schriftlich folgerichtige Geschichten. An vielen Bereichen des Sachunterrichts zeigte er großes Interesse. In Mathematik verstand er alle geforderten Aufgaben und fand auch bei Sachaufgaben meist die richtige Lösung. An den musischen Bereichen beteiligte er sich gern.

Der verschlossene, leicht reizbare Schüler kam erst im Februar neu in die Klasse. Es fiel ihm nicht leicht, sich in den Klassenverband einzuordnen und Freundschaften zu knüpfen. Im Unterricht wirkte Matthias oft unbeteiligt und meldete sich selten aus eigenem Antrieb zu Wort. Mechanische Aufgaben im Bereich der Mathematik rechnete er meist fehlerfrei und zügig; das Erfassen von Sachaufgaben gelang ihm gegen Ende des Schuljahres immer besser. Große Probleme hatte Matthias beim Erlesen und inhaltlichen Erfassen fremder Texte. Auch im schriftlichen Sprachgebrauch verfügte er noch über zu wenig Sprachgewandtheit und grammatikalische Sicherheit. In Textilarbeit/ Werken störte der handwerklich geschickte Schüler bisweilen seine Mitschüler bei der Arbeit.

Durch ihre aufgeschlossene, offene Art konnte sich Lisa einen festen Platz in der Klassengemeinschaft sichern. In Konfliktsituationen wirkte sie häufig ausgleichend. Am Unterricht war sie stets interessiert, verfolgte aber große Teile nur beobachtend. Sie musste oft ermuntert werden, sich am Gespräch zu beteiligen und eigene Gedanken zu äußern. Konzentriert und flott erledigte sie die schriftlichen Arbeiten. Sie lernte auch sinnvoll mit einem Partner oder in der Gruppe. Sie las fremde Texte recht flüssig vor und erfasste auch meist ihren Sinn. Ihre Hefte führte sie in zunehmendem Maß übersichtlich. In letzter Zeit wurde ihre Schrift wieder gleichmäßig. Wörter aus dem Grundwortschatz schrieb sie meist richtig auf. Im schriftlichen Sprachgebrauch erzählte sie einfache, folgerichtige Geschichten. In Mathematik erfasste sie Aufgaben, die vom üblichen Schema abwichen, noch etwas langsam, löste sie dann aber weitgehend sicher. Viele Bereiche des Sachunterrichts fanden ihr Interesse. In Leichtathletik erzielte sie hervorragende Ergebnisse. Lisa besuchte den Französischunterricht.

4.6 Schülerbeurteilung beim Übertritt an weiterführende Schulen

Beim Übertritt in weiterführende Schulen erstellt die Grund- bzw. Hauptschule auf Antrag der Erziehungsberechtigten für Schüler, die an das Gymnasium, die Realschule oder die Wirtschaftsschule übertreten sollen, ein Übertrittszeugnis. In diesem wird festgestellt, für welche Schullaufbahn der Schüler geeignet ist. Als Grundsatz gilt: Für jedes Kind die Schule, die seinen Anlagen und Fähigkeiten am besten entspricht. Ausschlaggebend für die Eignung sind die Noten des Schülers und ein positives Wortgutachten. Für Schüler mit nichtdeutscher Muttersprache und deutsche Aussiedler gibt es in den einzelnen Bundesländern Sonderregelungen. In dem pädagogischen Wortgutachten sollen Anlagen, Neigungen und Fähigkeiten des einzelnen Schülers beschrieben werden. Dabei sind folgende Gesichtspunkte zu berücksichtigen:

a) Allgemeines Lernverhalten (kognitive Fähigkeiten) z. B. Auffassen, Betrachten, Vergleichen, Behalten, Abstrahieren, Kombinieren, Verbalisieren, reproduktives und produktives Denken (Problemlösen), Übertragen;

b) Lernbereitschaft z. B. Einstellung zur Schularbeit, Arbeitshaltung, Anstrengungsbereitschaft, Ausdauer, besondere Interessen;

c) Individual- und Sozialverhalten z. B. Grundstimmung, Gefühlsleben, Werteinstellungen, Kontaktfähigkeit, Verhalten in der Gruppe;

d) Besonderheiten der körperlichen und gesundheitlichen Verfassung, soweit sie für den Schulerfolg bedeutsam sein können;

e) Besondere Schwierigkeiten beim Erlernen des Lesens und Rechtschreibens;

106

f) Besonderheiten der Schulverhältnisse z. B. erschwerende Umstände wie Schul- und Lehrerwechsel.

Die formalen Hinweise für die allgemeinen Zeugnisbemerkungen gelten großenteils auch für die Beurteilungen im Übertrittszeugnis. Darüber hinaus sind noch andere Gesichtspunkte zu beachten:

- Der Schüler soll in seiner Einmaligkeit als Person gesehen werden. Das schließt eine Beurteilung nach vorgegebenen Mustern aus. Viele einzelne, möglichst verschiedene Beobachtungen auf unterschiedlichen Gebieten bilden die Voraussetzung für die Gesamtbeurteilung eines Schülers. Aber auch hier müssen wir uns immer der Gefahr bewusst sein, den Schüler trotz unserer Bemühungen um Objektivität falsch zu sehen.
- Die Aussagen des Gutachtens müssen auf Fakten beruhen und somit begründbar sein.
- Das Gutachten soll so abgefasst sein, dass es allgemein verständlich ist; also keine Anhäufung von unnötigen Fachausdrücken.
- Das Gutachten soll differenzierte Aussagen liefern.

Beispiele von Übertrittsgutachten

Simon ist ein heiterer und freundlicher Schüler. Er kann Zusammenhänge erfassen und Erkenntnisse verbalisieren. Besonders im Sachunterricht zeigt er sich sehr interessiert, beobachtet differenziert und besitzt die Fähigkeit zur zusammenhängenden Wiedergabe seiner Gedanken. In Mathematik beherrscht er die Grundrechenarten und kann selbstständig Lösungswege finden. Er besitzt einen umfangreichen aktiven und passiven Wortschatz. Er bemüht sich, schriftliche Arbeiten ordentlich auszuführen, dabei gelingt es ihm in letzter Zeit öfter, Flüchtigkeitsfehler zu vermeiden. Probleme in der Rechtschreibung versucht er durch vermehrtes Üben in den Griff zu bekommen. Im Umgang mit seinen Mitschülern zeigt er sich hilfsbereit und selbstbewusst.

Der Schüler verfügt über eine zuverlässige, gewissenhafte Arbeitsweise. Schriftliche Aufgaben erledigt er sorgfältig und meist selbstständig. Am Unterrichtsgespräch nimmt er mit wachsender Intensität teil. Neue Lerninhalte fasst er bedächtig auf. Die erarbeiteten Regeln und Gesetzmäßigkeiten behält er im allgemeinen sicher. Daher bereitet ihm im mathematischen Bereich die reproduzierende Lösung formaler Aufgaben kaum Schwierigkeiten. Es fällt ihm aber nicht immer leicht, Abstraktionen zu vollziehen und bei komplexeren Aufgaben selbstständig Lösungswege zu entwickeln. Recht interessiert zeigt sich André an sachkundlichen Themen. Aufgrund des pflichtgetreuen

Arbeitens können in Rechtschreiben und Sprachbetrachtung zufriedenstellende Ergebnisse erzielt werden. Im schriftlichen Sprachgebrauch gelingt es dem Schüler noch nicht, seine Ideen in gewandten Ausdruck zu kleiden.

Die verträgliche Schülerin zeigt eine positive Grundeinstellung zur schulischen Arbeit und Anstrengungsbereitschaft. Sie beobachtet genau und fasst Zusammenhänge schnell und gründlich auf und besitzt einen Blick für das Wesentliche. Sie verfügt über ein zuverlässiges Gedächtnis und vermag kritisch zu vergleichen. Sprachlich drückt sie sich fantasievoll und sehr geschickt aus und besitzt einen umfangreichen Wortschatz. Im Sachunterricht beobachtet die Schülerin differenziert und planvoll. In Mathematik beherrscht sie die Grundrechnungsarten und kann selbstständig Lösungswege finden. Ihren Klassenkameraden gegenüber verhält sie sich freundlich und hilfsbereit.

Die Schülerin fasst neue Lerninhalte im allgemeinen leicht auf und behält Gelerntes sicher. Bei entsprechender Konzentration ist sie in der Lage, das Wesentliche zu erkennen und selbstständig auf andere Sachverhalte zu übertragen. Am Unterrichtsgespräch beteiligt sich Daniela meist rege. Schriftliche Arbeiten erledigt sie zügig, jedoch nicht immer gründlich und gewissenhaft. Im sachkundlichen Bereich zeigt sie sich vielseitig interessiert. Hier leistet sie viele, treffende Beiträge. Daniela ist in der Lage, auch bei komplexen mathematischen Aufgabenstellungen selbstständig Lösungswege zu entwickeln. Es gelingt ihr hier aber nicht immer, bis zum Ziel durchzuhalten. Recht sicher zeigt sie sich in Rechtschreibung und Grammatik. Im schriftlichen Sprachgebrauch stellt sie Ideenreichtum und reiche Fantasie unter Beweis. Sehr erfreuliche Ergebnisse erzielt die Schülerin in Kunsterziehung und Musik.

5. Konsequenzen der Schülerbeurteilungen

5.1 Einführende Bemerkungen

Die zahlreichen Fakten, die ein Lehrer über einen Schüler zusammenträgt, bilden die Grundlage der Beurteilungen in Zeugnisberichten und Gutachten. Diese Aufgabe wird oft als vordringlich gesehen. Damit würden wir aber unserem Erziehungsauftrag keinesfalls gerecht.

Die Schülerbeobachtung beeinflusst das Schülerverhalten, die Elternberatung und auch das Lehrerverhalten. Diese drei Aspekte werden im folgenden Kapitel genauer beleuchtet.

5.2 Änderung des Schülerverhaltens

1. Einführende Bemerkungen
2. Planung einer Verhaltensmodifikation
3. Möglichkeiten einer Verhaltensmodifikation
- Methoden der positiven Verstärkung
  Verstärkungen aus dem sozialen Bereich
  Verstärkungen durch die Unterrichtsgestaltung
  Verstärkung durch materielle Anreize
  Modelllernen
  Abschluss von Verträgen
  Selbstverstärkung
- Das Aufstellen von Regeln
- Negative Verstärkung
- Die Löschung
- Zeitlicher Einsatz von Verstärkern
4. Zusammenfassung

1. Einführende Bemerkungen

Es gibt verschiedene Theorien zur Veränderung von Verhalten, speziell bei Kindern.

Alfred Adler und auf ihn aufbauend Rudolf Dreikurs nähern sich den Problemen der Verhaltensänderung von der Individualpsychologie her. Jedes Verhalten ist zielgerichtet. Durch die Kenntnis des Ziels kann der Erzieher dem Kind, das sich „gegen die Gesellschaft" verhält, vor allem durch Ermutigung und durch sogenannte logische Folgen oder Konsequenzen helfen.

Die Theorie Thomas Gordons zur Veränderung unakzeptablen Verhaltens ist eine Gesprächstheorie. Sie baut darauf auf, dass durch bestimmte Techniken des Zuhörens, der Sendung von Ich- und Du-Botschaften und schließlich die Lösung von Problemen durch sogenannte niederlagslose Methoden das Kind-Erzieher-Verhältnis verbessert werden kann.

Zum Schluss bietet sich noch das Modell der Verhaltensmodifikation an, das auf lerntheoretischen Erkenntnissen basiert. Im Folgenden soll die Veränderung von Schülerverhalten vor allem unter dem Aspekt der Verhaltensmodifikation dargestellt werden. Ein Vergleich dieser drei Theorien ist in Gräser/Lederer, Störende Schüler – unruhige Klasse, Kempten 1982, zu finden.

2. Planung einer Verhaltensmodifikation

Verhalten ist veränderbar. Diese Einsicht beruht auf den lerntheoretischen Erkenntnissen, dass Verhalten gelernt wird und deshalb auch wieder verlernt werden kann.

Die Verhaltensbeeinflussung, oft auch Verhaltensmodifikation genannt, ist scharf von der Verhaltenstherapie abzugrenzen. Lehrer können meist wegen fehlender zusätzlicher Ausbildung und auch wegen mangelnder Zeit keine Therapien durchführen.

Solange Menschen erziehen, gibt es den Willen des Erziehers, bestimmte Verhaltensweisen eines Zöglings zu ändern. Aufgabe des Lehrers ist es, gezielt, d. h. durch besondere methodische Schritte eine Verhaltensänderung zu erreichen. Ein Lehrer darf auf unerwünschtes Verhalten nicht reagieren, sondern muss planvoll agieren. Deshalb ist es notwendig, dass er sich über die Ausgangslage, seine Ziele und Maßstäbe klar ist.

- Die regelmäßig notierten Beobachtungen zeigen die Ausgangssituation, von der aus ein bestimmtes Verhalten beeinflusst werden kann.
- Die Verfassung des jeweiligen Bundeslandes und die Präambel des jeweiligen Lehrplans für die Grundschulen nennen die Ziele unserer Erziehung. Diese bieten aber nur den Rahmen, den der Lehrer selbst zu füllen hat. Er muss die einzelnen Ziele selbst setzen und sie immer wieder kritisch durchdenken.
- Die Maßstäbe für richtiges Verhalten sind zeitabhängig und müssen deshalb ständig überprüft werden.
- Der Lehrer muss sich eventueller Fehler bewusst sein (siehe Kapitel 1.1.)

In jeder Erziehungs- und Unterrichtssituation kann sich das Verhalten von Schülern ändern. Allein der Zuwachs an Wissen bewirkt dies. Häufig jedoch wird der Aufbau von erwünschtem Verhalten durch allgemeine methodische Schritte nicht erreicht. Der Lehrer muss deshalb eine Verhaltensmodifikation

110

genau planen. Die einzelnen Maßnahmen können auf einen Schüler zielen, auf eine Gruppe oder auch auf einen ganzen Klassenverband; z. B. aktive Unterrichtsbeteiligung am Unterrichtsgeschehen – festgestellt an der Meldehäufigkeit der einzelnen Schüler.

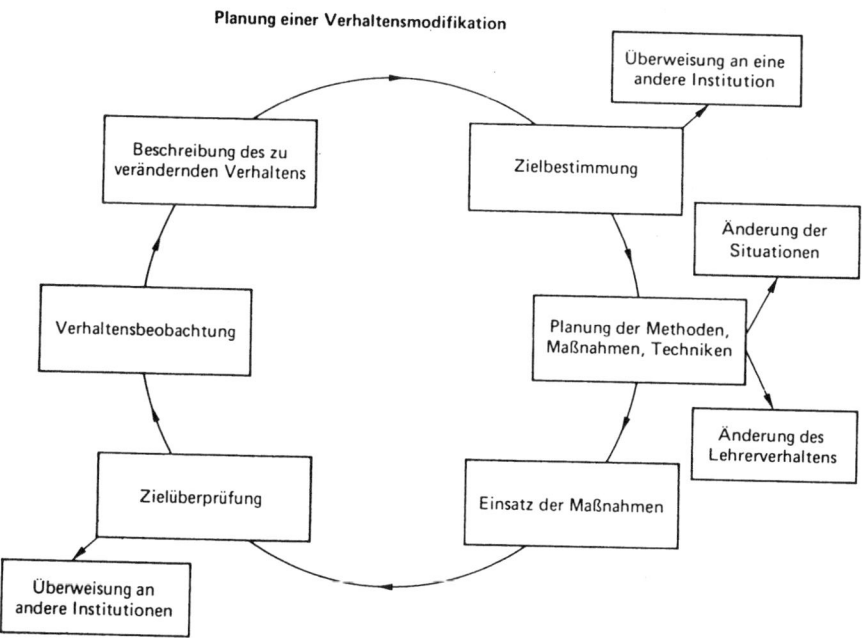

Planung einer Verhaltensmodifikation

Anmerkungen zum Modell „Planung einer Verhaltensmodifikation"

Verhaltensbeobachtung
Ausgangspunkt ist immer die Information aus den direkten oder indirekten Beobachtungen.

Beschreibung des zu verändernden Verhaltens
Das Formulieren der stichpunktartigen Notizen verdeutlicht oft schon das Ziel.

Zielbestimmung

Wird dieses Ziel jedoch vom Elternhaus nicht mitgetragen oder steht es den Erwartungen der Erziehungsberechtigten entgegen, so ist der Versuch, ein Verhalten zu ändern, in der Regel zum Scheitern verurteilt. Der Lehrer muss sich klar darüber sein, ob die erwünschte Verhaltensmodifikation mit den Mitteln der Schule erreicht werden kann, oder ob eine andere Institution, z. B. ein Psychologe hinzugezogen werden soll.

Spätestens an dieser Stelle ist zu überlegen, wem die Verhaltensänderung nützt.
– Leidet der Schüler unter seinem bisher gezeigten Verhalten?
– Behindert es ihn bei der Entfaltung seiner Begabung, Kreativität...?
– Wird sein Verhalten zu den Mitmenschen gestört?
– Stört das Verhalten vor allem den Lehrer?

Planung der Methoden, Maßnahmen, Techniken

Mit einer genauen Zielformulierung ist ein wesentlicher Schritt zur Verhaltensänderung getan. Der Erfolg hängt jedoch entscheidend von den einzelnen Methoden und Maßnahmen ab. Oft gelingt eine Modifikation des Schülerverhaltens bereits durch Änderung einer bestimmten Situation. So kann ein Wechsel der Sitzordnung die Kreativität verschiedener Kinder erheblich bessern. Auch eine Änderung des Lehrerverhaltens muss hier in Betracht gezogen werden (siehe Kapitel 5.4).

Einsatz der Maßnahmen

Die Durchführung der Maßnahmen erfordert vom Lehrer große Geduld und viel Zeit. In die Planung sollte in jedem Fall auch ein Zeitlimit mit einbezogen werden. Dadurch lassen sich ein vorzeitiger Abbruch des Versuchs einer Verhaltensmodifikation oder der voreilige Wechsel auf eine andere Methode vermeiden.

Zielüberprüfung

Nach Ablauf der gesetzten Frist muss überprüft werden, inwieweit sich das Schülerverhalten verändert hat. Eventuell muss die Überweisung an eine andere Institution vorgenommen werden. Wenn das Ziel jedoch zumindest zum Teil erreicht wurde, so hat sich der Kreis geschlossen.

3. Möglichkeiten einer Verhaltensmodifikation

Es gibt drei Möglichkeiten, Verhalten zu ändern:
1. Der neue Aufbau eines erwünschten Verhaltens

2. Die Verstärkung eines erwünschten Verhaltens
3. Der Abbau eines unerwünschten Verhaltens.

Diese Differenzierung hilft bereits, die Technik, mit der Verhalten geändert werden soll, einzugrenzen. Es gibt jedoch eine Vielzahl von Möglichkeiten, aus denen der Lehrer wählen kann. Der Erfolg hängt von seiner Kreativität, dem Geschick und der Erfahrung ab.

- **Methoden der positiven Verstärkung**

Bei einer positiven Verstärkung folgt auf erwünschtes Verhalten etwas, was als angenehm empfunden wird. Man kann erwarten, dass dadurch die erwünschte Handlung verstärkt wird. Was die einzelnen Schüler als mehr oder weniger angenehm empfinden, ist unterschiedlich.

Positive Verstärkung aus dem sozialen Bereich
Die Verstärkung eines erwünschten Verhaltens kommt in der Schulsituation meist vom Lehrer. Sie kann aber auch von den Mitschülern ausgehen.

Verstärkung durch den Lehrer. Der Lehrer kann eine positive Verstärkung durch Mimik und Gestik oder durch Sprache erreichen. Es gehört zur täglichen Unterrichtspraxis, einem eifrigen Kind eine spontane Anerkennung zu zollen. Soll ein Verhalten verstärkt oder neu aufgebaut werden, so setzt der Lehrer bewusst z. B. Lob ein. Teilweise wird zwischen Lob als personenbezogen und der Anerkennung als sachbezogen unterschieden. Der Lehrer braucht ein Gespür für Situationen, in denen er ein schwieriges Kind positiv verstärken kann. Außerdem muss er herausfinden, auf welche Form der Anerkennung das Kind am besten anspricht.

Positive Verstärkung durch die Sprache. Am häufigsten werden mündliche Äußerungen eingesetzt. Manche Kinder reagieren jedoch, wenn sie sich durch eine lobende Anerkennung im Mittelpunkt sehen, unangemessen. Bei diesen Schülern weicht man besser auf einen anderen positiven Verstärker aus. Schriftliche Anerkennungen sind oft sehr wirkungsvoll. Ein Lob kann unter Hefteinträgen und im Mitteilungsheft oder Hausaufgabenheft eingetragen werden. Eventuell wirkt dann noch eine zweite positive Verstärkung durch die Eltern.

Positive Verstärkung durch Mimik und Gestik. Der Lehrer beeinflusst durch Blickkontakt, Lachen, Zunicken, Handbewegungen, Körperhaltung ... ständig das Verhalten der Schüler. Jedoch wird Anerkennung durch Mimik und Gestik als positive Verstärkung zu wenig bewusst eingesetzt. Nicht nur richtige Antworten, sondern auch richtiges Verhalten müssen gezielt eine Rückmeldung (feedback) erfahren.

Der Einsatz von körperlicher Zuwendung, wie etwa Streicheln, ist von der Altersstufe der Kinder und auch von der Persönlichkeit des Lehrers abhängig. Hier bedarf es großer Vorsicht und Sensibilität. Wird bei einem Schüler ein Defizit an körperlicher Zuwendung vermutet, so muss eine intensive Elternberatung einsetzen. Dieser Mangel kann durch die Schule nicht behoben werden.

Verstärkung durch Klassenkameraden. Die Verstärkung eines Verhaltens durch Mitschüler erleben wir häufig im negativen Sinn. Der Beifall von Klassenkameraden kann das kasperhafte Verhalten von Kindern intensivieren. In den ehemals sozialistischen Ländern galt der Einfluss der Gleichaltrigen als eines der wichtigsten Erziehungsmittel und wurde stark gefördert. Wir wissen aber, dass auf einzelne Schüler dabei unangemessener Druck ausgeübt wird.

Der Lehrer hat die Aufgabe, die Kinder dafür zu gewinnen, unangemessenes Verhalten nicht zu beachten. Sie sollten lernen, mit Zuwendung zu reagieren, wenn dem Schüler positives Verhalten gelungen ist.

Positive Verstärkung durch die Unterrichtsgestaltung

Die Unterrichtsgestaltung selbst bietet dem Lehrer eine Fülle von Möglichkeiten, eine positive Verstärkung zu erreichen. Hier kommt das sogenannte Premack-Prinzip zum Tragen:

Wenn auf eine weniger beliebte eine angenehme Tätigkeit folgt, so wird die weniger beliebte besser, schneller oder öfter erledigt.

Als Verstärker kann jede Tätigkeit wirken, die die Kinder gern ausführen. Die Beliebtheit ist von Schüler zu Schüler und von Klasse zu Klasse unterschiedlich.

Allein durch die Art des Unterrichts kann eine Steigerung oder Veränderung gewisser Verhaltensweisen erzielt werden. Sind in verschiedenen Klassen Gruppenarbeit, das Kreisgespräch, Wettrechnen oder Buchstabenrätsel besonders beliebt, so wird damit sicher die Aktivität gesteigert. Folgt z. B. auf das ungeliebte Diktat ein Spiel, eine kurze Pause, erzählt der Lehrer eine Geschichte ..., so ist zu erwarten, dass das Diktat weniger intensiv mit Negativa besetzt und damit auch besser geschrieben wird.

Die genannten Beispiele einer positiven Veränderung zielen überwiegend auf mehrere Schüler. Aber auch für einzelne lassen sich zahlreiche Möglichkeiten finden, um ein bestimmtes Verhalten zu verstärken:

Für die ganze Klasse den sogenannten Verstärker auswählen, Turnübungen zum Stundenwechsel vormachen, ein Lied bestimmen, Hefte austeilen, die Tafel wischen ...

Die Vielfalt der positiven Verstärker ist unerschöpflich. Aber der Lehrer sollte folgende Regeln einhalten:
- Der Verstärker soll unmittelbar folgen.
- Die beliebte Tätigkeit soll möglichst von den Kindern ausgewählt werden.
- Ein gewisser zeitlicher Rahmen darf nicht gesprengt werden.

Positive Verstärkung durch materielle Anreize

Bei diesem System der positiven Verstärkung werden für bestimmtes erwünschtes Verhalten sogenannte Tokens (= Münzverstärker) ausgegeben. Diese können geldähnliche Chips, Punkte, Sterne und dergleichen sein. Ihren Wert erhalten sie erst dadurch, dass eine vereinbarte Anzahl in Dinge eingetauscht werden kann, die für die Kinder erstrebenswert sind.

Bei einer Sonderform dieses Systems müssen für unerwünschte Verhaltensweisen die Tokens wieder zurückgegeben werden. Dies bedeutet jedoch eine Strafe und damit ist das Gebiet der positiven Verstärkung verlassen.

Die Vergabe von Tokens ist bei den Kindern sehr beliebt. Sie können ihre Anzahl selbst kontrollieren und der Eintausch bereitet ihnen viel Freude. Für den Lehrer ist dieses System jederzeit einsetzbar. Es eignet sich für die Verstärkung positiver sozialer Verhaltensweisen ebenso gut wie für den Aufbau erwünschten Arbeitsverhaltens. Anstelle von konkreten Gegenständen kann der Lehrer auch schulinterne Aktivitäten für eine bestimmte Anzahl von Tokens anbieten.

Bei einer wirkungsvollen Spielart dieses Systems wirken die Eltern mit. Kinder, Eltern und Lehrer besprechen gemeinsam, welche Dinge, Tätigkeiten oder Vergünstigungen im Elternhaus für Tokens eingetauscht werden können.

Der Lehrer sollte sich aber bewusst sein, dass gegen den Einsatz von materiellen Verstärkern gewichtige Gründe sprechen. Er muss die Vor- und Nachteile sorgsam gegeneinander abwägen. Innerhalb einer Klasse können durch Tokens Rivalitäten und ein Konkurrenzdenken verstärkt werden. Diese Gefahr besteht vor allem, wenn alle Schüler ohne individuelle Differenzierung in dieses System miteinbezogen sind. Eifrige Schüler erhalten dann z. B. wesentlich mehr Tokens als solche, deren aktive Mitarbeit verstärkt werden müsste. Die Verstärkung erreicht die Kinder zu selten, die sie so dringend bräuchten. Wer sowieso schon motiviert ist, erhält eine zusätzliche Motivation.

Eine weitere Fehlentwicklung darf nicht unterschätzt werden:
Bestimmtes Verhalten wird nur noch gegen Bezahlung – in welcher Form auch immer – gezeigt. Manche Kinder gestalten z. B. ihre Hefte von sich aus mit

großer Sorgfalt und Freude. Durch die Verteilung von Tokens kann diese primäre Motivation wieder verloren gehen.

Es besteht überhaupt die Gefahr der Übersättigung, wenn die Tokens nicht sparsam verwendet werden. Lehrer setzen sie in der Regel zusammen mit einem sozialen Verstärker ein. Der Schüler erhält seinen Punkt mit einem Lob oder einer zustimmenden Geste überreicht. Er sieht sich vielleicht im Mittelpunkt des Interesses seiner Klassenkameraden. Die Tokens sollten auf jeden Fall nach und nach abgebaut und durch einen sozialen Verstärker ersetzt werden.

Modelllernen

Lernen durch ein Modell ist in der Erziehungspraxis seit Jahrhunderten bekannt. Aber erst die neuere Psychologie (vor allem Bandura) erforschte experimentell die Wirkung des Modell- oder Imitationslernens.

Wie schon der Name ausdrückt, beobachten dabei die Kinder das Verhalten eines Menschen und ahmen es modellhaft nach. Die Wirkung hängt von verschiedenen Faktoren ab:
- Je jünger ein Mensch ist, umso leichter und schneller lernt er durch ein Modell.
- Ist der soziale Rang der nachgeahmten Person hoch, so zeigt er als Modell einen hohen Wirkungsgrad.
- Aggressives Verhalten wird bevorzugt nachgeahmt.
- Die positive Verstärkung spielt eine erhebliche Rolle.

In der Unterrichtspraxis findet das Modelllernen meist wenig Beachtung, obwohl es für den Neuerwerb von Verhalten und auch für die Verstärkung positiver und negativer Verhaltensweisen bedeutend sein kann.

Beobachtet z. B. ein Schüler das Verhalten eines anderen, vielleicht von ihm bewunderten Klassenkameraden, und erlebt er, dass dessen Verhalten positiv verstärkt wird, so ist die Wahrscheinlichkeit, dass dieses Modell nachgeahmt wird, sehr hoch. Der Lehrer erreicht oft völlig unbeabsichtigt ein Modelllernen, wenn Schüler erleben, dass positive Verhaltensweisen eine angenehme Wirkung zeigen.

Dies bedeutet aber auch, dass z. B. aggressives Verhalten auf keinen Fall eine positive oder keine Konsequenz haben darf, um ein Modelllernen negativer Akte zu vermeiden.

Modelllernen kann auch durch Filme geschehen. Sie stellen oft ein geeignetes Medium dar, um positive Modelle für bestimmtes Verhalten zu zeigen.

116

Viele Kinder finden in ihrer Umgebung keine positiven Modelle dafür, wie soziale Konflikte ohne Gewalt und Aggression gelöst werden können. In diesem Zusammenhang kommt dem Rollenspiel eine große Bedeutung zu. Im Spiel werden verschiedene modellhafte Muster vorgestellt und angeboten.

Der Lehrer darf nie vergessen, dass er selbst geradezu prädestiniert ist, modellhaft nachgeahmt zu werden. Die ständige Überprüfung des eigenen Verhaltens muss deshalb für den Lehrer eine selbstverständliche Aufgabe sein.

Abschluss von Verträgen

Zeigen die verschiedenen Möglichkeiten der positiven Verstärkung keinen Erfolg, so kann ein Vertrag zwischen Lehrer und Schüler geschlossen werden. In einer Vorform ist dies auch mündlich möglich (Kontingenzverträge zur Behandlung von Schulproblemen in Verhaltensbeobachtung und Verhaltensmodifikation von Ulrich Mees und Herbert Selg, Stuttgart 1977). Voraussetzung dafür ist, dass beide Partner zu einem vertrauensvollen Gespräch kommen. Nur wenn das Kind einsieht, dass ein Teil seines Verhaltens verbessert werden soll, führt ein Vertrag zum Erfolg.

Das Ziel muss für das Kind verständlich formuliert sein. Es soll zunächst relativ niedrig gehalten werden und dann eine Steigerung erfahren. In den vorausgegangenen gescheiterten Versuchen einer Verhaltensmodifikation waren sicher verschiedene Verstärker eingesetzt worden. Diese erwiesen sich entweder als zu schwach oder zu unattraktiv. Bei ihrer Auswahl muss deshalb mit besonderer Sorgfalt vorgegangen werden. Die Abmachungen werden schriftlich fixiert. Schüler und Lehrer unterzeichnen sie. Je intensiver die Kinder beim Entwurf des Vertrages mitwirken – umso größer ist die Chance des Erfolges. Wenn ein Vertrag geschlossen wird, erfährt das Kind besondere Zuwendung. Es fühlt sich und sein Problem wichtig genommen. Der Lehrer achtet bewusster auf erwünschtes Verhalten. Dadurch tritt bereits eine Steigerung des positiven Verhaltens ein.

Bei diesen Verträgen können auch die Eltern miteinbezogen werden. Ihre Mithilfe ist vor allem dann angezeigt, wenn das unerwünschte Verhalten in der Schule und zu Hause auftritt. So sollten z. B. beim Problem des Trödelns Eltern und Lehrer zusammenarbeiten.

Beispiel für einen Verhaltensvertrag einfachster Art

1. Vorausgehendes Gespräch
2. Festlegen des angestrebten Verhaltens
3. Vereinbarung über die Tokens

Vertrag zwischen Schüler A und Lehrer B
- A nimmt sich vor, seine Hausaufgaben täglich vollständig anzufertigen.
- Er notiert sich die Hausaufgabe in sein Merkheft.
- Er erledigt seine Mathematikhausaufgabe.
- Er erledigt seine Deutschhausaufgabe.
- Er erledigt seine mündlichen Aufgaben.
- B verpflichtet sich, für jeden der erfüllten Punkte einen Stern (Tokens...) zu geben.
- In einer Woche (4 Hausaufgaben) kann A 16 Sterne erreichen. – Am Freitag jeder Woche kann A die Sterne eintauschen.
1. Woche: Für 10 Sterne 1 Stange Plastillin
2. Woche: Für 12 Sterne 1 Stange Plastillin
3. Woche: Für 14 Sterne 1 Stange Plastillin
4. Woche: Für 16 Sterne 1 Stange Plastillin

Das erste Ziel muss in jedem Fall so niedrig gesteckt sein, dass es der Schüler sicher erreichen kann. Wenn in einer Woche die Anzahl der Sterne nicht geschafft wurde, so muss in der nächsten Woche das gleiche Ziel noch einmal angestrebt werden.

Selbstverstärkung

Selbstverstärkung ist das Ziel jeder Verhaltensmodifikation. Der Schüler wird dadurch unabhängig von einer Verstärkung von außen, die er vielleicht nicht oder nicht zum richtigen Zeitpunkt erhält. Voraussetzung für eine Selbstverstärkung ist eine genaue Selbstbeobachtung. Soll z. B. das Arbeitstempo bei der Anfertigung der Hausaufgaben gesteigert werden, so braucht das Kind eine Anleitung , wie es sich selbst kontrollieren kann. Oft bekommt es dadurch erst ein Gespür für sein unerwünschtes Verhalten. Der Schüler misst mit der Uhr, wie lange er sich mit Dingen beschäftigt, die mit der Hausaufgabe nichts zu tun haben.

Manche Kinder beherrschen die Technik der Selbstverstärkung. Sie loben sich für eine konzentrierte saubere Arbeit oder belohnen sich mit einer beliebten Tätigkeit: Wenn ich in einer Stunde meine Hausaufgaben erledigt habe, besuche ich meinen Freund.

Vielen gelingt eine Selbstverstärkung jedoch nicht. Nur wer positive Erfahrungen mit Verstärkern gemacht hat, kann sie auch selbst anwenden.

- **Aufstellen von Regeln**

Beim Zusammenleben in der Schule ergeben sich oft Interessenskollisionen. Durch das Aufstellen von Regeln für die Gemeinschaft lässt sich ein Teil davon vermeiden. Die Schüler brauchen Orientierungshilfen für ihr Verhalten.

Regeln können für verschiedene Situationen gefunden und aufgestellt werden, z. B. für das Verhalten vor Unterrichtsbeginn, bei Gruppenarbeit, bei Gesprächen … Die Einhaltung der Regeln ist dann am besten gewährleistet, wenn die Kinder bei der Aufstellung intensiv mitwirken. Sie müssen für die Schüler einsichtig sein, d. h. der Zweck muss klar zum Ausdruck kommen. Formulierungen, die von ihnen selbst gefunden wurden, sind oft einprägsamer, als vom Lehrer vorgegebene.

Die Anzahl der Regeln sollte möglichst gering sein, damit der Lehrer ihre Einhaltung noch überprüfen kann. Wenn gegen Regeln ohne Folgen leicht verstoßen werden kann, besteht die Gefahr, dass hier ein negativer Lernprozess in Gang kommt: Gegen Regeln kann man leicht verstoßen.

Beispiel für Gesprächsregeln:
- Ich spreche laut, damit mich alle verstehen können.
- Ich unterbreche niemanden. Jeder möchte seine Gedanken ganz aussprechen.
- Ich lache niemanden aus. Jeder soll seine Meinung sagen dürfen.
- …

- **Negative Verstärkung**

Positive Verstärker sind in hervorragendem Maße geeignet, bestimmtes Verhalten positiv zu beeinflussen. Negative Verstärker können ebenfalls ein bestimmtes Verhalten intensivieren. Endet ein unangenehmer Zustand (= negativer Verstärker) durch ein bestimmtes Verhalten, so wird die entsprechende Verhaltensweise verstärkt. Negative Verstärker sind aber mit ähnlichen Nachteilen gekoppelt wie die Bestrafung.

Wenn ein Schüler in der Turnstunde während des Reckaufbaues bereits am Gerät turnt, ist dies ein unerwünschtes Verhalten. Der Lehrer reagiert darauf und schließt ihn von den folgenden Übungen am Reck aus (= negativer Verstärker). In der nächsten Turnstunde wird das Kind nicht mehr unerlaubt turnen. Es darf jetzt wieder alle Übungen mitmachen. Die Wahrscheinlichkeit, dass das Kind nur noch dann an Geräten turnt, wenn es der Lehrer gestattet, wird erhöht (= negative Verstärkung).

Viele Maßnahmen, die das Ziel haben, bestimmtes Verhalten abzubauen, können als Strafe bezeichnet werden. Der häufige Einsatz von Strafen erklärt sich vor allem dadurch, dass sie sofort wirksam sind. Darüber hinaus wirken sie beim Lehrer verstärkend. Durch den unmittelbaren Erfolg sieht er sich verstärkt. Die Wahrscheinlichkeit, dass ein Lehrer seine strafenden Handlungen wiederholt, erhöht sich.

In der Erziehung werden immer wieder Situationen auftauchen, in denen sofortiges Handeln nötig ist: Wenn Kinder sich oder andere gefährden und wenn sie die Rechte anderer stark beeinträchtigen. Der Lehrer muss sich bewusst sein, dass bei jeder Strafe die Nachteile überwiegen. Er darf sie deshalb nur äußerst behutsam einsetzen. Besonders negativ scheint die emotionale Störung zwischen Lehrer und Schüler. Beim Kind werden oft Affekte und Aggressionen vertieft oder neu aufgebaut.

Wenn positive Verstärker gegeben wurden, können sie bei unerwünschtem Verhalten auch wieder entzogen werden. Die Rückgabe von Tokens hilft oft, unerwünschtes Verhalten abzubauen. Ebenso wirkt der Entzug von Vergünstigungen, die zunächst als positive Verstärker gedacht waren. Der Ausschluss aus einem sozialen Verband (time-out) ist ebenfalls eine Technik der Verhaltensmodifikation.
„Im Time-out wird, wer die bekannten Regeln der Interaktion übertritt, für eine kurze Zeit ruhig aber bestimmt von der Gruppe, in der er sich befindet, ausgeschlossen."[1]
Vor allem bei aggressivem Verhalten hat sich diese Methode bewährt, da ein Modelllernen durch andere Kinder verhindert werden muss.

Jeder Entzug eines positiven Verstärkers bedeutet Strafe. Deshalb gelten auch hier alle Bedenken, die gegen eine Bestrafung sprechen. Bei systematischer und konsequenter Anwendung scheint von diesen Maßnahmen jedoch ein Verstärkerentzug noch am besten geeignet, unerwünschtes Verhalten abzubauen.

- **Löschung von Verhalten**

Wenn das Verhalten eines Schülers nicht beachtet wird, das heißt, ein Verstärker ausbleibt, so wird es reduziert und schließlich gelöscht. Diese Methode hat sich als sehr wirksam erwiesen, erfordert aber vom Lehrer ein hohes Maß an Konsequenz. Wird das unerwünschte Verhalten nur zeitweise ignoriert, so bedeutet das wiederum eine Verstärkung.

---

[1] Mees, U., Selg, H., Verhaltensbeobachtung und Verhaltensmodifikation, Stuttgart 1977, Seite 114.

Kinder verhalten sich oft auffällig, um die Aufmerksamkeit des Lehrers zu erregen. Wendet er sich ihnen zu, wenn auch tadelnd, so haben sie ihr Ziel erreicht. Je nach den Erfahrungen der Kinder, kann ein konsequentes Ignorieren des unerwünschten Verhaltens zunächst sogar zu einer Steigerung führen, da sie auf jeden Fall beachtet werden wollen.

In unseren Klassen finden wir häufig Schüler, die den Unterricht durch ihre Aktivität bereichern, aber durch ständiges Dazwischenrufen stören. Eine konsequente Nichtbeachtung der Zwischenrufe kann hier erhebliche Besserung oder gar Löschung des unerwünschten Verhaltens bringen. Das Kind darf in diesem Moment keine Zuwendung, auch keinen Blickkontakt erhalten. Zugleich muss der Lehrer erwünschte Verhaltensweisen verstärken. In diesem Fall muss das Kind aufgerufen oder gelobt werden, wenn es sich meldet. Das Verhalten des Dazwischenrufens wird allmählich gelöscht und an seine Stelle tritt das vereinbarte Melden, um zu Wort zu kommen.

• Zeitlicher Einsatz von Verstärkern

Kontinuierliche Verstärkung

Verstärkungen können kontinuierlich gegeben werden, das heißt, immer wenn ein bestimmtes erwünschtes Verhalten auftritt, wird es verstärkt. Zu Beginn einer Aufbauphase ist diese Art oft geboten, da ein nur sporadisch auftretendes Verhalten sonst sofort wieder gelöscht würde. Die negative Verstärkung muss unbedingt sofort auf das unerwünschte Verhalten folgen. Es darf keine wesentliche Zeitspanne zwischen Aktion und Reaktion liegen, da das Kind sonst keine Beziehung mehr herstellen kann. „Je unmittelbarer die Verstärkung auf das relevante Verhalten erfolgt, umso günstiger verläuft der Lernprozess."[1] Es lohnt sich deshalb, zu Beginn eines Verhaltensaufbaus zunächst die nötige Zeit für die kontinuierliche Verstärkung aufzuwenden.

Intermittierende Verstärkung

Sobald eine gewisse Stabilität erreicht ist, muss die kontinuierliche Verstärkung in eine intermittierende übergehen. Das erwünschte Verhalten wird dann nur noch gelegentlich verstärkt und widersetzt sich damit einer Löschung. „Allgemein gilt, dass alle Formen der intermittierenden Verstärkung zwar den Lernprozess verlangsamen, das Verhalten jedoch auf eine lange Zeitspanne gesehen löschungsresistenter ist, als kontinuierlich bekräftigte Reaktionen."[2]

---

[1] Ammer, C., Veränderung von Schülerverhalten, München 1976, Seite 123.
[2] Ammer, C., dito, Seite 128.

Die gelegentliche Verstärkung kann zeitlich festgelegt sein, z. B. am Stunden-
ende. Im Schulalltag wird meist situationsbedingt in unregelmäßigen Zeitab-
ständen verstärkt. Außer dieser sogenannten Intervallverstärkung gibt es noch
eine Möglichkeit der Quotenverstärkung. Hier wird je nach Häufigkeit des auf-
tretenden Verhaltens etwa jeder fünfte aktive Einsatz im Unterricht verstärkt.

Untersuchungen haben ergeben, dass variable Intervalle oder Quotenverstär-
ker wirkungsvoller sind, als solche, die genau festgelegt sind. Der Schüler
bleibt motiviert, bestimmte Verhaltensweisen zu zeigen. Er weiß, er erhält die
Verstärkung, wenn auch nach einer unbestimmten Zeit.

4. Zusammenfassung

Verhaltensmodifikation findet in Erziehungssituationen laufend statt. „Dabei
produziert die „natürliche" undurchschaute Verhaltensmodifikation allerlei
Teufelskreise. Solche Teufelskreise können in der Regel erst aufgelöst werden,
wenn Lehrer von der unbewussten (nicht intendierten) auf bewusste Verhaltensmodifikation umschalten und das Ignorieren und Verstärken gezielt einsetzen."[1]

Kurz zusammengefasst lässt sich sagen:
1. Materielle Verstärkungen müssen über soziale Verstärkungen zur Selbstverstärkung führen.
2. Planung und Durchführung einer Verhaltensmodifikation müssen aus der
   Hand des Lehrers in die des Schülers übergehen.
3. Kontinuierliche (dauernde) muss von intermittierender (gelegentlicher)
   Verstärkung abgelöst werden.

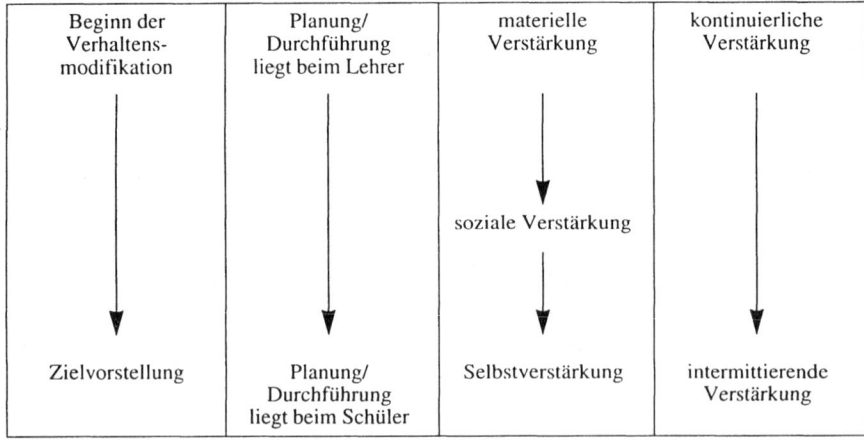

---

[1] Grell, J., Techniken des Lehrerverhaltens, Weinheim 1974, Seite 97.

5.3 Intensivierung der Beratung

- Vertrauensvolle Zusammenarbeit mit Eltern, eine Voraussetzung pädagogischen Handelns
- Beratung bei individuellen Schwierigkeiten
- Beratung über die Schullaufbahn

Vertrauensvolle Zusammenarbeit mit Eltern

Aufgrund der eigenen Beobachtungen und der verschiedenen Informationen, die der Lehrer eingeholt hat, berät er die Eltern. Nur wenn er mit ihnen zusammenarbeitet, ist eine pädagogisch wirksame Förderung des Kindes gewährleistet. Eltern und Lehrer müssen sich als Partner verstehen und bestimmte Gesprächsregeln beachten, damit ein vertrauensvolles Gespräch entstehen kann. (Siehe Kapitel 2.4.5). Meist verlaufen Elternberatungen dann problemlos, wenn Kontakte schon geknüpft waren. Eine Vertrauensbasis muss gelegt werden, noch ehe Probleme auftauchen.

Beratung bei individuellen Schwierigkeiten

Bei Konflikten, die in der Schule auftreten, kann nur richtig reagiert werden, wenn das häusliche Erziehungsfeld bekannt ist. Schwierigkeiten, die sich in der Schule zeigen, werden vom Elternhaus oft unbeabsichtigt verursacht. Aber auch der umgekehrte Fall trifft oft ein. So kann der Lehrer Schulangst zum Beispiel nicht abbauen, weil Eltern Symptome, wie etwa häufiges Erbrechen am Morgen, nicht mitteilen. Die Ziele jeder Verhaltensänderung beim Schüler müssen mit den Eltern abgesprochen werden, denn Maßnahmen, die sie nicht stützen oder gar unterlaufen, richten nur Schaden an.

Ein gemeinsames Vorgehen bietet sich bei vielen Verhaltensauffälligkeiten an. Eltern, die der Lehrer gezielt um Mithilfe bittet, sehen sich nicht in der Rolle derer, die Beschwerden über ihr Kind entgegennehmen müssen, sondern als Partner. Sie werden darum ihre Mitarbeit selten verwehren.

Eltern suchen häufig beim Lehrer nur Information über Leistung und Verhalten. Fragen der häuslichen Erziehung tragen sie weniger oft an den Lehrer heran. Aber auch hier kann der Lehrer zum Wohle des Kindes beraten und mit den Eltern zusammenarbeiten.

Beratung über die Schullaufbahn

Der Lehrer macht den Eltern klar, dass nicht allein Lernleistungen eine zuverlässige Prognose des Schulerfolgs gestatten. Das soziale Umfeld und nichtkognitive Persönlichkeitsmerkmale wie Konzentrationsfähigkeit, Selbstständigkeit, Arbeitshaltung ... tragen entscheidend dazu bei. Aufgrund sorgfältiger Beobachtung dieser Kriterien kann der Lehrer die Schüler und Eltern intensiv beraten und helfen, dass das Kind den richtigen Bildungsweg einschlägt.

Neben den Noten und der Beurteilung der Schülerpersönlichkeit durch den Lehrer können Tests als Beratungsgrundlage herangezogen werden. Die Durchführung mancher Tests muss der Lehrer jedoch anderen (Beratungslehrer, Schuljugendberater, Psychologen) überlassen.

In allen Fällen, in denen die Auffassung von Erziehung zwischen Eltern und Lehrer zu weit auseinanderklafft und keine Übereinstimmung erzielt werden kann, müssen die Eltern an andere Institutionen verwiesen werden. Der Lehrer sieht sich auch immer wieder mit Verhaltensstörungen von Kindern konfrontiert, die er allein nicht lösen kann.

5.4 Beeinflussung des Lehrerverhaltens

- Notwendigkeit, Lehrerverhalten zu überprüfen
- Die Wechselbeziehung Lehrer- und Schülerverhalten
- Möglichkeiten der Beobachtung von Lehrerverhalten
- Möglichkeiten, Lehrerverhalten durch Training zu modifizieren

Notwendigkeit, Lehrerverhalten zu überprüfen

Das Schlagwort vom geborenen Erzieher geistert immer noch durch die pädagogische Literatur. Er braucht nichts dazuzulernen, ideales Lehrerverhalten ist ihm angeboren.

Aus Untersuchungen wissen wir, dass Lehrerverhalten im Laufe der Jahre oft mechanisiert und unflexibel wird. Ebenso ist bekannt, dass jüngere Lehrer ihren sozial integrativen Erziehungsstil nicht durchhalten können, obwohl sie mit großem Engagement ihren Beruf aufnehmen. Diese Kenntnisse und die Erfahrung von Lehrern, dass sie sich in problematischen Situationen anders verhalten, als sie es eigentlich für richtig empfinden, begründen die Notwendigkeit, dass Lehrer ihre Einstellung zum Schüler, ihre Unterrichts- und Erziehungsmethoden kontrollieren, überdenken und eventuell modifizieren müssen.

Die Wechselbeziehung Lehrer- und Schülerverhalten

Bei Schwierigkeiten mit Schülern wird das Verhalten des Kindes analysiert, der Lehrer dagegen oft vergessen. Die Verhaltensweisen von Lehrern und

Schülern beeinflussen sich aber immer gegenseitig. Diese Wechselbeziehung bedeutet, dass nicht nur die Lehrer ihre Schüler positiv verstärken, sondern dass Kinder durch ihre Reaktionen auch beim Lehrer Verhaltensweisen aufbauen oder vermindern können.

Positives Feedback erhält er etwa durch rege Mitarbeit, interessierte Fragen oder Begeisterung für ein Thema. Diese direkte Rückmeldung durch den Schüler ist aber wenig zuverlässig. Der Lehrer nimmt von den Reaktionen oft nur das wahr, was er wahrnehmen möchte. Das Verhalten von Schülern ist außerdem von zahlreichen Faktoren abhängig, die mit dem Lehrerverhalten in keinem Zusammenhang stehen; die Mitarbeit in der ersten und sechsten Stunde kann erhebliche Unterschiede aufweisen; besondere Erlebnisse eines Schülers beeinträchtigen seine Aufmerksamkeit usw. „Es ist recht unwahrscheinlich, dass Lehrer sich aus dem Rahmen des Üblichen lösen können, wenn sie ihr Feedback allein aus der Interaktion im Unterricht, wie sie sie wahrnehmen, beziehen."[1]

Verhaltensänderungen von Kindern setzen oft eine Verhaltensänderung beim Erzieher voraus. Will ein Lehrer z. B. die ständigen Zwischenrufe eines Schülers durch Verhaltensmodifikation verringern und schließlich ganz abbauen, muss er erst die Technik der konsequenten Nichtbeachtung erlernen und einüben. Hat er damit Erfolg, so wird der Lehrer diese Technik wahrscheinlich öfter einsetzen.

In diesem Zusammenhang muss auch auf die Auswirkungen von Erwartungshaltungen hingewiesen werden. Allein die positive Einstellung von Lehrern kann bereits Schülerverhalten ändern (siehe Kapitel 1.2).

Möglichkeiten der Beobachtung von Lehrerverhalten

Die Beobachtung von Lehrerverhalten kann durch Selbst- sowie durch Fremdkontrolle geschehen. Diese Punkte sind ausführlich dargestellt im Kapitel 2. Für die Aufzeichnungen dieser Daten verwendet man die gleichen Notationshilfen wie bei Schülerbeobachtungen:

[1] Grell, J., Techniken des Lehrerverhaltens, Weinheim 1974, Seite 136.

Beispiel eines Selbstbeobachtungsprotokolls:

Klasse: 3 a												Schuljahr: 1999/2000	
Fach: D, M, S													
Beobachtungssituation:													
Beobachtungsdaten: 23.5.2000 Beobachtungszeit: 8 – 10.15 Uhr													
Verhalten: Welche Kinder rufe ich auf?													
1. Dennis	I												1
2. Matthias	ⅢⅢ	II											7
3. Till	II												2
4. Thomas													

Möglichkeiten, Lehrerverhalten durch Training beeinflussen

Lehrern, die sich beobachtet haben und gewisse Verhaltensweisen daraufhin modifizieren wollen, bieten sich drei Wege an: Das Selbsttraining, das Training im Kollegenteam oder der Anschluss an eine Trainingsgruppe.

Verschiedene Trainingsformen wurden entwickelt, die teilweise in Fortbildungskursen und in verschiedenen Gruppen angeboten werden, z. B. Pädagogisches Institut München, Konflikte im Unterricht, psychologische Ursachen, pädagogisches Handeln, Fallbesprechungsgruppe.

Erfahrungstraining

Es wurde von R. und A.-M. Tausch entwickelt und will Wahrnehmen und Beurteilen sensibilisieren und dann auch angemessenes Verhalten trainieren.

Rollenspiel

Einige spielen die Problemsituation durch, während andere beobachten. Dann werden die Rollen vertauscht. Die Mitspieler geben das Feedback.

Training durch Simulierung sozialer Skills (= Verhaltensmuster)

In simulierten Situationen (z. B. Schüler kommt zu spät) werden Verhaltensweisen erprobt, beobachtet und Daten gesammelt. Ein Feedbackgespräch schließt sich an.

Mikroteaching

Bestimmte wenige Verhaltensweisen werden über einen kurzen Zeitraum mit nur wenigen Schülern trainiert, meist mit Einsatz von Medien.

Verhaltenstraining durch Interaktionsanalyse und Gruppendynamik

Techniken aus der Interaktionsanalyse und der Gruppendynamik können ebenfalls bestimmte Verhaltensweisen von Lehrern beeinflussen. Der Lehrer hat aber nicht immer die Möglichkeit, sich einer Trainingsgruppe anzuschließen. In diesem Fall eignet sich der Zusammenschluss zu Teams, um das eigene Verhalten zu überprüfen und zu verbessern (siehe Kapitel 2). Die Idealgruppe wäre das ganze Kollegium einer Schule.

Lehrer, die keine geeigneten Partner dafür finden, können durch Selbstbeobachtung und Selbsttraining ihr eigenes Verhalten modifizieren. Ein Selbsttraining bietet sich auf verschiedenen Gebieten an.
- Training von Beobachtungen, vor allem positiver Verhaltensweisen beim Lehrer und beim Schüler.
- Training zum Ignorieren unerwünschter Verhaltensweisen.
- Training des gezielten Einsatzes positiver Verstärker durch die Unterrichtsgestaltung.
- Training von Verhaltensbeschreibungen.
- Training im Entwerfen von Plänen zur Verhaltensmodifikation eines Schülers (siehe Kapitel 5.2).

„Die Erfahrung, dass die beruflichen Probleme besser gemeistert werden können, wenn man sich selbst verändert, macht Lehrer selbstbewusster, zufriedener und engagierter. Sie bekommen Mut, auch solche Probleme in Angriff zu nehmen, die nicht durch eine Änderung des eigenen Verhaltens, sondern nur durch eine Veränderung der Struktur der Schule zu lösen sind."[1]

---

[1] Grell, J., Techniken des Lehrerverhaltens, Weinheim 1974, Seite 228.

6. Formulierungshilfen

Hinweis:
Die Formulierungshilfen sind in drei Gruppen eingeteilt.
Gruppe 1: positiv
Gruppe 2: überwiegend positiv
Gruppe 3: Hinweise und Ratschläge

6.1 Zeugnisberichte in den ersten und zweiten Klassen

6.1.1 Erste Klasse – Zeugnisbemerkungen

Verhalten

Soziales Verhalten

Lernverhalten

Leistungen 1. Klasse

Deutsch

Mathematik

Sachunterricht

Musischer Bereich

Verhalten

Soziales Verhalten

Gewöhnung an die Schulsituation – Selbstgefühl – Grundstimmung

Gruppe 1

1-1   Er/Sie gewöhnte sich rasch in der Schule ein und kam mit den neuen Aufgaben problemlos zurecht.

1-2   Er/Sie hatte keine Schwierigkeiten, sich in den Schulalltag einzugewöhnen.

1-3   Er/Sie nahm die neuen Aufgaben mit Freude und Eifer an und gewöhnte sich ohne Schwierigkeiten in der Schule ein.

1-4   Er/Sie konnte sich im Schulalltag problemlos zurechtfinden.

1-5   Er/Sie lebte sich sehr rasch in der Schule ein und kam mit den neuen Anforderungen gut zurecht.

1-6   Er/Sie lebte sich gut in der Schule ein und nahm die neuen Aufgaben freudig an.

1-7   Er/Sie konnte sich schnell in das Schulleben einfügen.

1-8   Er/Sie nahm mit Freude und Eifer die neuen Aufgaben an und fand sich rasch in der Schule zurecht.

1-9   Er/Sie nahm mit Freude und Eifer die neuen Aufgaben an und gewöhnte sich gut in der Schule ein.

1-10 Er/Sie erfasste rasch die neuen Anforderungen und fand sich gut in der Schule zurecht.

1-11 Er/Sie nahm die neuen Aufgaben mit Freude an und fand sich rasch in der Schule zurecht.

1-12 Er/Sie hat sich rasch an die Schulsituation gewöhnt.

1-13 Er/Sie zeigte sich als zurückhaltender, freundlicher Schüler.

1-14 Er/Sie ist ein/eine temperamentvolle/r, aufgeweckte/r Schüler/in, der/die mit allen Kindern gut zurechtkommt.

1-15 Er/Sie zeigte sich als freundliche/r, höfliche/r Schüler/in.

1-16 Der/Die ruhige, gutmütige Schüler/in verhielt sich stets kameradschaftlich und friedfertig.

1-17 Freundlich und kontaktbereit stand der/die selbstbewusste Schüler/in ihren Klassenkameraden gegenüber.

1-18 Er/Sie begegnete seinen/ihren Mitschülern fröhlich, aufgeschlossen und einfühlsam.

1-19 Der/Die Schüler/in kam immer fröhlich und ausgeglichen in die Schule.

1-20 Er/Sie zeigte sich stets unbeschwert und offen.

1-21 _____ ist ein/e aufgeschlossene/r Schüler/in, der/die gerne erzählt.

1-22 Durch sein/ihr humorvolles, ausgeglichenes Wesen fand er/sie rasch das Vertrauen und die Anerkennung der Mitschüler.

1-23 Der/Die ruhige Schüler/in ist ausgeglichen und wirkt positiv auf die Klassengemeinschaft.

Gruppe 2

2-1 Er/Sie lebte sich in der Schule ein und ging an die neuen Aufgaben mit Freude heran.

2-2 Er/Sie hat seine anfängliche Ängstlichkeit überwunden und sich in der Schule gut eingelebt.

2-3 Er/Sie lebte sich in der Klasse allmählich ein und zeigte in den letzten Wochen mehr Bereitschaft, die schulischen Regeln einzuhalten.

2-4 Nach einer längeren Eingewöhnungszeit kam er/sie mit den neuen Anforderungen zurecht.

2-5 Er/Sie fand sich nach einer längeren Eingewöhnungszeit in der Schule zurecht.

2-6 Er/Sie konnte sich nur langsam in das Schulleben einfügen.

2-7 Er/Sie hatte anfangs Schwierigkeiten, sich im Schulalltag zurechtzufinden.

2-8 Nach Überwindung anfänglicher Schwierigkeiten konnte er/sie sich an die Schulsituation gewöhnen.

2-9 Der/Die Schüler/in zeigte sich meist fröhlich und ausgeglichen.

2-10 Der/Die Schüler/in wirkte oft ernst und selbstkritisch.

2-11 Vor allem während der Pausen und im Sportunterricht zeigte sich der/die Schüler/in oft recht ausgelassen.

2-12 Er/Sie zeigte sich als temperamentvolle/r, aufgeweckte/r Schüler/in, der/die mit den Klassenkameraden meist gut zurecht kam.

2-13 Der/Die selbstkritische Schüler/in nahm auch unwesentliche Ereignisse sehr ernst und fühlte sich leicht verletzt.

Gruppe 3

3-1 Er/Sie hatte große Schwierigkeiten, sich an den Schulalltag zu gewöhnen.

3-2 Er/Sie hatte häufig Schwierigkeiten, die schulischen Regeln einzuhalten.

3-3 Es fiel ihm/ihr schwer, sich in der Schule einzuleben und die neuen Aufgaben anzunehmen.

3-4   Seine/Ihre Stimmungen sind starken Schwankungen unterworfen.

3-5   Vor allem während der Pausen und im Sportunterricht zeigte sich der/die Schüler/in oft recht unbeherrscht.

3-6   Er/Sie muss noch lernen, größeres Selbstbewusstsein zu entwickeln.

3-7   Er/Sie muss noch lernen, sich mehr zuzutrauen.

3-8   Er/Sie muss noch lernen, mehr aus sich herauszugehen.

3-9   Seine/Ihre Gefühlsstimmungen waren starken Schwankungen unterworfen.

3-10   Der/Die Schüler/in verhielt sich Kindern und Erwachsenen gegenüber stets sehr selbstbewusst, fiel aber zeitweise durch unbeherrschtes Verhalten auf.

3-11   Während der Pause verhielt sich der/die Schüler/in seinen/ihren Kameraden gegenüber zeitweise recht aggressiv.

Kontaktfähigkeit

Gruppe 1

4-1   Er/Sie verhielt sich seinen Klassenkameraden gegenüber hilfsbereit und aufgeschlossen und fand problemlos Anschluss in der Klasse.

4-2   Er/Sie war im Umgang mit seinen/ihren Klassenkameraden freundlich und hilfsbereit und nahm Anteil an ihren Erlebnissen.

4-3   Seinen/Ihren Mitschülern gegenüber zeigte er/sie sich stets aufgeschlossen und hilfsbereit.

4-4   Ihm/Ihr fiel es leicht, Kontakt zu seinen/ihren Mitschülern zu knüpfen.

4-5   Durch sein/ihr aufgeschlossenes und hilfsbereites Auftreten fand er/sie schnell Anschluss in der Klasse und war ein beliebter Spielkamerad.

4-6   Er/Sie trat im Umgang mit seinen/ihren Klassenkameraden selbstsicher auf und war bei seinen/ihren Mitschülern beliebt.

4-7   Er/Sie begegnete seinen/ihren Mitschülern freundlich und einfühlsam und knüpfte so positive Kontakte.

4-8   Seinen/ihren Mitschülern gegenüber verhielt er/sie sich freundlich und hilfsbereit und gewann so die Anerkennung seiner/ihrer Klassenkameraden.

4-9   Er/sie war immer hilfsbereit und wegen seines/ihres freundlichen Wesens bei den Mitschülern sehr beliebt.

4-10   Er/Sie hatte ein kameradschaftliches Verhältnis zu seinen/ihren Mitschülern.

4-11	Er/Sie verhielt sich seinen/ihren Klassenkameraden gegenüber stets aufgeschlossen und hilfsbereit.
4-12	Er/Sie hatte gute Kontakte zu seinen/ihren Klassenkameraden und verhielt sich ihnen gegenüber aufgeschlossen und einfühlsam.
4-13	_____ fiel es leicht, Kontakte zu den Mitschülern zu knüpfen, da er/sie stets einfühlsam auf deren Probleme einging.
4-14	Seinen/Ihren Klassenkameraden gegenüber verhielt er/sie sich aufgeschlossen und hilfsbereit.
4-15	_____s Verhältnis zu seinen/ihren Mitschülern war störungsfrei, da er/sie stets ausgeglichen und hilfsbereit war.
4-16	Seine/Ihre uneingeschränkte Hilfsbereitschaft verdiente volle Anerkennung.
4-17	Es fiel ihm/ihr leicht, mit anderen Kindern Kontakt aufzunehmen und bei ihnen Anerkennung zu finden.
4-18	Mit anderen Kindern kam er/sie stets friedlich aus.
4-19	Er/Sie knüpfte zahlreiche Kontakte zu anderen Kindern und vertrug sich gut mit ihnen.
4-20	Er/Sie fand immer Spiel- und Lernpartner, blieb aber auch gern allein.
4-21	Zu Hilfestellungen war er/sie gern bereit.
4-22	Er/Sie spielte viel mit seinen/ihren Klassenkameraden und wurde gern als Lernpartner gewählt.
4-23	Wegen seiner/ihrer freundlichen, ausgeglichenen Art gewann er/sie zahlreiche Spiel- und Lernpartner.
4-24	Er/Sie wurde gern von anderen Kindern ins Spielgeschehen einbezogen.
4-25	Er/Sie pflegte regen Kontakt zu seinen/ihren Mitschülern.
4-26	Es fiel ihm/ihr leicht, Kontakte zu schließen.
4-27	Es fiel ihm/ihr leicht, Kontakte zu knüpfen.
4-28	Er/Sie nahm selbstständig Kontakte zu den Klassenkameraden auf.
4-29	Im Umgang mit Klassenkameraden und Lehrern verhielt er/sie sich stets aufgeschlossen.
4-30	Spontan ging er/sie auf die Mitschüler zu.
4-31	Der/Die höfliche, lebhafte Schüler/in war in der Klasse beliebt.
4-32	Im Verhalten zu seinen/ihren Mitschülern zeigte er/sie sich kontaktfreudig und spontan.
4-33	Er/Sie kam mit allen Kindern der Klasse gut aus.
4-34	_____ trug durch sein/ihr umgängliches Wesen zu einem harmonischen Miteinander in der Klassengemeinschaft bei.
4-35	Er/Sie konnte gut kooperieren und stellte, wenn nötig, seine/ihre Bedürfnisse zurück.

4-36 Das Einhalten von Regeln war für ihn/sie selbstverständlich.

4-37 _____hat rasch Freunde gefunden, mit denen er/sie zusammenarbeitet und spielt.

4-38 Im Umgang mit den Mitschülern zeigte er/sie sich stets freundlich und hilfsbereit.

4-39 Der/Die höfliche Schüler/in verhielt sich den Mitschülern gegenüber stets rücksichtsvoll.

4-40 In der Klassengemeinschaft verhielt er/sie sich stets kameradschaftlich und hilfsbereit.

Gruppe 2

5-1 Seine/Ihre anfängliche Unsicherheit im Umgang mit anderen Kindern legte er/sie allmählich ab.

5-2 Er/Sie verhielt sich seinen/ihren Mitschülern gegenüber abwartend und zurückhaltend, knüpfte aber nun zunehmend Kontakte mit ihnen.

5-3 Er/Sie hatte ein weitgehend störungsfreies Verhältnis zu seinen Mitschülern.

5-4 Er/Sie kam mit seinen/ihren Mitschülern meist gut aus, fand aber nur zu wenigen engeren Kontakt.

5-5 Seinen/Ihren Mitschülern gegenüber zeigte er/sie sich nach anfänglicher Zurückhaltung jetzt aufgeschlossener.

5-6 Der Umgang mit den Mitschülern lief in letzter Zeit harmonischer ab. Er/Sie muss jedoch auf eine angemessene Wortwahl achten.

5-7 Er/Sie lernte allmählich, auf Klassenkameraden zuzugehen und Kontakte mit ihnen zu knüpfen.

5-8 Er/Sie kam im allgemeinen gut mit den Mitschülern aus, nahm jedoch auch gern Gelegenheiten wahr, andere zu ärgern.

5-9 Er/Sie wirkte im Umgang mit seinen/ihren Klassenkameraden ängstlich und schüchtern und nahm nur zögernd Kontakt auf.

5-10 Er/Sie verhielt sich sehr zurückhaltend. Kontakte gingen meist von den Mitschülern aus.

5-11 Er/Sie hatte kaum noch Schwierigkeiten im Umgang mit seinen/ihren Mitschülern.

5-12 Er/Sie lernte nach anfänglichen Schwierigkeiten allmählich Kontakte mit den Mitschülern aufzunehmen.

5-13 Er/Sie hatte jetzt kaum noch Schwierigkeiten im Umgang mit seinen/ihren Klassenkameraden.

5-14 Ihm/Ihr gelang es nur teilweise, störungsfreie Kontakte zu den Mitschülern zu knüpfen.

5-15 Es gelang ihm/ihr jetzt besser, störungsfreie Kontakte zu den Klassenkameraden aufzubauen.

5-16 Im Umgang mit anderen Kindern hielt er/sie sich zurück, fand jedoch stets Spiel- und Gesprächspartner.

5-17 Wenn er/sie mit anderen Kindern nicht ganz vertraut war, verhielt er/sie sich stets abwartend.

5-18 Bei neuen Kontakten ergriff er/sie selten die Initiative.

5-19 Kontakt suchte er/sie nur zu einzelnen Kindern.

5-20 Er/Sie nahm nur zögernd Kontakt zu anderen Kindern auf.

5-21 Er/Sie konnte freundlich und hilfsbereit sein, war jedoch auch oft an Auseinandersetzungen beteiligt.

5-22 Mit anderen Kindern nahm er/sie problemlos Kontakte auf, beanspruchte jedoch für sich die führende Rolle.

5-23 Er/Sie kam mit seinen/ihren Klassenkameraden meist problemlos aus.

5-24 Er/Sie war kontaktscheu, war aber von den Mitschülern als Partner geachtet.

5-25 Er/Sie ließ sich leicht von anderen Kindern beeinflussen.

5-26 Er/Sie hatte zu den Mitschülern Kontakt gefunden und sich weitgehend in die Klassengemeinschaft eingefügt.

5-27 Er/Sie verhielt sich in letzter Zeit verträglicher und hatte mehr Kontakt zu den Mitschülern.

5-28 Es gelang ihm/ihr in letzter Zeit besser, sich in die Gruppe einzufügen.

5-29 Es gelang ihm/ihr zunehmend besser, die Regeln der Gemeinschaft einzuhalten.

5-30 Er/Sie stellte zu den Schülern, die ihm/ihr wichtig sind, tragfähige soziale Kontakte her.

5-31 Gefühle und Bedürfnisse angemessen zu verbalisieren, fiel ihm/ihr noch schwer, eher zog er/sie sich in sich zurück.

5-32 Der/Die Schüler/in wurde von allen Mitschülern geschätzt.

Gruppe 3

6-1 Er/Sie muss noch lernen, seine/ihre eigenen Wünsche sowie Ärger ausgewogener und situationsgerechter auszudrücken.

6-2 Er/Sie hatte häufig Probleme, mit den Klassenkameraden friedlich umzugehen. Sein/Ihr Verhalten gab Anlass zu Ermahnungen.

6-3 Teilweise reagierte er/sie auf Kontaktangebote unangemessen und heftig.

6-4	Er/Sie hatte es häufig schwer, mit Mitschülern angemessen umzugehen und friedlich mit ihnen auszukommen.
6-5	Er/Sie muss noch lernen, mehr auf die Empfindungen seiner Mitschüler einzugehen, um dauerhafte Kontakte aufzubauen.
6-6	Es gelang ihm/ihr bis jetzt nicht, positive Kontakte in der Klasse aufzubauen.
6-7	Es fiel ihm/ihr noch schwer, sich an die Regeln des Schullebens zu halten.
6-8	Wegen seines/ihres unbeherrschten Verhaltens musste er/sie häufig ermahnt werden.
6-9	Bei Spielen blieb er/sie oft nur Zuschauer.
6-10	Er/Sie hielt sich meist abseits und wurde selten ins Spielgeschehen einbezogen.
6-11	Er/Sie wartete stets ab, bis andere Kinder Kontakt aufnahmen.
6-12	Er/Sie blieb oft allein und schloss sich keiner Spielgruppe an.
6-13	Er/Sie nahm öfter Kontakt zu anderen Kindern auf, häufig jedoch auf unpassende Weise, sodass es dann zu Auseinandersetzungen kam.
6-14	In Pausen und beim Sport verhielt sich der/die Schüler/in zeitweise sehr wild.

Konfliktverhalten

Gruppe 1

7-1	Er/Sie hat gelernt, sich besser zu behaupten.
7-2	Er/Sie zeigte sich in der Klassengemeinschaft stets friedfertig.
7-3	Er/Sie ordnete sich problemlos in die Gemeinschaft ein.
7-4	Bei Konflikten sagte er/sie offen seine/ihre Meinung.
7-5	Wortgewandt und selbstsicher vertrat er/sie bei Konflikten seine Meinung.
7-6	Durch sein/ihr ausgeglichenes Wesen wirkte er/sie beruhigend in Konfliktsituationen.
7-7	Der/Die freundliche Schüler/in war stets bereit, sich für die Belange Anderer einzusetzen.
7-8	Konflikte versuchte er/sie verbal durch geschickte Argumentation zu lösen.
7-9	Besonnen und einfühlsam wirkte _____ bei Konfliktsituationen auf seine/ihre Mitschüler ein.
7-10	Regeln, die das Zusammenleben erleichtern, beachtete er/sie einsichtig.

7-11 Mit anderen Kindern kam er/sie friedlich aus und beachtete alle vereinbarten Regeln.

7-12 Vereinbarte Regeln wurden von ihm/ihr willig angenommen.

7-13 Er/Sie hielt sich bereitwillig an vereinbarte Regeln.

7-14 Er/Sie verhielt sich friedlich und ausgleichend.

7-15 In Spiel- und Lerngruppen fügte er/sie sich problemlos ein und zeigte sich immer verträglich.

7-16 Im Umgang mit ihren Mitschülern zeigte er/sie sich stets kameradschaftlich und freundlich.

7-17 Die erforderlichen Ordnungen des Schullebens wurden von _____ einsichtig angenommen.

7-18 In Konfliktsituationen wirkte er/sie durch sein/ihr ausgeglichenes Wesen oft beruhigend.

Gruppe 2

8-1 Im Umgang mit Mitschülern wurde er/sie ruhiger und beherrschter.

8-2 An die vereinbarten Regeln des Schullebens hielt er/sie sich weitgehend.

8-3 Der/Die Schüler/in verteidigte seine/ihre Meinung und zeigte sich meist einsichtsvoll.

8-4 Die erforderlichen Regeln des Schullebens nahm _____ meist kritisch an.

8-5 In Konfliktsituationen war er/sie meist empfänglich für Gespräche und ging offen auf die Mitschüler zu.

8-6 Konfliktsituationen versuchte er/sie jetzt auch verbal zu lösen, ohne sofort seine/ihre körperlichen Kräfte einzusetzen.

8-7 Er/Sie verlor bei Auseinandersetzungen manchmal die Beherrschung und reagierte dann aggressiv.

8-8 Er/Sie verstand sich meist gut mit seinen/ihren Klassenkameraden und konnte sein/ihr Temperament jetzt zügeln.

8-9 Regeln, die das Zusammenleben erleichtern, hielt er/sie in letzter Zeit besser ein.

8-10 Manchmal musste er/sie daran erinnert werden, vereinbarte Regeln einzuhalten.

8-11 Er/Sie reagierte jetzt weniger empfindlich auf vermeintliche Kränkungen.

8-12 In letzter Zeit kam er/sie mit den anderen Kindern besser aus.

8-13 Die erforderlichen Ordnungsregeln hielt der/die Schüler/in meist ein, stand ihnen jedoch sehr kritisch gegenüber.

8-14	Im Allgemeinen zeigte er/sie sich vernünftig und nahm vereinbarte Regeln einsichtig an.
8-15	Bei Streitereien suchte er/sie oft Hilfe beim Lehrer.
8-16	In letzter Zeit hielt er vereinbarte Regeln etwas besser ein.
8-17	Das Verhältnis zu den Mitschülern war noch nicht ganz störungsfrei.
8-18	Er/Sie gibt sich meist Mühe, bei Konfliktsituationen die Anforderungen des sozialen Zusammenlebens einzuhalten.
8-19	Bei Konfliktsituationen war er/sie meist für Gespräche empfänglich.

Gruppe 3

9-1	Er/Sie hat noch nicht gelernt, Konflikte verbal zu lösen.
9-2	Sein/Ihr Verhalten gab oft Anlass zu Streitereien.
9-3	Im Umgang mit den Mitschülern verhielt er/sie sich oft aggressiv und konnte sein/ihr leicht erregbares Temperament nicht zügeln.
9-4	Es gelang ihm/ihr nicht, das Verhältnis zu Mitschülern störungsfrei zu gestalten.
9-5	Bei Konflikten verlor er/sie leicht die Selbstkontrolle und reagierte dann aggressiv.
9-6	Er/Sie muss noch lernen, sich für sein/ihr Verhalten selbst verantwortlich zu fühlen.
9-7	Er/Sie reagierte in Konfliksituationen oft unangemessen.
9-8	Sein/Ihr unbeherrschtes Verhalten gab häufig Anlass zu Streitereien.
9-9	Er/Sie konnte seine/ihre Bedürfnisse nicht selbstständig durchsetzen.
9-10	Er/Sie geriet leicht in Konflikte mit anderen Kindern, die er/sie selten allein lösen konnte.
9-11	_____ verstand sich selten gut mit den Mitschülern, da er/sie häufig unbeherrscht reagierte.
9-12	Er/Sie hatte Schwierigkeiten, sich in den Schulalltag einzufügen, da er/sie seine/ihre Aggressionen nicht beherrschen konnte.
9-13	Es fiel ihm/ihr sehr schwer, sich an die erforderlichen Ordnungen zu halten.
9-14	Er/Sie versuchte ständig, die notwendigen Regelungen zu umgehen.
9-15	Sein/Ihr Verhalten gab oft Anlass zu Ermahnungen.
9-16	Bei Auseinandersetzungen verlor er/sie oft die Beherrschung.
9-17	Er/Sie war häufig an Auseinandersetzungen beteiligt.
9-18	Es gelang ihm/ihr nicht, das Verhältnis zu den Mitschülern störungsfrei zu gestalten.
9-19	Bei Meinungsverschiedenheiten konnte er/sie sich oft nicht verbal wehren und wurde dann handgreiflich.

9-20 Vereinbarte Regeln durchgehend einzuhalten, fiel ihm/ihr noch schwer.

9-21 Er/Sie ließ sich von Mitschülern immer wieder zu unbedachten Handlungen verleiten.

9-23 Es fiel ihm/ihr schwer, sich bei Späßen Grenzen zu setzen.

9-24 Seine/Ihre Handlungsweisen waren oft unberechenbar.

9-25 Bei Auseinandersetzungen fiel es ihm/ihr noch schwer, selbstständig eine Lösung zu finden.

9-26 Es fiel ihm/ihr noch schwer, sich an die vereinbarten Regeln des Zusammenlebens zu halten.

9-27 Er/Sie musste immer wieder daran erinnert werden, vereinbarte Regeln einzuhalten.

9-28 Bei Auseinandersetzungen fiel es ihm/ihr oft schwer, nicht die Beherrschung zu verlieren.

9-29 Teilweise übernahm er/sie völlig unkritisch die Handlungsweise von Mitschülern.

9-30 Zeitweise reagierte er aggressiv, wenn er sich von seinen Mitschülern verbal angegriffen fühlte.

9-31 Immer wieder war er/sie an Auseinandersetzungen beteiligt und fühlte sich für seine/ihre Handlungsweise nicht verantwortlich.

9-32 Da er/sie für sich Sonderregelungen beanspruchte, gab es oft Auseinandersetzungen.

Zusammenarbeit

Gruppe 1

10-1 Durch sein/ihr ausgleichendes Wesen konnte er/sie gut mit anderen zusammenarbeiten.

10-2 Er/Sie arbeitete gern mit anderen zusammen und übernahm Aufgaben für die Gemeinschaft mit großer Selbstverständlichkeit.

10-3 Er/Sie setzte sich bereitwillig für gemeinschaftliche Belange ein.

10-4 Er/Sie kümmerte sich verantwortungsbewusst um andere und zeigte Verständnis und Hilfsbereitschaft.

10-5 Freiwillig übernahm er/sie Aufgaben für die Klassengemeinschaft.

10-6 Bei den Mitschülern war er/sie beliebt, da er/sie großen Wert auf kameradschaftliches Verhalten legte.

10-7 Er/Sie konnte sinnvoll und effektiv mit einem Partner zusammenarbeiten.

10-8 Er/Sie zeigte sich stets bereit, langsam arbeitenden Mitschülern seine/ihre Hilfe anzubieten.

140

10-9 Er/Sie war stets bereit, schwächeren Mitschülern zu helfen und eigene Interessen zurückzustellen.

10-10 In der Gruppe setzte er/sie sich bereitwillig für gemeinsame Belange ein.

Gruppe 2

11-1 Es fiel ihm/ihr teilweise schwer, auf andere Meinungen einzugehen.

11-2 Es fiel ihm/ihr noch schwer, andere Meinungen anzuhören.

11-3 Es machte ihm/ihr meist Freude mit anderen Kindern zusammenzuarbeiten.

11-4 Er/Sie hatte im Allgemeinen keine Schwierigkeiten, mit anderen zuammenzuarbeiten.

11-5 Bei Gruppenarbeiten wollte er/sie stets die Führung übernehmen.

11-6 Bei Partner- und Gruppenarbeit zeigte er/sie sich stets dominierend und vertrat seine/ihre Meinung sicher und selbstbewusst.

11-7 Partnerschaftliches Arbeiten fiel ihm/ihr meist nicht schwer.

Gruppe 3

12-1 Er/Sie hatte Schwierigkeiten, mit anderen Kindern zusammenzuarbeiten.

12-2 Bei Gemeinschaftsarbeiten war er/sie noch sehr zurückhaltend.

12-3 Er/Sie suchte keinen Kontakt zu anderen und erledigte die gestellten Aufgaben lieber allein.

12-4 Bei Gemeinschaftsaufgaben setzte er/sie sich wenig ein und arbeitete lieber für sich.

12-5 Die Meinung anderer ließ er/sie nur selten gelten.

12-6 Im Unterrichtsgespräch schaffte er/sie es nur selten, auf die Meinung anderer einzugehen.

12-7 Er/Sie muss noch lernen, eigene Interessen zurückzustellen und Zwischenrufe zu unterlassen.

12-8 Er/Sie versuchte ständig, sich in den Vordergrund zu spielen.

12-9 Es gelang ihm/ihr noch nicht, auf die Empfindungen der Mitschüler einzugehen.

Allgemeines Lernverhalten

Gruppe 1

13-1 Er/Sie zeigte sich lernwillig und interessiert.

13-2 Am Unterrichtsgeschehen zeigte er/sie sich lebhaft interessiert und folgte ihm aufmerksam.

13-3   Freudig und interessiert ging er/sie auf die unterrichtlichen Aufgaben zu.

13-4   Am Unterrichtsgeschehen zeigte er/sie lebhaftes Interesse und folgte ihm mit großer Aufmerksamkeit.

13-5   Durch treffende Beiträge gab er/sie dem Unterricht oft wesentliche Impulse.

13-6   Am Unterrichtsgeschehen zeigte er/sie sich in zunehmendem Maße interessiert.

13-7   Dem Unterrichtsgeschehen folgte er/sie interessiert.

13-8   Dem Unterrichtsgeschehen folgte er/sie konzentriert.

13-9   Sein/Ihr Interesse an den Unterrichtsinhalten war sehr groß.

13-10   Er/Sie stellte sich den Aufgaben mit großer Begeisterung.

13-11   Er/Sie folgte dem Unterricht stets aufmerksam, zeigte an allen Lernbereichen großes Interesse und machte sich eigene Gedanken.

13-12   Er/Sie zeigte Freude an allen Unterrichtsbereichen.

13-13   Im Unterricht konnte er/sie ausdauernd und konzentriert mitarbeiten.

13-14   Den verschiedenen Unterrichtsbereichen brachte er/sie Interesse entgegen und folgte aufmerksam den Gesprächen. Teilweise setzte er/sie sich aktiv ein und leistete dann wesentliche Beiträge.

13-15   Mit Arbeitsfreude ging er/sie an die gestellten Aufgaben.

13-16   Er/Sie setzte sich unermüdlich aktiv ein.

13-17   Neuen Aufgaben stellte er/sie sich mit großer Begeisterung.

13-18   Meist setzte er/sie sich lebhaft und einfallsreich ein und trug so zum Fortgang des Unterrichts bei.

13-19   Er/Sie setzte sich eigenständig und freudig mit den Lerninhalten auseinander.

13-20   An den Unterrichtsinhalten fand er/sie großes Interesse und machte sich stets eigene Gedanken.

13-21   Seine/Ihre Anstrengungsbereitschaft war immer groß.

13-22   Mit Eifer und großer Lernbereitschaft erledigte er/sie alle gestellten Aufgaben.

13-23   Er/Sie ging mit Lernfreude an alle gestellten Aufgaben heran.

13-24   Er/Sie interessierte sich für viele Lernbereiche und erfasste schnell das Wesentliche.

13-25   Er/Sie zeigte an allen Lernbereichen große Freude.

13-26   Er/Sie fasste rasch auf und arbeitete selbstständig und flott.

13-27   Durch treffende Beiträge gab er/sie dem Unterricht wesentliche Impulse.

13-28   Vor allem in den letzten Wochen zeigte er/sie wieder lebhaftes Interesse am Unterrichtsgeschehen, setzte sich aktiv ein und gab dem

Gespräch durch seine/ihre Ideen und Denkleistungen wesentliche Impulse.

13-29 Dem Unterrichtsgeschehen folgte er/sie stets mit großem Interesse.

13-30 Er/Sie nahm mit anhaltender Konzentration am Unterrichtsgeschehen teil.

13-31 Selbstständigkeit und Zuverlässigkeit prägten seine/ihre Arbeitshaltung.

13-32 Eigenständig setzte er/sie sich mit den Lerninhalten auseinander.

13-33 Er/Sie arbeitete ausdauernd und konzentriert im Unterricht mit.

13-34 Lernwille und Arbeitsfreude zeichneten ihn/sie aus.

13-35 Alle gestellten Aufgaben löste er/sie zielstrebig und eigenständig.

Gruppe 2

14-1 Still und ausschließlich beobachtend folgte er/sie dem Unterrichtsgeschehen.

14-2 Er/Sie brauchte genaue Anweisungen, wenn neue Aufgaben auf ihn/sie zukamen.

14-3 Er/Sie muss noch lernen, mutiger an neue Aufgaben heranzugehen und diese selbstständig zu lösen.

14-4 An neue Aufgaben ging er/sie nur zögernd heran.

14-5 Am Unterricht nahm er/sie mit wechselndem Interesse teil.

14-6 Er/Sie gab sich Mühe, zeigte aber noch wenig Vertrauen in das eigene Leistungsvermögen und wartete auf Hilfe.

14-7 Seine/Ihre Anstrengungsbereitschaft war starken Schwankungen unterworfen.

14-8 Neue Aufgaben nahm er/sie nur zögernd in Angriff.

14-9 Er/Sie machte sich eigene Gedanken, brachte diese aber noch zu wenig im Gespräch ein.

14-10 Im Unterricht zeigte er/sie im zweiten Halbjahr öfter, dass er/sie mitdachte und eigene Ideen entwickelte.

14-11 Er/Sie fand im zweiten Halbjahr zu einer besseren Arbeitshaltung.

14-12 Er/Sie war eifrig bemüht, alles richtig zu machen.

14-13 Sein/Ihr Arbeitsverhalten wurde gelassener.

14-14 Er/Sie war immer bedacht, keinen Fehler zu machen.

14-15 Er/Sie erledigte alle gestellten Aufgaben meist pflichtbewusst und zuverlässig.

14-16 Er/Sie wurde selbstständiger, ließ sich aber von ungewohnten Aufgabenstellungen schnell verunsichern.

14-17 Er/Sie wurde selbstsicherer und arbeitete auch selbstständiger.

14-18 Im Unterricht blieb er/sie noch überwiegend zurückhaltend.

14-19 Er/Sie muss sich etwas mutiger und lebhafter einsetzen.

Gruppe 3

15-1 Leicht ablenkbar folgte er/sie dem Unterricht nur phasenweise mit der nötigen Aufmerksamkeit und Konzentration.

15-2 Es fehlte ihm/ihr an Gründlichkeit beim Lernen und Arbeiten.

15-3 Es fiel ihm/ihr schwer, sich einen Fehler zuzugestehen.

15-4 Für Aufgaben, die nicht mühelos zu bewältigen waren, nahm er/sie zu rasch Hilfe in Anspruch. Seine/Ihre Anstrengungsbereitschaft muss größer werden.

15-5 Er/Sie zeigte wenig Eigeninitiative.

15-6 Sein/Ihr aktiver Einsatz blieb zu gering.

15-7 Seine/Ihre Anstrengungsbereitschaft war zeitweise zu gering.

15-8 Er/Sie muss sich aktiver einsetzen und eigene Gedanken einbringen.

15-9 Dem Unterrichtsgeschehen folgte er/sie nicht immer aufmerksam genug.

15-10 Auch bei Aufgaben, die seinem/ihrem Niveau entsprachen, zeigte er/sie wenig Eifer.

15-11 Es fehlte dem/der Schüler/in an Gründlichkeit bei der Erledigung seiner/ihrer schulischen Aufgaben.

15-12 Ungewohnte Aufgabenstellungen konnten ihn/sie stark verunsichern.

15-13 Am Unterrichtsgeschehen zeigte er/sie nur manchmal Interesse und setzte sich selten aktiv ein.

15-14 Leicht ablenkbar folgte er/sie dem Unterricht nur phasenweise mit der notwendigen Aufmerksamkeit.

15-15 Er/Sie arbeitete im Unterricht etwas reger mit, sein/ihr Einsatz blieb aber noch zu wenig regelmäßig.

15-16 Seine/Ihre Anstrengungsbereitschaft war zeitweise zu gering.

15-17 Er/Sie blieb oft passiv und abwartend.

Beteiligung am Unterricht

Gruppe 1

16-1 Eifrig und unermüdlich wirkte er/sie am Unterrichtsgeschehen mit.

16-2 An seinen/ihren treffenden Beiträgen wurde deutlich, dass er/sie den Unterrichtsstoff verstand und mitdachte.

16-3 Er/Sie arbeitete stets interessiert im Unterricht mit.

16-4 Er/Sie beteiligte sich oft mit wesentlichen Beiträgen am Gespräch.

16-5 Am mündlichen Unterricht beteiligte er/sie sich stets mit großem Einsatz.

16-6 Am Gespräch beteiligte er/sie sich mit eigenen Gedanken.

16-7 Am Unterricht beteiligte er/sie sich mit Lernbereitschaft, Aufmerksamkeit und Interesse.

16-8 Interessiert und sprachlich gewandt beteiligte er/sie sich am Unterrichtsgespräch.

16-9 Am Unterricht beteiligte er/sie sich sehr interessiert und bereicherte ihn durch überlegte Beiträge.

16-10 Äußerst rege und aufmerksam beteiligte er/sie sich auch über längere Phasen am Unterricht.

16-11 Er/Sie fasste rasch auf und beteiligte sich oft mit wesentlichen Beiträgen am Gespräch.

16-12 Im Unterricht arbeitete er/sie immer aktiv mit und leistete treffende Beiträge.

16-13 Vor allem in letzter Zeit beteiligte er/sie sich lebhaft am Gespräch und entwickelte neue Ideen.

16-14 Er/Sie gab dem Gespräch durch eigene Ideen und Denkleistungen wesentliche Impulse.

16-15 Er/Sie setzte sich immer aktiv im Gespräch ein.

16-16 Er/Sie beteiligte sich nunmehr wesentlich öfter am Gespräch und entwickelte eigene Gedanken.

16-17 Er/Sie beteiligte sich häufig mit eigenen Gedanken am Gespräch und gab ihm damit wesentliche Impulse.

16-18 Mir großer Beständigkeit beteiligte er/sie sich aktiv am Unterrichtsgeschehen.

16-19 Lebhaft und interessiert beteiligte er/sie sich bei allen sachunterrichtlichen Themen.

16-20 Am Unterrichtsgespräch beteiligte er/sie sich mit Lernbereitschaft und großem Eifer.

16-21 Er/Sie zeigte sich redefreudig und beteiligte sich mit Eifer am Unterrichtsgespräch.

16-22 Im Unterrichtsgespräch leistete er/sie häufig konstruktive Beiträge.

Gruppe 2

17-1 Beiträge zum Gespräch leistete er/sie nur zögernd, da er/sie lange bedenkt, was er/sie sagen will.

17-2 Am Gespräch beteiligte er/sie sich mit wechselndem Eifer.

17-3 Vor allem in letzter Zeit brachte er/sie öfter eigene Gedanken ins Gespräch ein.

17-4 Dem Unterrichtsgeschehen folgte er/sie mit großer Aufmerksamkeit, wagte es aber nur selten, sich aktiv am Gespräch zu beteiligen.

17-5 Er/Sie machte sich eigene Gedanken, brachte diese aber noch etwas selten im Gespräch ein.

17-6 Oft fehlte ihm/ihr der Mut, sein/ihr umfassendes Allgemeinwissen im Unterricht einzubringen.

17-7 Dem Unterrichtsgeschehen folgt er/sie zwar aufmerksam, verhielt sich während des Gesprächs aber überwiegend passiv.

17-8 Er/Sie musste häufig ermuntert werden, sich zu Wort zu melden.

17-9 Er/Sie beteiligte sich nicht mehr gleichmäßig am Gespräch.

17-10 Er/Sie muss versuchen, sich lebhafter und regelmäßiger einzusetzen.

17-11 Er/Sie konnte seinen/ihren Einsatz beim Gespräch steigern, sprach jedoch häufig viel zu leise.

17-12 Im Gesprächsverlauf verhielt er/sie sich abwartend und zurückhaltend.

17-13 In der letzten Zeit beteiligte er/sie sich wieder öfter mit eigenen Beiträgen am Unterrichtsgespräch.

17-14 Im Unterrichtsgespräch wartete er/sie meist ab, bis andere Kinder sich äußerten.

17-15 Seine/Ihre Mitarbeit hing stark vom Interesse und von der Stimmungslage ab.

17-16 Oft musste er/sie ermuntert werden, sich aktiv am Gespräch zu beteiligen.

17-17 Er/sie war gelegentlich unaufmerksam, beteiligte sich aber auch oft engagiert am Gespräch.

17-18 Die mündlichen Beiträge waren oft noch recht zaghaft und leise.

17-19 Seine/Ihre Beiträge zum Gespräch schwankten, bewiesen aber, dass er/sie sich eigene Gedanken macht.

17-20 Dem Unterrichtsgeschehen folgte er/sie mit großer Aufmerksamkeit, wagte es aber nur selten, sich aktiv am Gespräch zu beteiligen.

17-21 Er/Sie bemühte sich häufig um konzentrierte Mitarbeit.

17-22 Er/Sie arbeitet im Unterricht mit, fühlte sich aber bei der Erledigung der Arbeitsaufträge oft unsicher.

Gruppe 3

18-1 Am Unterrichtsgespräch muss er/sie sich reger beteiligen.

18-2 Konzentriertes Mitarbeiten im Unterricht fiel ihm/ihr noch schwer.

18-3 Er/Sie musste oft ermuntert werden, eigene Gedanken im Gespräch einzubringen.

18-4 Er/Sie vergaß immer wieder zu warten, bis ihm/ihr das Wort erteilt wurde.

18-5 Er/Sie äußerte keine eigenen Gedanken.

18-6 Häufig musste er/sie zu konzentrierter Mitarbeit ermuntert werden.

18-7 Beim Gespräch meldete er/sie sich kaum zu Wort.

18-8 Häufig musste er/sie noch ermuntert werden, auch am Gespräch aktiv teilzunehmen.

18-9 Am Gespräch nahm er/sie selten teil.

18-10 Er/Sie müsste noch lernen, eigene Gedanken und Ideen im Gespräch einzubringen.

18-11 Er/Sie müsste sich noch aktiver einsetzen und eigene Gedanken im Gespräch einbringen.

18-12 Seine/Ihre Beiträge zum Gespräch blieben gering.

18-13 Im Unterricht beobachtete er/sie gern seine/ihre Mitschüler und trug selbst wenig zum Gespräch bei.

18-14 Im Unterricht blieb er/sie recht einsilbig und gehemmt.

18-15 Er/Sie muss sich lebhafter und mutiger am Gespräch beteiligen.

18-16 Nur wenn er/sie direkt angesprochen wurde, beteiligte er/sie sich am Gespräch.

18-17 Er/Sie beteiligte sich äußerst selten am Gespräch und musste laufend zu aktivem Einsatz ermuntert werden.

18-18 Seine Mitarbeit unterlag starken Schwankungen.

18-19 Er/Sie meldete sich selten zu Wort und brachte wenig eigene Ideen beim Gespräch ein.

18-20 Es fiel ihm/ihr immer wieder schwer, seine/ihre Gedanken kurz und verständlich auszudrücken.

18-21 Er/Sie muss sich unbedingt reger am Gespräch beteiligen.

18-22 Im Gesprächsverlauf verhielt er/sie sich stets abwartend und beteiligte sich nur, wenn er/sie direkt angesprochen wurde.

Konzentrationsfähigkeit

Gruppe 1

19-1 Er/Sie konnte sich dauerhaft konzentrieren.

19-2 Er/Sie konnte sich auch längere Zeit gut konzentrieren.

19-3 Er/Sie konnte sich lange konzentrieren und ausdauernd arbeiten.

19-4 Dem Unterrichtsgeschehen folgte er/sie immer aufmerksam und konzentriert.

19-5 Am Unterrichtsgeschehen nahm er/sie konzentriert teil.

19-6 Er/Sie konnte sich ausdauernd mit einer Sache beschäftigen.

19-7 Er/Sie arbeitete auch längere Zeit konzentriert mit.

19-8 Mit anhaltender Konzentration arbeitete der/die Schüler/in im Unterricht mit.

19-9 Dem Unterrichtsgeschehen folgte er/sie mit großer Konzentration

19-10 Ihre/Seine Ausdauer bei allen schriftlichen Arbeiten war groß.

Gruppe 2

20-1 Es gelang ihm/ihr noch nicht, für längere Zeit dem Unterricht aufmerksam zu folgen.

20-2 Er/Sie konnte sich noch nicht lange genug konzentrieren und ließ sich leicht ablenken.

20-3 Er/Sie arbeitete in der Regel konzentriert, aber nicht immer selbstständig.

20-4 Er/Sie arbeitete in der Regel konzentriert, aber teilweise noch langsam.

20-5 Konzentration und Ausdauer schwankten.

20-6 Im Unterricht schwankte seine/ihre Aufmerksamkeit stark.

20-7 Aufmerksamkeit und Anstrengungsbereitschaft waren noch schwankend.

20-8 Dem Unterrichtsgeschehen folgte er/sie meist konzentriert, seine/ihre Mitarbeit jedoch war weiterhin schwankend.

20-9 Teilweise schwankte seine/ihre Konzentration und damit sein/ihr aktiver Einsatz beim Gespräch.

20-10 Bei schwankender Konzentration zeigte er/sie dennoch Interesse am Unterrichtsgeschehen.

20-11 Er/Sie ließ sich teilweise leicht ablenken, nahm aber auch immer wieder interessiert am Gespräch teil.

20-12 Er/Sie ermüdete noch rasch und fing dann an zu spielen.

20-13 Nach kurzer Zeit verlor er bei Freiarbeit die Lust.

20-14 Es gelang ihm/ihr noch nicht, dem Unterricht für längere Zeit aufmerksam zu folgen.

20-15 Im Unterricht konnte er/sie sich jetzt besser konzentrieren.

20-16 Er/Sie konnte sich noch nicht längere Zeit auf eine Sache konzentrieren, sondern ließ sich leicht ablenken.

Gruppe 3

21-1 Seine/Ihre Konzentration war noch wenig dauerhaft.

21-2 Er/Sie darf nicht nachlassen, seine/ihre Aufmerksamkeit immer wieder auf den Unterricht zu richten.

21-3 Er/Sie hatte immer wieder Probleme, konzentriert zuzuhören und sich nicht ablenken zu lassen.

21-4   Jede Gelegenheit, sich ablenken zu lassen, nahm er/sie wahr. Deshalb versäumte er/sie viel vom Unterricht.

21-5   Häufig konnte er/sie sich nicht konzentrieren, so dass ihm/ihr wichtige Teile des Gesprächs entgingen.

21-6   Es fiel ihm/ihr noch schwer, konzentriert bei einer Sache zu bleiben.

21-7   Es bereitete ihm/ihr noch große Mühe, sich zu konzentrieren. Dadurch versäumte er/sie Teile des Gesprächs und verlor den Überblick.

21-8   Es fiel ihm/ihr schwer, anderen konzentriert zuzuhören.

21-9   Häufig war er/sie wenig konzentriert und ließ sich leicht ablenken.

21-10   Er/Sie ermüdete rasch und fing dann an zu spielen.

21-11   Er/Sie ermüdete rasch und beschäftigte sich dann mit anderen Dingen.

21-12   Er/Sie war im Unterricht leicht ablenkbar und zeitweise gedanklich abwesend.

21-13   Im Unterricht ließ er/sie sich vor allem in letzter Zeit leicht ablenken.

21-14   Er/Sie ließ sich noch oft ablenken und verlor dann die Orientierung.

21-15   _____s Konzentration ließ rasch nach und seine/ihre Gedanken schweiften ab.

21-16   Teilweise war _____ nicht lange konzentriert und seine/ihre Mitarbeit blieb gering.

21-17   Sein/Ihr aktiver Einsatz blieb teilweise gering, da er/sie sich leicht ablenken ließ und nicht mehr auf den Unterricht konzentriert war.

Arbeitsverhalten bei schriftlichen Arbeiten

Gruppe 1

22-1   Schriftliche Arbeiten erledigte er/sie zielstrebig und sorgfältig.

22-2   Er/Sie war stets um sorgfältige und gewissenhafte Anfertigung seiner/ihrer schriftlichen Arbeiten bemüht.

22-3   Die Arbeitsaufträge erledigte er/sie pflichtbewusst und selbstständig.

22-4   Seine/Ihre Hefteinträge gestaltete er/sie mit Einfallsreichtum und Ausdauer.

22-5   Alle schriftlichen Arbeiten erledigte er flott und selbstständig.

22-6   Bei allen schriftlichen Arbeiten gab er/sie sich viel Mühe und gestaltete sie mit Ausdauer.

22-7   Zielstrebig und pflichtbewusst erledigte er/sie alle schriftlichen Arbeiten.

22-8   _____ arbeitete stets selbstständig und gewissenhaft.

22-9 Bei der Erledigung aller schriftlichen Arbeiten zeigte er/sie Pflichtbewusstsein und Selbstständigkeit.

22-10 Zielstrebig ging er/sie an die Erledigung der schriftlichen Arbeiten heran.

22-11 Heftführung und Schriftbild waren sehr ordentlich.

22-12 Seine/Ihre Hausaufgaben fertigte er/sie zuverlässig und gewissenhaft an.

22-13 Seine/Ihre Einträge in den Hausheften gestaltete er/sie ordentlich und ansprechend.

22-14 Regelmäßig und gewissenhaft erledigte er/sie seine/ihre Hausaufgaben.

22-15 Bei der Erledigung der Hausaufgaben zeigte er/sie stets Pflichtbewusstsein und Sorgfalt.

Gruppe 2

23-1 Bei schriftlichen Arbeiten brauchte er/sie teilweise zu viel Zeit.

23-2 Er/Sie war stets um gewissenhafte und sorgfältige Anfertigung seiner/ihrer schriftlichen Arbeiten bemüht.

23-3 Schriftliche Arbeiten erledigte er/sie meist ordentlich und pflichtbewusst.

23-4 Schriftliche Aufgaben erledigte er/sie flott und mit zunehmender Sorgfalt.

23-5 Durch sein/ihr allzu flottes Arbeitstempo unterliefen ihm/ihr oft Flüchtigkeitsfehler.

23-6 Schriftliche Arbeiten erledigte er/sie meist ordentlich und zügig.

23-7 Schriftliche Arbeiten erledigte er/sie langsam und mit zufriedenstellender Sorgfalt.

23-8 Bei schriftlichen Aufgaben gab er/sie sich Mühe und erledigte sie zunehmend sorgfältig.

23-9 Schriftliche Aufgaben fertigte er/sie meist sorgfältig und zügig an.

23-10 Schriftlichen Arbeiten erledigte er/sie ordentlich, aber nicht zügig genug.

23-11 Bei seinen/ihren Hausaufgaben muss er/sie sich mehr Mühe geben.

Gruppe 3

24-1 _____ muss sein/ihr Arbeitstempo noch wesentlich steigern.

24-2 Seine/Ihre Hefte führte er/sie zeitweise zu nachlässig.

24-3 Alle schriftlichen Arbeiten erledigte er/sie viel zu langsam.

24-4 Schriftliche Aufgaben erledigte er/sie zu langsam und mit zufriedenstellender Sorgfalt.

24-5 Seine/Ihre Hausaufgaben fertigte er meist mit geringer Sorgfalt an.

24-6 Bei seinen/ihren Hausaufgaben gab er/sie sich zu wenig Mühe.

24-7 Häufig kam er/sie ohne Hausaufgaben in die Schule.

24-8 Nicht selten machte er/sie seine/ihre Hausaufgaben lückenhaft und
unordentlich.

Leistungen 1. Klasse
Deutsch

Lesen

Gruppe 1

1-1   Er/Sie beherrschte schon bei Schuleintritt die Lesetechnik.

1-2   Beim Lesen machte er/sie erhebliche Fortschritte. Den Sinn kleiner Texte konnte er/sie richtig und vollständig wiedergeben.

1-3   Aus unbekannten Texten gewann er/sie genaue Informationen.

1-4   Mühelos erfasste er/sie den Sinn unbekannter Texte.

1-5   Er/Sie trug auch unbekannte Texte flüssig vor und erfasste den Sinn.

1-6   Die Technik des Zusammenlesens hatte er/sie rasch verstanden. Auch unbekannte Texte verstand er/sie sofort.

1-7   Er/Sie konnte fremde Texte flüssig lesen und den Inhalt genau wiedergeben.

1-8   Das Lesen bereitete ihm/ihr keine Schwierigkeiten. Auch das Erlesen unbekannter Texte gelang zügig und Sinn erfassend.

1-9   Er/Sie beherrschte die gelernten Buchstaben und trug geübte Texte zügig vor.

1-10   Sicher im Erkennen und Unterscheiden von Buchstaben las er/sie auch unbekannte Texte flüssig und richtig betont.

1-11   Unbekannte Wörter und einfache Texte las er/sie selbstständig und Sinn erfassend.

1-12   Das Lesen gelang schon flüssig und ausdrucksvoll.

1-13   Er/Sie verstand den Inhalt neuer Texte und konnte Fragen dazu beantworten.

1-14   Das Erlesen fremder Texte gelang ihm/ihr schon flüssig.

1-15   Ganze Texte las er/sie flüssig und Sinn erfassend vor.

1-16   Am Lesen zeigte er/sie großes Interesse.

1-17   Am Lesen zeigte er/sie Freude.

1-18   Unbekannte Texte trug er/sie flüssig und ausdrucksvoll vor. Er/Sie konnte den Sinn richtig und vollständig wiedergeben.

1-19   Am Lesen zeigte er/sie Freude. Beim Vortrag fasste er/sie einzelne Wörter sinnvoll zusammen.

1-20   Viel Freude bereitete ihm/ihr das Lesen. Mühelos gewann er/sie aus unbekannten Texten genaue Informationen.

1-21   Er/Sie las auch schwierige Texte fließend und ausdrucksvoll vor. Sein/Ihr Textverständnis sowie der mündliche Vortrag waren ausgezeichnet.

1-22   Seine/Ihre Freude am Lesen, sein/ihr Textverständnis sowie sein/ihr Vortrag waren ausgezeichnet.

1-23   Das Erlesen fremder Texte gelang ihm/ihr mühelos. Er/Sie konnte diese auch sinnvoll betont vortragen.

1-24   Unbekannte Texte las er/sie selbstständig, versuchte sie auch schon betont vorzutragen und erfasste mühelos den Sinn.

1-25   Er/Sie verstand den Inhalt gelesener Texte und konnte Fragen dazu beantworten.

Gruppe 2

2-1   Er/Sie kennt alle erarbeiteten Buchstaben und hat die Lesetechnik verstanden. Vor allem längere Wörter las er/sie noch zu langsam.

2-2   Auch unbekannte Texte verstand er/sie, trug diese aber noch zu langsam vor.

2-3   Bekannte Texte konnte er/sie langsam vorlesen.

2-4   Er/Sie konnte einfache fremde Texte langsam vorlesen.

2-5   Er/Sie hatte das Zusammenlesen erfasst, las aber noch stockend.

2-6   Neue Wörter konnte er/sie langsam erlesen.

2-7   Aus unbekannten Texten gewann er/sie nicht immer richtige Informationen.

2-8   Ungeübte Texte las er/sie noch sehr langsam, entnahm aber immer richtige Informationen.

2-9   Der Leselernprozess vollzog sich etwas mühsam, ist aber jetzt abgeschlossen. Das Lesetempo muss noch etwas flüssiger werden.

2-10   Er/Sie kennt alle Buchstaben und liest sie richtig zusammen.

2-11   Die bisher erarbeiteten Buchstaben kennt er/sie und liest sie richtig zu Wörtern zusammen. Der Vortrag muss nur noch etwas flüssiger werden.

2-12   Beim Lesen unbekannter Texte wird er/sie jetzt sicherer.

2-13   Er/Sie kennt alle erarbeiteten Buchstaben und fügt sie richtig zu Wörtern zusammen. Jetzt muss er/sie nur noch das Lesetempo steigern und zu besserem Ausdruck kommen.

2-14   Im Lesen war er/sie schon recht sicher. Jetzt muss er/sie nur noch auf einen besseren Vortrag achten.

2-15   Er/Sie war am Lesen interessiert. Er/Sie erfasste auch den Sinn fremder Texte. Seine/Ihre Leseflüssigkeit muss er/sie aber noch verbessern.

2-16   Er/Sie zeigte Freude am Lesen und machte erhebliche Fortschritte. Sein/Ihr Vortrag war aber noch zu langsam.

2-17   Er/Sie konnte auch unbekannte Texte lesen und verstehen. Das Tempo muss noch flüssiger werden.

2-18   Am Lesen zeigte er/sie Freude. Auch unbekannte Texte konnte er/sie erfassen. Das Lesetempo muss er/sie aber noch steigern.

2-19   Beim Lesen war der Vortrag teilweise noch zu langsam, bisweilen gelang er schon ausdrucksvoll.

2-20   Er/Sie zeigte beim Lesen gute Ansätze zu sinnvoller Betonung.

2-21   Auch unbekannte Texte las er/sie schon recht flüssig vor und erfasste ihren Sinn. Er/Sie soll jetzt noch zu einem ausdrucksvolleren Vortrag kommen.

2-22   Er/Sie las auch unbekannte Texte ziemlich flüssig vor und verstand deren Inhalt. Der Vortrag muss jetzt nur noch ausdrucksvoller werden.

2-23   Am Lesen zeigte er/sie Freude. Der Vortrag wurde fließend. Er muss nur noch ausdrucksvoller werden.

2-24   Seine/Ihre Lesefertigkeit konnte er/sie erheblich verbessern. Der Vortrag soll nur noch etwas ausdrucksvoller werden.

2-25   Beim Lesen machte er/sie Fortschritte. Auch aus unbekannten Texten konnte er/sie Informationen gewinnen. Sein/Ihr Vortrag muss noch etwas flüssiger und ausdrucksvoller werden.

2-26   Am Lesen zeigte er/sie Interesse. Tempo und Betonung muss er/sie noch verbessern.

2-27   Beim Lesen konnte er/sie fremde Texte selbstständig erfassen. Wenn er/sie sich konzentrierte, trug er/sie auch flüssig vor.

2-28   Beim Lesen machte er/sie gute Fortschritte. Er/Sie konnte jetzt auch unbekannte Texte selbstständig lesen.

2-29   Beim flüssigen, ausdrucksvollen Vortrag von unbekannten Texten machte er/sie Fortschritte. Er/Sie soll aber lautes Lesen weiter üben.

2-30   Unbekannte Texte konnte er/sie verstehen. Das laute Lesen war aber teilweise ungenau.

Gruppe 3

3-1   Er/Sie kennt die erarbeiteten Buchstaben nicht sicher. Seine/Ihre Buchstabenkenntnis ist noch nicht gefestigt.

3-2   Er/Sie hatte Mühe, verschiedene Laute zu unterscheiden.

3-3   Teilweise behinderten ihn/sie noch Buchstabenverwechslungen.

3-4   Er/Sie verwechselte noch häufig ähnlich klingende Laute. Verwechslungen von Buchstaben kamen immer wieder vor.

3-5   Er/Sie verwechselte und verdrehte oft noch Buchstaben, sodass die Leseflüssigkeit und das Textverständnis gering blieben.

3-6   Er/Sie konnte die Lautfolge von Buchstaben noch nicht erfassen.

3-7   Er/Sie brauchte lange, bis er/sie sich die Buchstaben einprägte.

3-8	Die Buchstaben kannte er/sie nicht sicher, sodass das Zusammenlesen selten gelang.
3-9	Beim Zusammenlesen vor nur drei Lauten traten bereits Unsicherheiten auf.
3-10	Wörter mit schwierigen Buchstabenverbindungen konnte er/sie noch nicht lesen.
3-11	Die erarbeiteten Buchstaben kennt er/sie. Das Zusammenlesen gelang aber nur mit zwei Lauten.
3-12	Neue Wörter las er/sie noch sehr langsam, wobei Mitlauthäufungen besondere Schwierigkeiten bereiteten.
3-13	Zum Auf- und Abbau von Wörtern brauchte er/sie noch Hilfestellung.
3-14	Das Zusammenlesen hat er/sie jetzt verstanden, Mitlauthäufungen bereiten jedoch Probleme.
3-15	Er/Sie konnte nur einfache, kurze Wörter lesen, da er/sie nicht alle Buchstaben sicher kannte.
3-16	Das Zusammenlesen längerer Wörter gelang nur mühsam, sodass er/sie den Sinn oft nicht verstand.
3-17	Das Zusammenlesen längerer Wörter bereitete noch Schwierigkeiten.
3-18	Bei längeren Wörtern geriet er/sie ins Stocken.
3-19	Das Zusammenlesen gelang nur teilweise.
3-20	Er/Sie beherrschte den Auf- und Abbau von Wörtern, las aber noch sehr stockend.
3-21	Er/Sie kennt die gelernten Buchstaben, konnte aber längere Wörter noch nicht selbstständig aufbauen.
3-22	Das Auf- und Abbauen der Buchstaben bedarf noch der intensiven Übung.
3-23	Zusätzliche häusliche Übungen können helfen, die Unsicherheiten schneller abzubauen.
3-24	Intensive tägliche Übung im lauten Lesen ist unbedingt erforderlich.
3-25	Das laute Lesen muss er/sie noch eifrig üben, um sicherer zu werden.
3-26	Tägliches lautes Lesen ist unverzichtbar.
3-27	Er/Sie muss unbedingt täglich laut lesen, um die Sicherheit und Flüssigkeit zu erhöhen.
3-28	Er/Sie muss weiter eifrig lesen, um Unsicherheiten abzubauen.
3-29	Er/Sie muss sein/ihr Lesetempo steigern, um ein besseres Verständnis zu erreichen.
3-30	Das Lesetempo muss er/sie unbedingt durch tägliches Üben steigern.
3-31	Er/Sie las noch so langsam, dass er/sie den Sinn nicht mehr verstand.
3-32	Er/Sie muss weiterhin täglich laut lesen, um zu größerer Leseflüssigkeit und damit zu einem besseren Textverständnis zu kommen.

3-33 Selbstständig konnte er/sie noch keinen Text lesen.

3-34 Das Sinn erfassende Lesen neuer Texte bereitete zeitweise noch Schwierigkeiten.

3-35 Er/Sie las ziemlich fließend, hatte aber oft Schwierigkeiten, den Sinn zu finden.

3-36 Er/Sie kennt alle gelernten Buchstaben, konnte aber neue Wörter nur stockend erlesen.

3-37 Die einzelnen Wörter las er/sie noch so langsam, sodass er/sie zu keinem halbwegs flüssigen Vortrag kam. Regelmäßiges Üben ist unerlässlich.

3-38 Beim Lesen fügte er/sie teilweise die Buchstaben sehr langsam zusammen, sodass er/sie noch nicht zum flüssigen Lesen kam. Regelmäßiges Üben ist notwendig.

3-39 Teilweise las er/sie die Texte ungenau vor und bei längeren Wörtern geriet er/sie leicht ins Stocken.

3-40 Lautes Lesen muss er/sie regelmäßig üben, da er/sie bei längeren Wörtern oft ungenau und stockend las.

3-41 Beim Lesen machte er/sie Fortschritte. Er/Sie las aber noch so langsam, dass er/sie den Sinn der Texte nicht genau verstand.

3-42 Er/Sie konnte unbekannte Texte lesen. Er/Sie muss aber noch üben, um das Tempo zu beschleunigen. Es fiel ihm/ihr schwer, aus Lesestücken Informationen zu entnehmen.

3-43 Er/Sie konnte auch unbekannte Texte vorlesen. Teilweise behinderten ihn/sie noch Buchstabenverwechslungen.

3-44 Er/Sie verwechselte oder verdrehte oft noch Buchstaben sodass seine/ihre Leseflüssigkeit und sein/ihr Textverständnis gering blieben. Tägliches lautes Lesen ist unverzichtbar.

3-45 Beim Lesen geriet er/sie bei längeren Wörtern noch leicht ins Stocken. Er/Sie muss unbedingt täglich laut lesen, um die Sicherheit und Flüssigkeit zu erhöhen.

3-46 Unbekannte Texte konnte er/sie verstehen, las aber noch sehr langsam. Er/Sie soll weiter täglich laut lesen, um größere Sicherheit und eine höhere Leseflüssigkeit zu erreichen.

3-47 Unbekannte Texte las er/sie noch sehr langsam, oft unsicher. Die Leseübungen darf er/sie nicht vernachlässigen, um das Tempo zu steigern und ein besseres Verständnis zu erreichen.

3-48 Auch bekannte Texte las er/sie nur langsam und stockend.

3-49 Den Inhalt der gelesenen Texte verstand er/sie häufig nicht.

Schreiben

Gruppe 1

4-1   Er/Sie konnte Sätze in ordentlicher Schreibschrift schreiben.

4-2   Er/Sie konnte Sätze gut lesbar in Schreibschrift abschreiben.

4-3   Er/Sie hat die grundlegenden Formen in Schreibschrift erfasst und führte sie im richtigen Bewegungsablauf aus.

4-4   Er/Sie konnte kurze Texte gut lesbar und zügig in Schreibschrift aufschreiben.

4-5   Die Buchstaben in Schreibschrift beherrschte er/sie sicher und konnte sie in Wörtern anwenden.

4-6   Das Schriftbild war sehr gleichmäßig und ordentlich.

4-7   Hervorzuheben war sein/ihr stets ordentliches und richtiges Schriftbild in der Druck- und Schreibschrift.

4-8   Die Buchstaben in Schreibschrift prägte er/sie sich rasch ein.

4-9   Die Buchstaben in Schreibschrift wandte er/sie genau und zügig an, sodass bereits ein ausgewogenes Schriftbild entstand.

4-10   Die Schreibschrift eignete er/sie sich rasch an. Sie gelang ihm/ihr genau und flüssig.

4-11   Die neu erlernten Buchstaben in Schreibschrift und ihre Verbindungen prägte er/sie sich gut ein.

4-12   Schriftliche Arbeiten wurden selbstständig und ansprechend ausgeführt.

4-13   Bei seinen/ihren schriftlichen Arbeiten gab er/sie sich stets große Mühe.

4-14   Die Hefte führte er/sie sauber und ordentlich.

4-15   Die Druckbuchstaben schrieb er/sie im richtigen Bewegungsablauf.

4-16   Er/Sie konnte Wörter gut lesbar in Druckschrift schreiben.

4-17   Er/Sie schrieb gleichmäßig und flüssig.

4-18   Das Schriftbild war gleichmäßig und ordentlich.

4-19   Hervorzuheben ist sein/ihr stets ordentliches und richtiges Schriftbild in der Druckschrift.

4-20   Er/Sie konnte Wörter gut lesbar in Druckschrift abschreiben.

4-21   Er/Sie konnte Wörter gut lesbar in Druckschrift aufschreiben.

4-22   Er/Sie schrieb zügig und hielt den Zeilenraum genau ein.

4-23   Die Druckschrift wendete er/sie recht genau an.

4-24   Er/Sie schrieb sehr zügig und wendete die Druckschrift auch gleichmäßig an.

4-25   Er/Sie schrieb recht gleichmäßig und genau in die Zeilen.

4-26   Schriftliche Arbeiten wurden selbstständig und ansprechend ausgeführt.

4-27 Bei seinen/ihren schriftlichen Arbeiten gab er/sie sich stets große Mühe.

4-28 Die Hefte führte er/sie sauber und ordentlich.

4-29 Bei seinen/ihren Hefteinträgen gab er/sie sich große Mühe und erzielte hervorragende Ergebnisse.

4-30 Große Mühe verwendete er/sie darauf, seine/ihre Hefte sauber und übersichtlich zu führen.

4-31 Mit Sorgfalt, großem Eifer und Sinn für Gestaltung führte er/sie seine/ihre Hefte.

4-32 Hefteinträge gestaltete er/sie übersichtlich und ansprechend.

4-33 Seine/Ihre Hefteinträge gestaltete er/sie in tadelloser Form.

4-34 Bei den Hefteinträgen gab er/sie sich immer Mühe und erzielte ansprechende Ergebnisse.

Gruppe 2

5-1 Beim Schreiben hielt er/sie die Bewegungsrichtung ein.

5-2 Das Gleichmaß seiner/ihrer Schrift hing von der aufgewendete Mühe ab.

5-3 Das Schriftbild war meist sauber.

5-4 Sein/Ihr Schriftbild hat sich gebessert.

5-5 Sein/Ihr Schriftbild wirkt jetzt ziemlich ordentlich.

5-6 Er/Sie schrieb noch mit großem Druck, sein/ihr Schriftbild wirkte aber recht gleichmäßig.

5-7 Die Buchstaben in Druckschrift standen nunmehr richtig in den vorgegebenen Zeilen.

5-8 Die Druckschrift wendete er/sie zügig an und den Zeilenraum hielt er/sie jetzt meist ein.

5-9 Er/Sie schrieb recht langsam und die Buchstaben standen oft nicht in den vorgegebenen Zeilen.

5-10 Er/Sie schrieb schnell, jedoch nicht ganz gleichmäßig.

5-11 Die Druckschrift wendete er/sie gleichmäßig an, obwohl er/sie den Stift eigenwillig hält.

5-12 Wenn er/sie sich bemühte, erzielte er/sie eine ausgewogene Schrift.

5-13 Er/Sie schrieb flott, beachtete die vorgegebenen Zeilen aber viel zu wenig.

5-14 Er/Sie schrieb sehr zügig, aber nicht immer genau.

5-15 Seine/Ihre Schrift wurde jetzt etwas flüssiger, die Wort- und Buchstabenabstände waren gleichmäßiger.

5-16 Die Druckschrift wendete er/sie jetzt gleichmäßiger an, jedoch nicht immer im richtigen Bewegungsablauf.

5-17 Seine/Ihre Schrift war gut lesbar und wurde zunehmend gleichmäßig.

5-18 Beim Schreiben hielt er/sie die vorgegebenen Zeilen ein, verschrieb sich jedoch oft.

5-19 Die Hefte führte er/sie mit wechselndem Eifer.

5-20 Seine/ihre Hefte führte er/sie überwiegend ordentlich, gab sich jedoch oft schnell mit Arbeitsergebnissen zufrieden.

5-21 Seine/Ihre Hefte führte er/sie in der Regel ordentlich, lieferte sie jedoch oft nicht pünktlich ab.

5-22 In der Regel gab er/sie sich Mühe, seine/ihre Hefte ordentlich zu gestalten, hielt sich dabei aber oft nicht an Vereinbarungen.

5-23 Bei den Hefteinträgen gab er/sie sich in zunehmendem Maß Mühe und erzielte meist ordentliche Ergebnisse.

5-24 Das Gleichmaß seiner/ihrer Schrift hing von der aufgewendeten Sorgfalt ab.

5-25 Seine/Ihre anfängliche Unsicherheit im Gebrauch der Schreibschrift konnte er/sie rasch überwinden.

5-26 Die Buchstaben in Schreibschrift prägte er/sie sich rasch ein, sie waren aber oft zu groß.

5-27 Rasch erlernte er/sie die Schreibschrift. Er/Sie vergaß nur manchmal, auf Genauigkeit zu achten.

5-28 Die Schreibschrift wandte er/sie meist gleichmäßig und formtreu an.

5-29 Die Schreibschrift gelang ihm/ihr meist gleichmäßig und er/sie hielt den Zeilenraum richtig ein.

5-30 Beim Erlernen der Schreibschrift machte er/sie rasch Fortschritte, musste aber oft auf die Lineatur und die richtigen Buchstabenverbindungen hingewiesen werden.

5-31 Die Schreibschrift erlernte er/sie rasch und wandte sie gleichmäßig, jedoch zu langsam an.

5-32 Die Schreibschrift erlernte er/sie rasch, vergaß aber oft auf Genauigkeit zu achten.

5-33 Die neu erlernten Buchstaben in Schreibschrift und ihre Verbindungen prägte er/sie sich gut ein. Sein/Ihr Schriftbild war aber nicht gleichmäßig.

5-34 Hefteinträge gestaltete er/sie liebevoll, lieferte sie aber oft nicht pünktlich ab.

5-35 Seine/Ihre Hefte wurden zunehmend ordentlicher.

5-36 Hefteinträge fertigte er/sie genau und sorgfältig, wurde aber oft nicht rechtzeitig fertig.

5-37 Seine/Ihre Hefteinträge waren meist ordentlich.

5-38 Seine/Ihre Hefte führte er/sie meist ordentlich, lieferte sie jedoch nicht immer pünktlich ab.

Gruppe 3

6-1   Seine/ihre Stifthaltung war immer noch verkrampft und sein/ihr Schreibtempo zu langsam.

6-2   Die Buchstaben schrieb er/sie im Detail oft noch ungenau.

6-3   Schreibrichtung und Buchstabengröße einzuhalten fiel ihm/ihr noch schwer.

6-4   Um seine/ihre Fingerfertigkeit zu üben, soll er/sie zu Hause oft basteln.

6-5   Die geschriebenen Wörter wirkten noch recht verkrampft.

6-6   Er/Sie schrieb mit starkem Druck und nicht immer im richtigen Bewegungsablauf.

6-7   Beim Schreiben hielt er/sie den Stift krampfhaft in der Hand, sein/ihr Schriftbild wirkte ungleichmäßig.

6-8   Beim Schreiben hielt er/sie den Stift recht verkrampft. Den vorgegebenen Zeilenraum beachtete er/sie zu wenig.

6-9   Beim Schreiben fiel es ihm/ihr noch schwer, richtig und genau in die Zeilen zu schreiben, sodass kein gut leserliches Schriftbild entstand.

6-10   Er/Sie muss sich immer wieder um ein ausgewogenes Schriftbild bemühen.

6-11   Die Buchstaben in Druckschrift gelangen nunmehr etwas gleichmäßiger.

6-12   Er/Sie schrieb oft viel zu schnell. Die Buchstaben wurden dann ungenau und das Schriftbild wirkte ungleichmäßig.

6-13   Beim Schreiben drückte er/sie zu sehr auf. Die Buchstaben waren oft zu groß und ragten über die vorgegebenen Zeilen.

6-14   Er/Sie musste immer wieder daran erinnert werden, seine/ihre Stifte in Ordnung zu halten, um ein sauberes Schriftbild zu erzielen.

6-15   Seine/Ihre Hefteinträge waren nicht immer vollständig und mit der nötigen Sorgfalt angefertigt.

6-16   Die Schreibschrift gelang ihm/ihr zunehmend gleichmäßig und flüssig, doch arbeitete er/sie oft flüchtig, sodass ihm/ihr häufig Fehler unterliefen.

6-17   Die Buchstaben in Schreibschrift waren oft zu groß und standen nicht genau in den Zeilen.

6-18   In Schreibschrift gelangen die Buchstaben oft nicht formgetreu und standen ungenau in den Zeilen.

6-19   Die Buchstaben in Schreibschrift und ihre Verbindungen prägte er/sie sich noch nicht sicher ein.

6-20   Er/Sie hatte große Probleme, sich die Buchstaben in Schreibschrift einzuprägen, gleichmäßig anzuwenden und den Zeilenraum einzuhalten.

6-21 Die Schrift wurde gleichmäßiger, die Buchstaben waren aber nicht immer formtreu.

6-22 Die Buchstaben in Schreibschrift waren oft zu groß und die Form nicht genau.

6-23 Oft schrieb er/sie zu schnell, sodass Größe und Form der Buchstaben in Schreibschrift ungenau waren und die Schrift ungleichmäßig wirkte.

6-24 In der Schreibschrift war er/sie oft noch unsicher und verband die Buchstaben nicht richtig.

6-25 Die neu erlernten Buchstaben und ihre Verbindungen prägte er/sie sich schwer ein.

6-26 Die neu erlernten Buchstaben und ihre Verbindungen beherrschte er/sie nicht sicher.

6-27 Die Buchstaben in Schreibschrift und ihre Verbindungen waren ihm/ihr noch nicht geläufig.

6-28 Die Hefteinträge waren oft wenig ordentlich und oft unvollständig.

6-29 Bei seinen/ihren Hefteinträgen bemühte er/sie sich zu wenig.

6-30 Eifer und Sorgfalt bei der Heftführung schwankten stark.

6-31 Seine/Ihre Hefteinträge beendete er/sie oft nicht rechtzeitig und lieferte sie nicht pünktlich ab.

Rechtschreiben

Gruppe 1

7-1   Bekannte Wörter konnte er/sie fehlerfrei schreiben.

7-2   Einfache Wörter schrieb er/sie richtig aus dem Gedächtnis auf.

7-3   Geübte Wörter prägte er/sie sich gut ein und schrieb sie fehlerlos.

7-4   Er/Sie beherrschte die Technik des richtigen Abschreibens.

7-5   Er/Sie hat ein sicheres Wortbildgedächtnis.

7-6   Kurze Texte schrieb er/sie sicher aus dem Gedächtnis auf.

7-7   Das Auf- und Abschreiben geübter Texte fiel ihm/ihr leicht.

7-8   Wortbilder prägte er/sie sich gut ein.

7-9   Wortbilder prägte er/sie sich gut ein, sodass Nachschriften immer fehlerfrei gelangen.

7-10 Geübte Wörter aus dem Grundwortschatz schrieb er/sie fehlerfrei.

7-11 Geübte Wörter prägte er/sie sich gut ein und schrieb sie fehlerfrei auf.

7-12 Er/Sie bewies ein sicheres Wortbildgedächtnis.

7-13 Grundwörter prägte er/sie sich gründlich ein.

7-14 Bei Nachschriften erzielte er/sie überwiegend fehlerfreie Ergebnisse.

7-15 Er/Sie prägte sich Wörter gut ein, sodass Nachschriften fehlerfrei gelangen.

7-16 Den Grundwortschatz prägte er/sie sich genau ein.

Gruppe 2

8-1 Das Auf- und Abschreiben geübter Texte gelang mit wenigen Fehlern.

8-2 Geübte Wörter schrieb er/sie weitgehend fehlerfrei.

8-3 Nachschriften konnte er/sie meist fehlerfrei schreiben.

8-4 Wörter aus dem Grundwortschatz schrieb er/sie meist fehlerfrei.

8-5 Nachschriften gelangen mit wenigen Fehlern.

8-6 Bekannte Wörter konnte er/sie nicht immer fehlerfrei schreiben.

8-7 Geübte Wörter schrieb er/sie meist fehlerfrei.

8-8 Das Auf- und Abschreiben geübter Texte bereitete ihm/ihr zeitweise noch Schwierigkeiten.

8-9 Durch gezielte Übungen konnte er/sie die Fehlerzahl bei den Nachschriften vermindern.

8-10 Geübte Nachschriften konnte er/sie meist fehlerfrei schreiben.

8-11 Wörter aus dem Grundwortschatz übte er/sie gründlich und schrieb sie meist fehlerfrei.

8-12 Nachschriften gelangen in letzter Zeit mit wenigen Fehlern.

8-13 Nachschriften übte er/sie gründlich, sodass sie mit wenigen Fehlern gelangen.

8-14 Er/Sie prägte sich die Wörter aus dem Grundwortschatz gut ein, sodass sie meist fehlerfrei gelangen.

8-15 Nachschriften musste er/sie gründlich üben. In letzter Zeit gelangen ihm/ihr auch fehlerfreie Ergebnisse.

8-16 Nachschriften übte er/sie mit wechselndem Eifer, sodass sie vor allem in letzter Zeit nicht mehr fehlerfrei waren.

Gruppe 3

9-1 Er/Sie kannte die gelernten Buchstaben nur unsicher.

9-2 Das Auswendigschreiben geübter Wörter gelang ihm/ihr noch nicht fehlerlos.

9-3 Bekannte Wörter konnte er/sie nicht fehlerfrei schreiben.

9-4 Bekannte Wörter konnte er/sie noch nicht fehlerfrei schreiben.

9-5 Wörter aus dem Grundwortschatz prägte er/sie sich nur schwer ein.

9-6 Das Auf- und Abschreiben geübter Texte fiel ihm/ihr schwer.

9-7 Beim Aufschreiben von Wörtern verdrehte er/sie oft noch Buchstaben.

9-8 Wörter aus dem Grundwortschatz schrieb er/sie nicht immer fehlerfrei auf.

9-9 Bei Nachschriften erzielte er/sie selten fehlerfreie Ergebnisse.

9-10 Nicht selten verwechselte er/sie noch einzelne Buchstaben.

9-11 Das Auswendigschreiben geübter Wörter gelang ihm/ihr noch nicht fehlerfrei.

9-12 Wörter aus dem Grundwortschatz übte er/sie nicht gründlich genug, sodass er/sie bei Nachschriften selten fehlerfreie Ergebnisse erzielte.

9-13 Wörter aus dem Grundwortschatz musste er/sie gründlich üben und wiederholen, damit Nachschriften mit wenigen Fehlern gelangen.

9-14 Wörter aus dem Grundwortschatz konnte er/sie auch nach gründlicher Übung oft nicht richtig schreiben.

9-15 Nachschriften musste er/sie gründlich üben, um zu brauchbaren Ergebnissen zu kommen.

9-16 Nachschriften übte er/sie zu wenig, sodass sie selten fehlerfrei waren.

9-17 Wörter aus dem Grundwortschatz prägte er/sie sich nicht immer gründlich ein.

9-18 Den Grundwortschatz beherrschte er/sie nicht sicher.

9-19 Er/Sie benötigte viel Übung, um sich die Grundwörter genau einzuprägen.

9-20 Wörter aus dem Grundwortschatz prägte er/sie sich nur flüchtig ein.

9-21 Wörter aus dem Grundwortschatz musste er/sie besonders gründlich üben und wiederholen, um sie sich einzuprägen.

Mündlicher Sprachgebrauch

Gruppe 1

10-1 Persönliche Erlebnisse erzählte er/sie anschaulich und lebhaft.

10-2 Sprachlich geschickt stellte er/sie Beobachtungen dar.

10-3 Sachverhalte konnte er/sie anschaulich erklären.

10-4 Beim Erzählen drückte er/sie sich anschaulich aus.

10-5 Beim Erzählen drückte er/sie sich lebendig aus.

10-6 Er/Sie konnte sich gut ausdrücken und Gedanken und Erlebnisse anschaulich erzählen.

10-7 Beim Erzählen drückte er/sie sich klar aus.

10-8 Er/Sie erzählte gern und unterhaltsam von eigenen Erlebnissen.

10-9 Persönliche Erlebnisse erzählte er/sie folgerichtig und wortgewandt.

10-10 Gern und flüssig erzählte er/sie von eigenen Erlebnissen.

10-11 Beim Erzählen setzte er/sie seine/ihre schauspielerischen Fähigkeiten recht geschickt ein.

10-12 Wortgewandt beteiligte er/sie sich am Unterrichtsgespräch.

10-13 Einfache Gesprächsregeln zu beachten fiel ihm/ihr leicht.

10-14 Er/Sie hielt sich an vereinbarte Gesprächsregeln und ließ auch andere Kinder zu Wort kommen.

10-15 Besonderes Geschick zeigte er/sie beim darstellenden Spiel.

10-16 Beim darstellenden Spiel zeigte er/sie besondere Freude.

10-17 Mit Freude lernte er/sie Gedichte und trug sie betont vor.

10-18 Gedichte lernte er/sie rasch auswendig und trug sie ohne Scheu und gut artikuliert vor.

Gruppe 2

11-1 An Gesprächen nahm er/sie oft aktiv teil.

11-2 Beim Erzählen eigener Erlebnisse war er/sie sehr zurückhaltend.

11-3 Beim Erzählen eigener Erlebnisse war er/sie nur schwer zu bremsen.

11-4 Im Erzählkreis ergriff er/sie selten das Wort.

11-5 Es fiel ihm/ihr beim Gespräch nicht leicht, die vereinbarten Regeln einzuhalten.

11-6 Es fiel ihm/ihr noch schwer zu warten, bis ihm/ihr das Wort erteilt wurde.

Gruppe 3

12-1 Die Aussprache einiger Laute bereitete ihm/ihr immer noch Probleme.

12-2 Es fiel ihm/ihr noch schwer, Wünsche in Worte zu fassen.

12-3 Seine/Ihre Erzählbereitschaft war noch gering.

12-4 Sein/Ihr geringer aktiver Wortschatz erschwerte die Beteiligung am Gespräch.

12-5 Am Gespräch nahm er/sie nur zögernd und stockend nach Aufforderung teil.

12-6 Im mündlichen Ausdruck war er/sie oft gehemmt und unsicher.

12-7 Es fiel ihm/ihr noch schwer, seine/ihre Beiträge zum Gespräch ohne Stocken vorzubringen.

12-8 Beim Gespräch fiel es ihm/ihr noch schwer, anderen Kindern zuzuhören.

12-9 Gesprächsregeln zu beachten fiel ihm/ihr noch schwer.

12-10 Beim Gespräch war er/sie recht einsilbig und gehemmt.

12-11 Er/Sie meldete sich nur hin und wieder zu Wort.

12-12 Im Erzählkreis ergriff er/sie selten das Wort.

12-13 Selten leistete er eigene Beiträge zum Gespräch.

12-14 Es fiel ihm/ihr schwer, einfache Sachverhalte folgerichtig und anschaulich zu erklären.

12-15 Er/Sie muss auf eine deutlich artikulierte Aussprache achten.

Mathematik

Gruppe 1

13-1 Den erarbeiteten Zahlenraum hat er/sie erfasst. Die verschiedenen Aufgaben löste er/sie auch ohne Hilfsmittel rasch und sicher.

13-2 Den erarbeiteten Zahlenraum hat er/sie erfasst. Er/Sie löste alle geforderten Aufgaben selbstständig und flott. Hilfsmittel benötigt er/sie kaum noch.

13-3 Er/Sie hatte eine klare Zahlvorstellung und konnte die Aufgaben im erarbeiteten Zahlenraum sicher lösen.

13-4 Er/Sie beherrschte den erarbeiteten Zahlenraum und löste die Aufgaben sicher.

13-5 Sicher und geläufig rechnete er/sie im erarbeiteten Zahlenraum.

13-6 Mathematische Beziehungen zu erfassen fiel ihm/ihr leicht.

13-7 Er/sie hatte klare Zahlbegriffe und ging sicher mit ihnen um.

13-8 Alle Rechenoperationen wurden sicher gelöst.

13-9 Die Rechenvorgänge im behandelten Zahlenraum erfasste er/sie rasch und kam in angemessener Zeit zu richtigen Ergebnissen.

13-10 Er/Sie löste auch Aufgaben, die vom geübten Schema abweichen, flott und sicher.

13-11 In Mathematik löste er die Aufgaben oft ohne Hilfsmittel, setzte sie aber bei Bedarf geschickt ein.

13-12 In Mathematik löste er/sie die Aufgaben schon ohne Anschauungshilfen richtig und in angemessener Zeit.

13-13 In Mathematik löste er/sie alle geforderten Aufgaben in kurzer Zeit und setzte bei Bedarf geschickt seine/ihre Hilfsmittel ein.

13-14 In Mathematik brauchte er/sie keine Hilfsmittel mehr und löste auch schwierige Aufgaben rasch und sicher.

13-15 In Mathematik brauchte er/sie kaum noch anschauliche Hilfen und löste die verschiedenen Aufgaben weitgehend sicher und zügig.

13-16 Er/Sie rechnete die verschiedenen Aufgaben flott und sicher. Von Hilfsmitteln hatte er/sie sich schon weitgehend gelöst.

13-17 Am Mathematikunterricht zeigte er/sie besonderes Interesse. Mühelos und mit hohem Tempo löste er/sie die verschiedenen Aufgaben.

13-18 Einfache Sachaufgaben durchdachte er/sie selbstständig.

13-19 Sachaufgaben konnte er/sie selbstständig durchdenken und lösen.

13-20 Mit klarer Zahlvorstellung konnte er/sie alle gestellten Aufgaben im Zahlenraum bis 20 sicher lösen.

13-21 Den Schritt zur Abstraktion hat er/sie bei allen Rechenarten vollzogen.

13-22 Er/Sie rechnete flott und sicher.

13-23 In Mathematik erfasste er/sie schnell alle neuen Rechnungsarten.

13-24 In Mathematik benützte er/sie keine Hilfsmittel mehr.

13-25 Es fiel ihm/ihr leicht, mathematische Zusammenhänge zu erkennen. Er/Sie löste auch schwierige Aufgaben ohne anschauliche Hilfen flott und sicher.

13-26 Auch bei Sachaufgaben fand er/sie den sicheren Rechenweg.

Gruppe 2

14-1 Er/Sie rechnete sicher, solange die Aufgaben nicht vom üblichen Schema abwichen.

14-2 Bei der Lösung mathematischer Aufgaben zeigte er/sie zwar noch Unsicherheiten, kam aber mit Hilfe konkreter Dinge zu meist richtigen Ergebnissen.

14-3 Mit Hilfe von Anschauungsmaterial gelang es dem/der Schüler/Schülerin, die Plus- und Minusaufgaben langsam, aber fehlerfrei zu lösen.

14-4 Im Umgang mit Zahlen gewann er/sie mehr Sicherheit.

14-5 In Mathematik löste er/sie alle geforderten Aufgaben weitgehend sicher.

14-6 Die Rechenvorgänge im behandelten Zahlenraum hatte er/sie verstanden, benötigte aber immer Anschauungsmittel, um zu richtigen Ergebnissen zu kommen.

14-7 In Mathematik hatte er/sie den erarbeiteten Zahlenraum erfasst. Einfache Plus- und Minusaufgaben löste er/sie meist ohne Anschauungsmaterial richtig, für schwierige brauchte er Hilfen.

14-8 In Mathematik löste er/sie jetzt auch schwierigere Aufgaben, brauchte dazu aber noch sehr viel Zeit und anschauliche Hilfen.

14-9 In Mathematik benützte er immer Anschauungsmittel und löste damit alle geforderten Aufgaben meist richtig.

14-10 In Mathematik verstand er/sie die verschiedenen Aufgaben, löste sie teilweise ohne Hilfsmittel, jedoch noch etwas langsam.

14-11 Er/Sie konnte in Mathematik die verschiedenen Aufgaben lösen. Für Minusaufgaben brauchte er/sie noch viel Zeit.

14-12 In Mathematik konnte er/sie nunmehr auch Aufgaben lösen, die vom üblichen Schema abwichen. Anschauliche Hilfen brauchte er/sie nur noch selten.

14-13 Im Zahlenraum bis 20 löste er/sie Aufgaben mit Platzhalter und Zehnerübergang meist selbstständig.

14-14 Er/Sie war noch unsicher beim Lösen der Rechenaufgaben, kam aber mit Hilfsmitteln zu richtigen Ergebnissen.

14-15 Er/Sie rechnete sicher, so lange die Aufgaben nicht vom geübten Schema abwichen.

14-16 Im Umgang mit Zahlen gewann er/sie an Sicherheit.

14-17 In Mathematik löste er/sie Aufgaben mit Zehnerübergang durch passende Zahlzerlegungen meist richtig und in angemessener Zeit.

14-18 In Mathematik benützte er/sie überwiegend Hilfsmittel. Bei Aufgaben mit Zehnerübergang nahm er/sie passende Zahlzerlegungen vor. Nur bei Aufgaben, die vom üblichen Schema abwichen, zeigte er/sie Unsicherheiten.

14-19 Durch regelmäßiges Üben konnte er/sie die Unsicherheiten in Mathematik weitgehend abbauen. Auch Aufgaben mit Zehnerübergang löste er/sie durch passende Zahlzerlegungen in angemessener Zeit.

14-20 In Mathematik verwendete er/sie selten Hilfsmittel. Bei Aufgaben, die vom üblichen Schema abwichen sowie bei passenden Zahlzerlegungen für die Zehnerüberschreitung, war er/sie noch unsicher.

14-21 In Mathematik konnte er/sie das Rechentempo steigern. Mit Hilfe von Anschauungsmaterial löste er/sie auch Aufgaben mit Zehnerübergang meist richtig.

14-22 Es fiel ihm/ihr nicht leicht, mathematische Zusammenhänge zu verstehen, er/sie konnte aber nunmehr auch Aufgaben mit Zehnerübergang durch passende Zahlzerlegungen lösen.

14-23 Er/Sie konnte seine/ihre Rechenfertigkeit erheblich steigern. Zum großen Teil ohne Hilfsmittel löste er/sie alle geforderten Aufgaben meist flott und sicher.

Gruppe 3

15-1 Ohne konkrete Hilfen vermochte er/sie mathematische Aufgaben kaum zu lösen.

15-2 Zur Lösung von Minusaufgaben brauchte er/sie Anschauungsmaterial und viel Zeit.

15-3 Das Umdenken von einem Rechenvorgang auf einen anderen fiel ihm/ihr schwer.

15-4 Er/Sie brauchte lange, bis er/sie einen mathematischen Sachverhalt verstanden hatte.

15-5 Seine/Ihre Zahlvorstellung war noch nicht klar.

15-6 Plus- und Minusaufgaben löste er/sie auch mit Anschauungsmaterial noch unsicher.

15-7 Den Schritt zur Abstraktion hat er/sie noch nicht vollzogen.

15-8 Mathematische Beziehungen zu erfassen fiel ihm/ihr schwer.

15-9   In Mathematik brauchte er/sie unbedingt Hilfsmittel. Bei Aufgaben, die vom üblichen Schema abwichen, fand er/sie oft keine Lösung.

15-10 In Mathematik zählte er/sie bis sechs ziemlich sicher, konnte aber die Zahlen den Mengen nicht zuordnen.

15-11 In Mathematik löste er/sie die meisten Aufgaben zählend und brauchte somit zu viel Zeit. Seine/Ihre Hilfsmittel setzte er/sie nicht geschickt ein.

15-12 In Mathematik fiel es ihm/ihr schwer, die Zahlmenge bis acht zu erfassen. Plus- und Minusaufgaben löste er/sie ausschließlich zählend. Er/Sie brauchte zur richtigen Lösung persönliche Betreuung und viel Zeit.

15-13 In Mathematik hatte er/sie den erarbeiteten Zahlenraum erfasst. Doch die Rechenvorgänge waren ihm/ihr oft unklar, sodass er/sie auch einfache Aufgaben häufig nicht richtig löste.

15-14 Er/Sie rechnete auch mit Hilfsmitteln noch sehr langsam und unsicher.

15-15 In Mathematik erfasste er/sie die Zahlmengen noch nicht sicher. Die Hilfsmittel setzte er/sie nicht geschickt ein und fand oft keine richtige Lösung.

15-16 In Mathematik verwendete er/sie für alle Aufgaben anschauliche Hilfen. Die Lösung von Rechnungen, die vom üblichen Schema abweichen, fiel ihm/ihr äußerst schwer.

15-17 Zusätzliche häusliche Übungen im Rechnen können helfen, die Unsicherheiten schneller abzubauen.

15-18 Plus- und Minusaufgaben löste er/sie auch mit Anschauungsmaterial nur sehr unsicher.

15-19 Unsicherheit und sehr langsames Denken zeigte er/sie bei Rechenfertigkeitsübungen.

15-20 Logische Zusammenhänge erfasste er/sie nur schwer.

15-21 In Mathematik brauchte er/sie immer wieder Anleitung, die Hilfsmittel geschickt einzusetzen. Dann löste er/sie die Aufgaben, brauchte aber viel Zeit.

15-22 In Mathematik brauchte er/sie immer Hilfsmittel und wiederholte Erklärungen, bis er/sie die einzelnen Rechenvorgänge verstanden hatte.

15-23 In Mathematik löste er/sie auch Aufgaben im ersten Zehner noch sehr langsam, teilweise zählend.

15-24 Es fiel ihm/ihr schwer, einfache Sachaufgaben inhaltlich zu erfassen und zu lösen.

15-25 Aufgaben mit Zehnerübergang muss er noch eifrig üben, um sicherer zu werden.

15-26 In Mathematik brauchte er/sie überwiegend Hilfsmittel. Er/Sie rechnete langsam und bei ungewohnten Aufgaben noch recht unsicher.

15-27 In Mathematik fielen ihm/ihr neue Aufgaben sowie Rechnungen, die vom üblichen Schema abwichen, schwer. Hilfsmittel setzte er/sie zu wenig ein.

15-28 Für neue Rechenarten brauchte er/sie wiederholte Erklärungen, bis er/sie sie verstanden hatte.

15-29 In Mathematik löste er/sie Rechnungen innerhalb des Zehners meist richtig. Bei neuen Aufgabenstellungen war er/sie noch sehr unsicher und auch viel zu langsam.

15-30 In Mathematik war er/sie noch sehr unsicher und fand vor allem bei Aufgaben mit Zehnerübergang keinen sicheren Rechenweg.

15-31 Er/Sie rechnete noch sehr langsam, da er/sie Aufgaben oft zählend löste und die eingeübten sicheren Rechenwege nicht benützte.

15-32 In Mathematik hatte er/sie Schwierigkeiten, passende Zahlzerlegungen bei der Zehnerüberschreitung zu finden und Aufgaben zu lösen, die vom üblichen Schema abwichen.

Sachunterricht

Gruppe 1

16-1 Dem Sachunterricht folgte er/sie mit sichtbarer Freude.

16-2 Bei allen heimat- und sachkundlichen Themen zeigte er/sie großes Interesse.

16-3 Am Sachunterricht zeigte er/sie oft lebhaftes Interesse.

16-4 Sehr interessiert beteiligte er/sie sich am Sachunterricht.

16-5 Den Stoff des Sachunterrichts prägte er/sie sich gut ein.

16-6 Sein/Ihr Interesse am Sachunterricht war groß.

16-7 Themen aus dem Sachunterricht fanden stets sein/ihr Interesse.

16-8 Besonderes Interesse zeigte er/sie an biologischen Themen.

16-9 Bei sozialkundlichen Themen zeigte er/sie anhaltendes Interesse.

16-10 Am Sachunterricht nahm er/sie begeistert teil und konnte einfache naturkundliche Sachverhalte erklären.

16-11 Durch eigene Beiträge bereicherte er/sie den Sachunterricht.

16-12 Im Sachunterricht erkannte er/sie rasch Zusammenhänge und behielt auch Einzelheiten im Gedächtnis.

16-13 Mit großem Eifer sammelte er/sie Material für den Sachunterricht.

16-14 Sein/Ihr Sachunterrichtsheft gestaltete er/sie besonders sorgfältig.

16-15 Sein/Ihr Heft für den Sachunterricht führte er/sie mit großem Eifer.

16-16 Besondere Anerkennung verdienen seine/ihre sorgfältig und liebevoll gestalteten Hefteinträge im Sachunterricht.

16-17 Mit den Einträgen im Sachunterrichtsheft gab er/sie sich viel Mühe.

16-18 Die Einträge im Sachunterrichtsheft gestaltete er/sie mit viel Fantasie und großer Sorgfalt.

16-19 Im Sachunterricht brachte er/sie immer wieder sachbezogene Beiträge, die er/sie sich selbstständig angeeignet hatte.

16-20 Im Sachunterricht beteiligte er/sie sich an allen Bereichen mit großem Eifer und bereicherte den Unterricht durch eigene Beiträge.

16-21 Gutes Allgemeinwissen brachte er/sie in den Sachunterricht mit ein.

16-22 Lerninhalte im Sachunterricht verstand er/sie und konnte sie wiedergeben.

16-23 Die Inhalte des Sachunterrichts erfasste er/sie schnell und konnte sie sicher wiedergeben.

16-24 Im Sachunterricht erfasste er/sie Zusammenhänge und prägte sich die Inhalte rasch ein.

16-25 Am Sachunterricht beteiligte er/sie sich oft lebhaft und brachte eigene passende Beiträge.

16-26 Gesprächsfreudig nahm er/sie am Sachunterricht teil.

16-27 Durch eifrige Mitarbeit bewies er/sie sein/ihr reges Interesse an den Sachunterrichtsthemen.

16-28 Den Sachunterricht bereicherte er/sie durch eigene Beiträge.

Gruppe 2

17-1 Im Sachunterricht folgte er/sie dem Unterricht mit Interesse, beteiligte sich aber nur selten mit eigenen Beiträgen.

17-2 Am Sachunterricht zeigte er/sie nur zeitweise Interesse.

17-3 Am Sachunterricht beteiligte er/sie sich mit wechselndem Interesse.

17-4 Im Sachunterricht bemühte er/sie sich, zur Lösung von Problemen beizutragen.

17-5 Sein/Ihr Sachunterrichtsheft muss er/sie mit mehr Sorgfalt führen.

17-6 Im Sachunterricht bemühte er/sie sich, einfache Probleme zu erfassen und zu deren Lösung beizutragen.

17-7 Am Sachunterricht beteiligte er/sie sich zeitweise rege und schaffte es, themenbezogen mitzuarbeiten.

17-8 Die Fragen und Probleme aus dem Sachunterricht fanden nur zeitweise sein/ihr Interesse.

17-9 Im Sachunterricht meldete er/sie sich in letzter Zeit deutlich öfter zu Wort.

17-10 Den Stoff des Sachunterrichts prägte er/sie sich nicht immer sicher ein.

17-11 Sein/Ihr Interesse am Sachunterricht nahm zu.

17-12 Am Unterrichtsgespräch im Sachunterricht muss er/sie sich noch reger beteiligen.

17-13 Sein/Ihr Interesse am Sachunterricht war stark von den Themen abhängig.

Gruppe 3

18-1 Sein/Ihr Interesse am Sachunterricht war wenig ausgeprägt.

18-2 Am Sachunterricht zeigte er/sie nur wenig Interesse und arbeitete kaum aktiv mit.

18-3 Im Sachunterricht arbeitete er/sie selten aktiv mit.

18-4 Die Lerninhalte im Sachunterricht erfasste er/sie nur teilweise.

18-5 Den Stoff des Sachunterrichts prägte er/sie sich schwer ein.

18-6 Am Sachunterricht zeigte er/sie sich nur selten interessiert.

18-7 Mit den Einträgen im Sachunterrichtsheft gab er/sie sich wenig Mühe.

18-8 Sein/Ihr Interesse am Sachunterricht war noch wenig beständig.

18-9 An vielen Themen des Sachunterrichts zeigte er/sie wenig Interesse.

18-10 Er/Sie zeigte nur an bestimmten Themen des Sachunterrichts Interesse.

Musischer Bereich

Sport – Musik – Kunsterziehung – Textilarbeit – Werken

Gruppe 1

19-1 An musischen Tätigkeiten zeigte er/sie viel Freude.

19-2 Musische Tätigkeiten sprachen den/die fantasievollen/fantasievolle Schüler/Schülerin sehr an.

19-3 Anregungen zu musischer Betätigung griff er/sie mit Freude auf.

19-4 Für musische Tätigkeiten war er/sie schnell zu begeistern.

19-5 In sämtlichen musischen Bereichen zeigte er/sie Freude und Können.

19-6 An den musischen Lernbereichen beteiligte er/sie sich gern.

19-7 An den musischen Lernbereichen beteiligte er/sie sich freudig.

19-8 An den musischen Lernbereichen beteiligte er/sie sich eifrig.

19-9 Mit Freude und Einsatzbereitschaft beteiligte er/sie sich an den musischen Bereichen.

19-10 In den musischen Fächern zeigte er/sie Fantasie und Geschick.

19-11   In Kunsterziehung zeigte er/sie viel Fantasie.

19-12   In Kunsterziehung zeigte er/sie ein sicheres Form- und Farbgefühl.

19-13   In Kunsterziehung zeigte er/sie ein gutes Farb- und Formempfinden.

19-14   Seine/Ihre Zeichnungen gestaltete er/sie liebevoll und detailliert.

19-15   Seine/Ihre Zeichnungen gestaltete er/sie harmonisch und farbenfroh.

19-16   Beim Zeichnen und Malen zeigte er/sie Ideenreichtum und Geschick.

19-17   Beim Zeichnen verwirklichte er/sie eigene Ideen.

19-18   Er/Sie malte und zeichnete besonders gern.

19-19   Er/Sie zeichnete und malte mit anhaltender Freude.

19-20   Er/Sie malte farbenfrohe, fantasievolle Bilder.

19-21   Er/Sie zeichnete und malte mit viel Freude.

19-22   Besonders geschickt malte er/sie mit Wasserfarben.

19-23   Bei seinen/ihren Zeichnungen gab er/sie sich viel Mühe.

19-24   Er/Sie beteiligte sich gern an Kunsterziehung und am Sportunterricht.

19-25   Viel Freude und Interesse zeigte er/sie an Musik.

19-26   Er/Sie singt gern und hat eine schöne Stimme.

19-27   Er/Sie konnte eine einfache Melodie sofort richtig nachsingen.

19-28   Im Musikunterricht bewies er/sie melodische und rhythmische Sicherheit.

19-29   Er/Sie hatte viel Freude daran, Texte durch Rhythmen und körperliche Bewegung zu gestalten.

19-30   Er/Sie ist rhythmisch sicher und zeigte Geschick im Umgang mit Orff-Instrumenten.

19-31   Taktsicher begleitete er/sie die Lieder mit den Orff-Instrumenten.

19-32   Rhythmisch sicher zeigte er/sie viel Geschick und Einfallsreichtum im Umgang mit Orff-Instrumenten.

19-33   Viel Eifer zeigte er/sie im Musik- und Sportunterricht.

19-34   Besonders gern beteiligte er/sie sich am Sport.

19-35   Er/Sie nahm begeistert am Sport teil.

19-36   Der Sportunterricht bereitete ihm/ihr viel Freude.

19-37   Viel Eifer zeigte er/sie beim Sport.

19-38   Beim Sport zeigte er/sie große Einsatzfreude.

19-39   Beim Sport war er/sie gewandt und ausdauernd.

19-40   Im Sport zeigte er/sie bei allen Übungen große Körperbeherrschung.

19-41   Sport kam seinem/ihrem Bewegungsdrang besonders entgegen.

19-42   Im Sport zeigte er/sie Geschick, Wendigkeit und Ausdauer.

19-43   Beim Ballspiel zeigte er/sie großes Geschick.

19-44   Bei Wettspielen setzte er/sie sich voll ein.

19-45   Besonders bei Wettspielen engagierte er/sie sich begeistert.

19-46 Von den musischen Tätigkeiten gefiel ihm/ihr besonders der Sport.

19-47 Am Sport und an Kunsterziehung nahm er/sie freudig teil.

19-48 Besonderes Interesse brachte er/sie dem Sport- und Musikunterricht entgegen.

Gruppe 2

20-1   An den musischen Lernbereichen beteiligte er/sie sich wenig.

20-2   Für musische Tätigkeiten war er/sie nur manchmal zu begeistern.

20-3   Anregungen zu musischer Betätigung griff er/sie manchmal auf.

20-4   Beim Zeichnen und Malen muss er/sie sich mehr Mühe geben.

20-5   Beim Zeichnen und Malen gab er/sie sich schnell mit Ergebnissen zufrieden.

20-6   In Kunsterziehung zeigte er/sie nur wenig Ausdauer.

20-7   Im Sport zeigten sich noch Koordinierungsschwierigkeiten.

20-8   Am Sport nahm er/sie freudig und geschickt, aber auch oft unbedacht teil.

20-9   Am Sport beteiligte er/sie sich gern, die anderen musischen Bereiche begeisterten ihn/sie kaum.

20-10 Von den musischen Lernbereichen beteiligten er/sie sich nur am Sport gern.

20-11 Wenig Interesse und Freude zeigte er/sie an Musik.

20-12 Nur manchmal zeigte er/sie Eifer im Musikunterricht.

Gruppe 3

21-1   An den musischen Lernbereichen beteiligte er/sie sich selten.

21-2   An den musischen Lernbereichen zeigte er/sie wenig Interesse.

21-3   Für musische Tätigkeiten war er/sie nur schwer zu begeistern.

21-4   Beim Malen und Zeichnen muss er/sie noch mehr Selbstvertrauen entwickeln.

21-5   Bei Bastelarbeiten benötigte er/sie meist Hilfe, weil ihm/ihr die Geduld fehlte.

21-6   Beim Zeichnen und Malen zeigte er/sie keine Ausdauer.

21-7   Es fiel ihm/ihr noch schwer, Arm- und Beinbewegungen zu koordinieren.

21-8   Beim Sport zeigte er/sie oft nicht genug Einsatzbereitschaft.

21-9   Beim Sport muss er/sie größeren persönlichen Einsatz zeigen.

21-10 Beim Sport fehlt es ihm/ihr an Beweglichkeit.

21-11 Nur wenig Freude und Interesse zeigte er/sie an Musik.

6.1.2 Zweite Klasse – Zeugnisbemerkungen

Verhalten

Soziales Verhalten

Lernverhalten

Leistungen 2. Klasse

Deutsch

Verhalten

Soziales Verhalten

Selbstgefühl – Grundstimmung

Gruppe 1

1-1 Er/Sie zeigte sich als zurückhaltende/r, freundliche/r Schüler/in.

1-2 Er/Sie war ein/eine temperamentvolle/r, aufgeweckte/r Schüler/in, der/die mit allen Kindern gut zurechkam.

1-3 Er/Sie zeigte sich als freundliche/r, höfliche/r Schüler/in.

1-4 Der/Die ruhige, gutmütige Schüler/in verhielt sich stets kameradschaftlich und friedfertig.

1-5 Freundlich und kontaktbereit stand der/die selbstbewusste Schüler/in seinen/ihren Klassenkameraden gegenüber.

1-6 Er/Sie begegnete seinen/ihren Mitschülern fröhlich, aufgeschlossen und einfühlsam.

1-7 Der/Die Schüler/in kam immer fröhlich und ausgeglichen in die Schule.

1-8 Er/Sie zeigte sich stets unbeschwert und offen.

1-9 _____ war ein/e aufgeschlossene/r Schüler/in, der/die gerne erzählt hat.

1-10 Durch sein/ihr humorvolles, ausgeglichenes Wesen fand er/sie rasch das Vertrauen und die Anerkennung der Mitschüler.

1-11 Der/Die ruhige Schüler/in war ausgeglichen und wirkte positiv auf die Klassengemeinschaft.

Gruppe 2

2-1 Der/Die Schüler/in zeigte sich meist fröhlich und ausgeglichen.

2-2 Der/Die Schüler/in wirkte oft ernst und selbstkritisch.

2-3 Vor allem während der Pausen und im Sportunterricht zeigte sich der/die Schüler/in oft recht ausgelassen.

2-4 Er/Sie bemühte sich meist, die aufgestellten Regeln zu befolgen.

2-5 Meist gelang es ihm/ihr die schulischen Anordnungen zu befolgen.

2-6 Nur manchmal zeigte er/sie genügend Selbstvertrauen.

2-7 _____ war teilweise munter und fröhlich, zeigte aber auch immer wieder Unsicherheit.

Gruppe 3

3-1 Er/Sie hatte häufig Schwierigkeiten, die schulischen Regeln einzuhalten.

3-2 Seine/Ihre Stimmungen waren starken Schwankungen unterworfen.

3-3 Vor allem während der Pausen und im Sportunterricht zeigte sich der/die Schüler/in oft recht unbeherrscht.

3-4 Er/Sie muss noch lernen, größeres Selbstbewusstsein zu entwickeln.

3-5 Er/Sie muss noch lernen, sich mehr zuzutrauen.

3-6 Er/Sie muss noch lernen, mehr aus sich herauszugehen.

Kontaktfähigkeit

Gruppe 1

4-1 Er/Sie verhielt sich seinen/ihren Klassenkameraden gegenüber hilfsbereit und aufgeschlossen und fand problemlos Anschluss in der Klasse.

4-2 Er/Sie war im Umgang mit seinen/ihren Klassenkameraden freundlich und hilfsbereit und nahm Anteil an ihren Erlebnissen.

4-3 Seinen/Ihren Mitschülern gegenüber zeigte er/sie sich stets aufgeschlossen und hilfsbereit.

4-4 Ihm/Ihr fiel es leicht, Kontakt zu seinen/ihren Mitschülern zu knüpfen.

4-5 Durch sein/ihr aufgeschlossenes und hilfsbereites Auftreten fand er/sie schnell Anschluss in der Klasse und war ein beliebter Spielkamerad.

4-6 Er/Sie trat im Umgang mit seinen/ihren Klassenkameraden selbstsicher auf und war bei seinen/ihren Mitschülern beliebt.

4-7 Er/Sie begegnete seinen/ihren Mitschülern freundlich und einfühlsam und knüpfte so positive Kontakte.

4-8 Seinen/ihren Mitschülern gegenüber verhielt er/sie sich freundlich und hilfsbereit und gewann so die Anerkennung seiner/ihrer Klassenkameraden.

4-9 Er/Sie war immer hilfsbereit und wegen seines/ihres freundlichen Wesens bei den Mitschülern sehr beliebt.

4-10 Er/Sie hatte ein kameradschaftliches, ungestörtes Verhältnis zu seinen/ihren Mitschülern.

4-11 Er/Sie verhielt sich seinen/ihren Klassenkameraden gegenüber stets aufgeschlossen und hilfsbereit.

4-12 Er/Sie hatte gute Kontakte zu seinen/ihren Klassenkameraden und verhielt sich ihnen gegenüber aufgeschlossen und einfühlsam.

4-13   _____ fiel es es leicht, Kontakte zu den Mitschülern zu knüpfen, da er/sie stets einfühlsam auf deren Probleme einging.

4-14   Seinen/Ihren Klassenkameraden gegenüber verhielt er/sie sich aufgeschlossen und hilfsbereit.

4-15   _____s Verhältnis zu seinen/ihren Mitschülern war störungsfrei, da er/sie stets ausgeglichen und hilsbereit war.

4-16   Seine/Ihre uneingeschränkte Hilfsbereitschaft verdient volle Anerkennung.

4-17   Es fiel ihm/ihr leicht, mit anderen Kindern Kontakt aufzunehmen und bei ihnen Anerkennung zu finden.

4-18   Mit anderen Kindern kam er/sie stets friedlich aus.

4-19   Er/sie knüpfte zahlreiche Kontakte zu anderen Kindern und vertrug sich gut mit ihnen.

4-20   Er/Sie fand immer Spiel- und Lernpartner, blieb aber auch gern allein.

4-21   Zu Hilfestellungen war er/sie gern bereit.

4-22   Er/sie spielte viel mit seinen/ihren Klassenkameraden und wurde gern als Lernpartner gewählt.

4-23   Wegen seiner/ihrer freundlichen, ausgeglichenen Art gewann er/sie zahlreiche Spiel- und Lernpartner.

4-24   Er/Sie wurde gern von anderen Kindern ins Spielgeschehen einbezogen.

4-25   Er/Sie pflegte regen Kontakt zu seinen/ihren Mitschülern.

4-26   Es fiel ihm/ihr leicht, Kontakte zu schließen.

4-27   Es fiel ihm/ihr leicht, Kontakte zu knüpfen.

4-28   Er/Sie nahm selbstständig Kontakte zu den Klassenkameraden auf.

4-29   Im Umgang mit Klassenkameraden und Lehrern verhielt er/sie sich stets aufgeschlossen.

4-30   Spontan ging er/sie auf die Mitschüler zu.

4-31   Der/Die höfliche, lebhafte Schüler/in war in der Klasse beliebt.

4-32   Im Verhalten zu seinen/ihren Mitschülern zeigte er/sie sich kontaktfreudig und spontan.

4-33   Er/Sie kam mit allen Kindern der Klasse gut aus.

4-34   _____ trug durch sein/ihr umgängliches Wesen zu einem harmonischen Miteinander in der Klassengemeinschaft bei.

4-35   Er/Sie konnte gut koopierieren und stellte, wenn nötig, seine/ihre Bedürfnisse zurück.

4-36   Das Einhalten von Regeln war für ihn/sie selbstverständlich.

4-37   _____ hatte rasch Freunde gefunden, mit denen er/sie zusammenarbeitete und spielte.

4-38   Im Umgang mit den Mitschülern zeigte er/sie sich stets freundlich und hilfsbereit.

4-39   Der/Die höfliche Schüler/in verhielt sich den Mitschülern gegenüber stets rücksichtsvoll.

4-40   In der Klassengemeinschaft verhielt er/sie sich stets kameradschaftlich und hilfsbereit.

Gruppe 2

5-1   Seine/Ihre anfängliche Unsicherheit im Umgang mit anderen Kindern legte er allmählich ab.

5-2   Er/Sie verhielt sich seinen/ihren Mitschülern gegenüber abwartend und zurückhaltend, knüpfte aber nun zunehmend Kontakte mit ihnen.

5-3   Er/Sie hatte ein weitgehend störungsfreies Verhältnis zu seinen/ihren Mitschülern.

5-4   Er/Sie kam mit seinen/ihren Mitschülern meist gut aus, fand aber nur zu wenigen engeren Kontakt.

5-5   Seinen/Ihren Mitschülern gegenüber zeigte er/sie sich nach anfänglicher Zurückhaltung jetzt aufgeschlossener.

5-6   Der Umgang mit den Mitschülern lief in letzter Zeit harmonischer ab. Er/Sie muss jedoch auf eine angemessene Wortwahl achten.

5-7   Er/Sie lernte allmählich, auf Klassenkameraden zuzugehen und Kontakte mit ihnen zu knüpfen.

5-8   Er/Sie kam im Allgemeinen gut mit den Mitschülern aus, nahm jedoch auch gern die Gelegenheit wahr, andere zu ärgern.

5-9   Er/Sie wirkte im Umgang mit seinen/ihren Klassenkameraden ängstlich und schüchtern und nahm nur zögernd Kontakt auf.

5-10   Er/Sie verhielt sich sehr zurückhaltend. Kontakte gingen meist von den Mitschülern aus.

5-11   Er/Sie hatte kaum noch Schwierigkeiten im Umgang mit seinen/ihren Mitschülern.

5-12   Er/Sie lernte nach anfänglichen Schwierigkeiten allmählich Kontakte mit den Mitschülern aufzunehmen.

5-13   Er/Sie hatte kaum noch Schwierigkeiten im Umgang mit seinen/ihren Klassenkameraden.

5-14   Ihm/Ihr gelang es nur teilweise, störungsfreie Kontakte zu den Mitschülern zu knüpfen.

5-15   Es gelang ihm/ihr jetzt besser, störungsfreie Kontakte zu den Klassenkameraden aufzubauen.

5-16   Im Umgang mit anderen Kindern hielt er/sie sich zurück, fand jedoch stets Spiel- und Gesprächspartner.

5-17   Wenn er/sie mit anderen Kindern nicht ganz vertraut war, verhielt er/sie sich stets abwartend.

5-18 Bei neuen Kontakten ergriff er/sie selten die Initiative.

5-19 Kontakt suchte er/sie nur zu einzelnen Kindern.

5-20 Er/Sie nahm nur zögernd Kontakt zu anderen Kindern auf.

5-21 Er/Sie konnte freundlich und hilfsbereit sein, war jedoch auch oft an Auseinandersetzungen beteiligt.

5-22 Mit anderen Kindern nahm er/sie problemlos Kontakte auf, beanspruchte jedoch für sich die führende Rolle.

5-23 Er/Sie kam mit seinen Klassenkameraden meist problemlos aus.

5-24 Er/Sie war kontaktscheu, wurde aber von den Mitschülern als Partner geachtet.

5-25 Er/Sie ließ sich leicht von anderen Kindern beeinflussen.

5-26 Er/Sie hat zu den Mitschülern Kontakt gefunden und sich weitgehend in die Klassengemeinschaft eingefügt.

5-27 Er/Sie verhielt sich in letzter Zeit verträglicher und hatte mehr Kontakt zu den Mitschülern.

5-28 Es gelang ihm/ihr in letzter Zeit besser, sich in die Gruppe einzufügen.

5-29 Es gelang ihm/ihr zunehmend besser, die Regeln der Gemeinschaft einzuhalten.

5-30 Er/Sie stellte zu den Schülern, die ihm wichtig waren, tragfähige soziale Kontakte her.

5-31 Gefühle und Bedürfnisse angemessen zu verbalisieren, fiel ihm/ihr noch schwer, eher zog er/sie sich in sich zurück.

5-32 Der/Die Schüler/in wurde von allen Mitschülern geschätzt.

Gruppe 3

6-1 Er/Sie muss noch lernen, seine eigenen Wünsche sowie Ärger ausgewogener und situationsgerechter auszudrücken.

6-2 Er/Sie hatte häufig Probleme, mit den Klassenkameraden friedlich umzugehen. Sein/Ihr Verhalten gab Anlass zu Ermahnungen.

6-3 Teilweise reagierte er/sie auf Kontaktangebote unangemessen und heftig.

6-4 Er/Sie hatte es häufig schwer, mit Mitschülern angemessen umzugehen und friedlich mit ihnen auszukommen.

6-5 Er/Sie muss noch lernen, mehr auf die Empfindungen seiner/ihrer Mitschüler einzugehen, um dauerhafte Kontakte aufzubauen.

6-6 Es gelang ihm/ihr bis jetzt nicht, positive Kontakte in der Klasse aufzubauen.

6-7 Es fiel ihm/ihr noch schwer, sich an die Regeln des Schullebens zu halten.

6-8	Wegen seines/ihres unbeherrschten Verhaltens musste er/sie häufig ermahnt werden.
6-9	Bei Spielen blieb er/sie oft nur Zuschauer.
6-10	Er/sie hielt sich meist abseits und wurde selten ins Spielgeschehen einbezogen.
6-11	Er/Sie wartete stets ab, bis andere Kinder Kontakt aufnahmen.
6-12	Er/Sie blieb oft allein und schloss sich keiner Spielgruppe an.
6-13	Er/Sie nahm öfter Kontakt zu anderen Kindern auf, häufig jedoch auf unpassende Weise, sodass es dann zu Auseinandersetzungen kam.
6-14	In Pausen und beim Sport verhielt sich der/die Schüler/in zeitweise sehr wild.

Konfliktverhalten

Gruppe 1

7-1	Er/Sie hat gelernt, sich besser zu behaupten.
7-2	Er/Sie zeigte sich in der Klassengemeinschaft stets friedfertig.
7-3	Er/Sie ordnete sich problemlos in die Gemeinschaft ein.
7-4	Bei Konflikten sagte er/sie offen seine Meinung.
7-5	Wortgewandt und selbstsicher vertrat er/sie bei Konflikten seine Meinung.
7-6	Durch sein/ihr ausgeglichenes Wesen wirkte er beruhigend in Konfliktsituationen.
7-7	Der/Die freundliche Schüler/in war stets bereit, sich für die Belange anderer einzusetzen.
7-8	Konflikte versuchte er/sie verbal durch geschickte Argumentation zu lösen.
7-9	Besonnen und einfühlsam wirkte _____ bei Konfliktsituationen auf seine/ihre Mitschüler ein.
7-10	Regeln, die das Zusammenleben erleichtern, beachtete er/sie einsichtig.
7-11	Mit anderen Kindern kam er/sie friedlich aus und beachtete alle vereinbarten Regeln.
7-12	Vereinbarte Regeln wurden von ihm/ihr willig angenommen.
7-13	Er/Sie hielt sich bereitwillig an vereinbarte Regeln.
7-14	Er/Sie verhielt sich friedlich und ausgleichend.
7-15	In Spiel- und Lerngruppen fügte er/sie sich problemlos ein und zeigte sich immer verträglich.
7-16	Im Umgang mit seinen/ihren Mitschülern zeigte er/sie sich stets kameradschaftlich und freundlich.

7-17 Die erforderlichen Ordnungen des Schullebens wurden von _____ einsichtig angenommen.

7-18 In Konfliktsituationen wirkte er/sie durch sein/ihr ausgeglichenes Wesen oft beruhigend.

Gruppe 2

8-1 Im Umgang mit Mitschülern wurde er/sie ruhiger und beherrschter.

8-2 An die vereinbarten Regeln des Schullebens hielt er/sie sich weitgehend.

8-3 Der/Die Schülerin verteidigte seine/ihre Meinung und zeigte sich meist einsichtsvoll.

8-4 Die erforderlichen Regeln des Schullebens nahm _____ meist kritisch an.

8-5 In Konfliktsituationen war er/sie meist empfänglich für Gespräche und ging offen auf die Mitschüler zu.

8-6 Konfliktsituationen versuchte er/sie jetzt auch verbal zu lösen, ohne sofort seine/ihre körperlichen Kräfte einzusetzen.

8-7 Er/Sie verlor bei Auseinandersetzungen manchmal die Beherrschung und reagierte dann aggressiv.

8-8 Er/Sie verstand sich meist gut mit seinen/ihren Klassenkameraden und konnte sein/ihr Temperament jetzt zügeln.

8-9 Im Umgang mit Mitschülern wurde er/sie nun ruhiger und beherrschter.

8-10 Das Verhältnis zu den Mitschülern war noch nicht ganz störungsfrei.

8-11 Er/Sie gab sich meist Mühe, bei Konfliktsituationen die Anforderungen des sozialen Zusammenlebens einzuhalten.

8-12 Bei Konfliktsituationen war er/sie meist für Gespräche empfänglich.

8-13 Regeln, die das Zusammenleben erleichtern, hielt er/sie in letzter Zeit besser ein.

8-14 Manchmal musste er/sie darin erinnert werden, vereinbarte Regeln einzuhalten.

8-15 Er/Sie reagierte jetzt weniger empfindlich auf vermeintliche Kränkungen.

8-16 Im zweiten Halbjahr kam er/sie mit den anderen Kindern besser aus.

8-17 Die erforderlichen Ordnungsregeln hielt der/die Schüler/in meist ein, stand ihnen jedoch sehr kritisch gegenüber.

8-18 Im Allgemeinen zeigte er/sie sich vernünftig und nahm vereinbarte Regeln einsichtig an.

8-19 Bei Streitereien suchte er/sie oft Hilfe beim Lehrer.

8-20 Im zweiten Halbjahr hielt er/sie vereinbarte Regeln etwas besser ein.

8-21 Teilweise fiel es ihm/ihr schwer, berechtigte Ansprüche durchzusetzen.

Gruppe 3

9-1 Er/Sie hat noch nicht gelernt, Konflikte verbal zu lösen.

9-2 Sein/Ihr Verhalten gab oft Anlass zu Streitereien.

9-3 Im Umgang mit den Mitschülern verhielt er/sie sich oft aggressiv und konnte sein/ihr leicht erregbares Temperament nicht zügeln.

9-4 Es gelang ihm/ihr nicht, das Verhältnis zu Mitschülern störungsfrei zu gestalten.

9-5 Bei Konflikten verlor er/sie leicht die Selbstkontrolle und reagierte dann aggressiv.

9-6 Er/Sie muss noch lernen, sich für sein/ihr Verhalten selbst verantwortlich zu fühlen.

9-7 Er/Sie reagierte in Konfliktsituationen oft unangemessen.

9-8 Sein/Ihr unbeherrschtes Verhalten gab häufig Anlass zu Streitereien.

9-9 Er/Sie konnte seine/ihre Bedürfnisse nicht selbstständig durchsetzen.

9-10 Er/Sie geriet leicht in Konflikte mit anderen Kindern, die er/sie selten allein lösen konnte.

9-11 _____ verstand sich selten gut mit den Mitschülern, da er/sie häufig unbeherrscht reagierte.

9-12 Er/Sie hatte Schwierigkeiten, sich in den Schulalltag einzufügen, da er/sie seine/ihre Aggressionen nicht beherrschen konnte.

9-13 Es fiel ihm/ihr sehr schwer, sich an die erforderlichen Ordnungen zu halten.

9-14 Er/Sie versuchte ständig, die notwendigen Regelungen zu umgehen.

9-15 Sein/Ihr Verhalten gab oft Anlass zu Ermahnungen.

9-16 Bei Auseinandersetzungen verlor er/sie oft die Beherrschung.

9-17 Er/Sie war häufig an Auseinandersetzungen beteiligt.

9-18 Es gelang ihm/ihr nicht, das Verhältnis zu den Mitschülern störungsfrei zu gestalten.

9-19 Bei Meinungsverschiedenheiten konnte er/sie sich oft nicht verbal wehren und wurde dann handgreiflich.

9-20 Vereinbarte Regeln durchgehend einzuhalten, fiel ihm/ihr noch schwer.

9-21 Er/Sie ließ sich von Mitschülern immer wieder zu unbedachten Handlungen verleiten.

9-22 Es fiel ihm/ihr schwer, sich bei Späßen Grenzen zu setzen.

9-23 Seine/Ihre Handlungsweisen waren oft unberechenbar.

9-24 Bei Auseinandersetzungen fiel es ihm/ihr noch schwer, selbstständig eine Lösung zu finden.

9-25 Es fiel ihm/ihr noch schwer, sich an die vereinbarten Regeln des Zusammenlebens zu halten.

9-26 Er/Sie musste immer wieder darin erinnert werden, vereinbarte Regeln einzuhalten.

9-27 Bei Auseinandersetzungen fiel es ihm/ihr oft schwer, nicht die Beherrschung zu verlieren.

9-28 Teilweise übernahm er/sie völlig unkritisch die Handlungsweise von Mitschülern.

9-29 Zeitweise reagierte er aggressiv, wenn er sich von seinen Mitschülern verbal angegriffen fühlte.

9-30 Immer wieder war er/sie an Auseinandersetzungen beteiligt und fühlte sich für seine/ihre Handlungsweise nicht verantwortlich.

9-31 Da er/sie für sich Sonderregelungen beanspruchte, gab es oft Auseinandersetzungen.

9-32 In Konfliktsituationen wirkte er/sie oft hilflos.

9-33 Er/Sie musste oft ermahnt werden, die Folgen seiner/ihrer Handlungsweisen zu bedenken.

9-34 Er/Sie ließ sich von Mitschülern immer wieder zu unbedachten Handlungen verleiten.

9-35 Er/Sie war immer wieder erstaunt, dass unangemessenes Verhalten für ihn/sie negative Folgen hatte.

Zusammenarbeit

Gruppe 1

10-1 Durch sein/ihr ausgleichendes Wesen konnte er/sie gut mit anderen zusammenarbeiten.

10-2 Er/Sie arbeitete gern mit anderen zusammen und übernahm Aufgaben für die Gemeinschaft mit großer Selbstverständlichkeit.

10-3 Er/Sie setzte sich bereitwillig für gemeinschaftliche Belange ein.

10-4 Er/sie kümmerte sich verantwortungsbewusst um andere und zeigte Verständnis und Hilfsbereitschaft.

10-5 Freiwillig übernahm er/sie Aufgaben für die Klassengemeinschaft.

10-6 Bei den Mitschülern war er/sie beliebt, da er/sie großen Wert auf kameradschaftliches Verhalten legte.

10-7 Er/Sie konnte sinnvoll und effektiv mit einem Partner zusammenarbeiten.

10-8   Er/Sie zeigte sich stets bereit, langsam arbeitenden Mitschülern seine/ihre Hilfe anzubieten.

10-9   Er/Sie war stets bereit, schwächeren Mitschülern zu helfen und eigene Interessen zurückzustellen.

10-10 In der Gruppe setzte er/sie sich bereitwillig für gemeinsame Belange ein.

Gruppe 2

11-1   Es fiel ihm/ihr teilweise schwer, auf andere Meinungen einzugehen.

11-2   Es fiel ihm/ihr noch schwer, andere Meinungen anzuhören.

11-3   Es machte ihm/ihr meist Freude, mit anderen Kindern zusammenzuarbeiten.

11-4   Er/Sie hatte im Allgemeinen keine Schwierigkeiten, mit anderen zusammenzuarbeiten.

11-5   Bei Gruppenarbeiten wollte er/sie stets die Führung übernehmen.

11-6   Bei Partner- und Gruppenarbeit zeigte er/sie sich stets dominierend und vertrat seine/ihre Meinung sicher und selbstbewusst.

11-7   Partnerschaftliches Arbeiten fiel ihm/ihr meist nicht schwer.

Gruppe 3

12-1   Er/Sie hatte Schwierigkeiten, mit anderen Kindern zusammenzuarbeiten.

12-2   Bei Gemeinschaftsarbeiten war er/sie noch sehr zurückhaltend.

12-3   Er/Sie suchte keinen Kontakt zu anderen und erledigte die gestellten Aufgaben lieber allein.

12-4   Bei Gemeinschaftsaufgaben setzte er/sie sich wenig ein und arbeitete lieber für sich.

12-5   Die Meinung anderer ließ er/sie nur selten gelten.

12-6   Im Unterrichtsgespräch schaffte er/sie es nur selten, auf die Meinung anderer einzugehen.

12-7   Er/Sie muss noch lernen, eigene Interessen zurückzustellen und Zwischenrufe zu unterlassen.

12-8   Er/Sie versuchte ständig, sich in den Vordergrund zu spielen.

12-9   Es gelang ihm/ihr noch nicht, auf die Empfindungen der Mitschüler einzugehen.

Allgemeines Lernverhalten

Gruppe 1

13-1 Er/Sie folgte dem Unterrichtsgeschehen aufmerksam, nahm oft mit wesentlichen Gedanken teil, war aufgeschlossen und an den Lernangeboten interessiert.

13-2 Er/Sie zeigte sich lernwillig und interessiert.

13-3 Im Unterricht zeigte er/sie häufig durch treffende Beiträge, dass er/sie immer mitdachte.

13-4 Freudig und interessiert ging er/sie alle Arbeitsaufgaben an.

13-5 An den Unterrichtsinhalten fand er/sie großes Interesse und machte sich stets eigene Gedanken.

13-6 Seine/Ihre Anstrengungsbereitschaft war immer groß.

13-7 Mit Eifer und großer Lernbereitschaft erledigte er/sie alle gestellten Aufgaben.

13-8 Er/Sie ging mit Lernfreude an alle gestellten Aufgaben heran.

13-9 Er/Sie interessierte sich für viele Lernbereiche und erfasste schnell das Wesentliche.

13-10 Er/Sie zeigte in allen Lernbereichen große Lernfreude.

13-11 Er/Sie fasste rasch auf und arbeitete selbstständig und flott.

13-12 Durch treffende Beiträge gab er/sie dem Unterricht wesentliche Impulse.

13-13 Vor allem in den letzten Wochen zeigte er/sie wieder lebhaftes Interesse am Unterrichtsgeschehen, setzte sich aktiv ein und gab dem Gespräch durch seine/ihre Ideen und Denkleistungen wesentliche Impulse.

13-14 Dem Unterrichtsgeschehen folgte er/sie stets mit großem Interesse.

13-15 Er/Sie nahm mit anhaltender Konzentration am Unterrichtsgeschehen teil.

13-16 Selbstständigkeit und Zuverlässigkeit prägten seine/ihre Arbeitshaltung.

13-17 Eigenständig setzte er/sie sich mit den Lerninhalten auseinander.

13-18 Er/Sie arbeitete ausdauernd und konzentriert im Unterricht mit.

13-19 Lernwille und Arbeitsfreude zeichnete ihn/sie aus.

13-20 Alle gestellten Aufgaben löste er/sie zielstrebig und eigenständig.

13-21 Bereitwillig nahm er/sie oft zusätzliche Lernangebote auf.

13-22 Arbeitsaufträge durchdachte und löste er/sie selbstständig, fand aber auch Gefallen daran, mit einem Partner zu arbeiten.

13-23 Dem Unterrichtsgeschehen folgte er/sie stets interessiert und aufmerksam.

13-24 Arbeitsaufträge durchdachte er/sie selbstständig und löste sie mit großem Tempo. Er/Sie übte auch gern mit einem Partner oder in der Gruppe.

13-25 Er/Sie fasste rasch und sicher auf. Es bereitete ihm/ihr keine Mühe, logische Schlussfolgerungen zu ziehen und Zusammenhänge zu erkennen.

13-26 Er/Sie konnte konzentriert, selbstständig und flott arbeiten, lernte aber auch sinnvoll mit einem Partner.

13-27 Er/Sie nutzte gern zusätzliche Lernangebote.

13-28 Sein/Ihr Interesse an den verschiedenen Unterrichtsbereichen war groß und er/sie beteiligte sich mit wesentlichen Beiträgen.

13-29 Er/Sie war an vielen Unterrichtsbereichen interessiert, beteiligte sich oft mit eigenen Gedanken am Gespräch und zeigte, dass er/sie mitdachte.

13-30 Im Unterricht hörte er/sie aufmerksam zu, verstand rasch und arbeitet zügig und selbstständig.

13-31 Er/Sie zeigte immer wieder, dass er/sie aufmerksam zuhörte, mitdachte und rasch auffasste.

13-32 Freudig und interessiert ging er/sie auf die unterrichtlichen Arbeiten zu.

13-33 Es bereitete ihm/ihr keine Schwierigkeiten, logische Schlussfolgerungen zu ziehen und Zusammenhänge zu erkennen.

13-34 Sein/Ihr Interesse an den verschiedenen Unterrichtsbereichen war groß und er/sie beteiligte sich mit durchdachten Beiträgen.

Gruppe 2

14-1 Im Unterricht zeigte er/sie im zweiten Halbjahr öfter, dass er/sie mitdachte und eigene Ideen entwickelte.

14-2 Er/Sie fand im zweiten Halbjahr zu einer besseren Arbeitshaltung.

14-3 Er/Sie war eifrig bemüht, alles richtig zu machen.

14-4 Neue Aufgaben nahm er/sie nur ungern in Angriff.

14-5 Sein/Ihr Arbeitsverhalten wurde gelassener.

14-6 Er/Sie gab sich Mühe, zeigte aber zu wenig Vertrauen in das eigene Leistungsvermögen.

14-7 Er/Sie war immer bedacht, keinen Fehler zu machen.

14-8 Er/Sie erledigte alle gestellten Aufgaben meist pflichtbewusst und zuverlässig.

14-9 Er/Sie wurde selbstständiger, ließ sich aber von ungewohnten Aufgabenstellungen schnell verunsichern.

14-10 Er/Sie wurde im zweiten Halbjahr selbstsicherer und arbeitete auch selbstständiger.

14-11 Im Unterricht blieb er/sie noch überwiegend zurückhaltend.

14-12 Er/Sie muss sich etwas mutiger und lebhafter einsetzen.

14-13 Dem Unterricht folgte er/sie stets aufmerksam, musste aber immer wieder ermuntert werden, sich eigene Gedanken zu machen und diese im Gespräch einzubringen.

14-14 Seine/ihre Arbeitsweise wurde in letzter Zeit flotter, er/sie suchte aber noch oft den Vergleich mit seinem/ihrem Partner.

14-15 Es hing stark vom Lerngegenstand ab, wie aktiv er/sie sich im Unterricht einsetzte.

14-16 Er/Sie beteiligte sich mit wechselnder Aktivität am Unterrichtsgeschehen.

14-17 Im Unterricht verhielt er/sie sich stets abwartend. In der Kleingruppe war er/sie wesentlich lebhafter.

14-18 Er/Sie bemühte sich, gestellte Aufgaben gut zu erledigen.

14-19 Er/sie beteiligte sich mit wechselnder Aktivität am Unterrichtsgeschehen.

14-20 Am Unterricht war er/sie stets interessiert, verfolgte aber große Teile nur beobachtend.

14-21 In letzter Zeit zeigte er/sie Freude am Unterricht und beteiligte sich lebhafter am Geschehen.

14-22 Dem Unterricht folgt er/sie stets aufmerksam, musste aber immer wieder ermuntert werden, sich eigene Gedanken zu machen und diese im Gespräch einzubringen.

14-23 Er/Sie war stets bestrebt, dem Unterrichtsablauf gedanklich zu folgen.

14-24 Er/Sie beteiligte sich hin und wieder lebhaft am Unterrichtsgeschehen, große Teile verfolgte er aber nur beobachtend.

14-25 Er/Sie muss noch lernen, mutiger und selbstständiger an neue Aufgaben heranzugehen.

14-26 Dem Unterrichtsgeschehen folgte er/sie weitgehend passiv, zeigte aber immer wieder Ansätze zu aktiver Mitarbeit.

14-27 Dem Unterrichtsgeschehen folgte er/sie zwar aufmerksam, nahm aber viel zu wenig am aktiven Geschehen teil und äußerte kaum eigene Gedanken.

Gruppe 3

15-1 Sein/Ihr aktiver Einsatz blieb zu gering.

15-2 Seine/Ihre Anstrengungsbereitschaft war zeitweise zu gering.

15-3 Er/Sie muss sich aktiver einsetzen und eigene Gedanken einbringen.

15-4 Dem Unterrichtsgeschehen folgte er/sie nicht immer aufmerksam genug.

15-5 Auch bei Aufgaben, die seinem/ihrem Niveau entsprachen, zeigte er/sie wenig Eifer.

15-6 Es fehlte dem/der Schüler/in an Gründlichkeit bei der Erledigung seiner/ihrer schulischen Aufgaben.

15-7 Ungewohnte Aufgabenstellungen konnten ihn/sie stark verunsichern.

15-8 Bei der Arbeit zeigte er/sie zu wenig Eigeninitiative.

15-9 Am Unterrichtsgeschehen zeigte er/sie nur manchmal Interesse und setzte sich selten aktiv ein.

15-10 Leicht ablenkbar folgte er/sie dem Unterricht nur phasenweise mit der notwendigen Aufmerksamkeit.

15-11 Im zweiten Halbjahr arbeitete er/sie im Unterricht etwas reger mit, sein/ihr Einsatz blieb aber noch zu wenig regelmäßig.

15-12 Seine/Ihre Anstrengungsbereitschaft war zeitweise zu gering.

15-13 Er/Sie blieb oft passiv und abwartend.

15-14 Sein/Ihr Interesse am Unterricht schwankte vor allem in letzter Zeit stark.

15-15 Durch neue Aufgaben fühlte er/sie sich oft verunsichert und arbeitete dann nicht immer selbstständig.

15-16 Im Unterricht machte er/sie sich noch zu wenig eigene Gedanken.

15-17 Zum Erfassen neuer Lerninhalte brauchte er/sie viel Zeit.

15-18 Sein/Ihr aktiver Einsatz im Unterricht blieb wenig beständig.

Beteiligung am Unterricht

Gruppe 1

16-1 Eifrig und unermüdlich wirkte er/sie am Unterrichtsgeschehen mit.

16-2 An seinen/ihren treffenden Beiträgen wurde deutlich, dass er/sie den Unterrichtsstoff verstand und mitdachte.

16-3 Er/Sie arbeitete stets interessiert im Unterricht mit.

16-4 Er/Sie beteiligte sich oft mit wesentlichen Beiträgen am Gespräch.

16-5 Am mündlichen Unterricht beteiligte er/sie sich stets mit großem Einsatz.

16-6 Am Gespräch beteiligte er/sie sich mit eigenen Gedanken.

16-7 Am Unterricht beteiligte er/sie sich mit Lernbereitschaft, Aufmerksamkeit und Interesse.

16-8 Interessiert und sprachlich gewandt beteiligte er/sie sich am Unterrichtsgespräch.

16-9 Am Unterricht beteiligte er/sie sich sehr interessiert und bereicherte ihn durch überlegte Beiträge.

16-10 Äußerst rege und aufmerksam beteiligte er/sie sich auch über längere Phasen am Unterricht.

16-11 Er/Sie fasste rasch auf und beteiligte sich oft mit wesentlichen Beiträgen am Gespräch.

16-12 Im Unterricht arbeitete er/sie immer aktiv mit und leistete treffende Beiträge.

16-13 Vor allem in letzter Zeit beteiligte er/sie sich lebhaft am Gespräch und entwickelte neue Ideen.

16-14 Er/Sie gab dem Gespräch durch eigene Ideen und Denkleistungen wesentliche Impulse.

16-15 Er/Sie setzte sich immer aktiv im Gespräch ein.

16-16 Er/Sie beteiligte sich nunmehr wesentlich öfter am Gespräch und entwickelte eigene Gedanken.

16-17 Er/Sie beteiligte sich häufig mit eigenen Gedanken am Gespräch und gab ihm damit wesentliche Impulse.

16-18 Mit großer Beständigkeit beteiligte er/sie sich aktiv am Unterrichtsgeschehen.

16-19 Lebhaft und interessiert beteiligte er/sie sich bei allen sachkundlichen Themen.

16-20 Am Unterrichtsgespräch beteiligte er/sie sich mit Lernbereitschaft und großem Eifer.

16-21 Er/Sie zeigte sich redefreudig und beteiligte sich mit Eifer am Unterrichtsgespräch.

16-22 Im Unterrichtsgespräch leistete er/sie häufig konstruktive Beiträge.

Gruppe 2

17-1 Beiträge zum Gespräch leistete er/sie nur zögernd, da er/sie lange bedachte, was er/sie sagen wollte.

17-2 Am Gespräch beteiligte er/sie sich mit wechselndem Eifer.

17-3 Vor allem in letzter Zeit brachte er/sie öfter eigene Gedanken ins Gespräch ein.

17-4 Dem Unterrichtsgeschehen folgte er/sie mit großer Aufmerksamkeit, wagte es aber nur selten, sich aktiv am Gespräch zu beteiligen.

17-5 Er/Sie machte sich eigene Gedanken, brachte diese aber noch etwas selten ins Gespräch ein.

17-6 Oft musste er/sie ermuntert werden, sich aktiv am Gespräch zu beteiligen.

17-7 Er/Sie war gelegentlich unaufmerksam, beteiligte sich aber auch oft engagiert am Gespräch.

17-8 Die mündlichen Beiträge waren oft noch recht zaghaft und leise.

17-9   Seine/Ihre Beiträge zum Gespräch schwankten, bewiesen aber, dass er/sie sich eigene Gedanken machte.

17-10 Dem Unterrichtsgeschehen folgte er/sie mit großer Aufmerksamkeit, wagte es aber nur selten, sich aktiv am Gespräch zu beteiligen.

17-11 Er/Sie bemühte sich häufig um konzentrierte Mitarbeit.

17-12 Er/Sie arbeitete im Unterricht mit, fühlte sich aber bei der Erledigung der Arbeitsaufträge oft unsicher.

17-13 Seine/Ihre Mitarbeit hing stark vom Interesse und von der Stimmungslage ab.

17-14 Oft fehlte ihm/ihr der Mut, ihr umfassendes Allgemeinwissen im Unterricht einzubringen.

17-15 Dem Unterrichtsgeschehen folgte er/sie zwar aufmerksam, verhielt sich während des Gesprächs aber überwiegend passiv.

17-16 Er/Sie musste ermuntert werden, sich zu Wort zu melden.

17-17 Er/Sie beteiligte sich nicht mehr gleichmäßig am Gespräch.

17-18 Er/Sie muss versuchen, sich lebhafter und regelmäßiger einzusetzen.

17-19 Er/Sie konnte seinen/ihren Einsatz beim Gespräch steigern, sprach jedoch häufig viel zu leise.

17-20 Im Gesprächsverlauf verhielt er/sie sich abwartend und zurückhaltend.

17-21 In der letzten Zeit beteiligte er/sie sich wieder öfter mit eigenen Beiträgen am Unterrichtsgespräch.

17-22 Im Unterrichtsgespräch wartete er/sie meist ab, bis andere Kinder sich äußerten.

Gruppe 3

18-1   Am Unterrichtsgespräch muss er/sie sich reger beteiligen.

18-2   Konzentriertes Mitarbeiten im Unterricht fiel ihm/ihr noch schwer.

18-3   Er/Sie musste oft ermuntert werden, eigene Gedanken im Gespräch einzubringen.

18-4   Er/Sie vergaß immer wieder zu warten, bis ihm/ihr das Wort erteilt wurde.

18-5   Er/Sie äußerte keine eigenen Gedanken.

18-6   Häufig musste er/sie zu konzentrierter Mitarbeit ermuntert werden.

18-7   Beim Gespräch meldete er/sie sich kaum zu Wort.

18-8   Häufig musste er/sie noch ermuntert werden, auch am Gespräch aktiv teilzunehmen.

18-9   Am Gespräch nahm er/sie selten teil.

18-10 Er/Sie muss noch lernen, eigene Gedanken und Ideen im Gespräch einzubringen.

18-11 Er/Sie muss sich noch aktiver einsetzen und eigene Gedanken im Gespräch einbringen.

18-12 Seine/Ihre Beiträge zum Gespräch blieben gering.

18-13 Im Unterricht beobachtete er/sie gern seine/ihre Mitschüler und trug selbst wenig zum Gespräch bei.

18-14 Im Unterricht blieb er/sie recht einsilbig und gehemmt.

18-15 Er/Sie muss sich lebhafter und mutiger am Gespräch beteiligen.

18-16 Nur wenn er/sie direkt angesprochen wurde, beteiligte er/sie sich am Gespräch.

18-17 Er/Sie beteiligte sich äußerst selten am Gespräch und musste laufend zu aktivem Einsatz ermuntert werden.

18-18 Seine/Ihre Mitarbeit unterlag starken Schwankungen.

18-19 Er/Sie meldete sich selten zu Wort und brachte wenig eigene Ideen beim Gespräch ein.

18-20 Es fiel ihm/ihr immer wieder schwer, seine/ihre Gedanken kurz und verständlich auszudrücken.

18-21 Er/Sie muss sich unbedingt reger am Gespräch beteiligen.

18-22 Im Gesprächsverlauf verhielt er/sie sich stets abwartend und beteiligte sich nur, wenn er/sie direkt angesprochen wurde.

Konzentrationsfähigkeit

Gruppe 1

19-1 Er/Sie konnte sich dauerhaft konzentrieren.

19-2 Er/Sie konnte sich auch längere Zeit gut konzentrieren.

19-3 Er/Sie konnte sich lange konzentrieren und ausdauernd arbeiten.

19-4 Dem Unterrichtsgeschehen folgte er/sie immer aufmerksam und konzentriert.

19-5 Am Unterrichtsgeschehen nahm er/sie konzentriert teil.

19-6 Er/Sie konnte sich ausdauernd mit einer Sache beschäftigen.

19-7 Er/Sie arbeitete auch längere Zeit konzentriert mit.

19-8 Mit anhaltender Konzentration arbeitete der/die Schüler/in im Unterricht mit.

19-9 Dem Unterrichtsgeschehen folgte er/sie mit großer Konzentration.

19-10 Ihre Ausdauer bei allen schriftlichen Arbeiten war groß.

Gruppe 2

20-1 Es gelang ihm/ihr noch nicht, für längere Zeit dem Unterricht aufmerksam zu folgen.

20-2 Er/Sie konnte sich noch nicht lange genug konzentrieren und ließ sich leicht ablenken.

20-3 Er/Sie arbeitete in der Regel konzentriert, aber nicht immer selbstständig.

20-4 Er/Sie arbeitete in der Regel konzentriert, aber teilweise noch langsam.

20-5 Konzentration und Ausdauer schwankten.

20-6 Im Unterricht schwankte seine/ihre Aufmerksamkeit stark.

20-7 Aufmerksamkeit und Anstrengungsbereitschaft waren noch schwankend.

20-8 Dem Unterrichtsgeschehen folgte er/sie meist konzentriert, seine/ihre Mitarbeit jedoch war weiterhin schwankend.

20-9 Teilweise schwankte seine/ihre Konzentration und damit sein/ihr aktiver Einsatz beim Gespräch.

20-10 Bei schwankender Konzentration zeigte er/sie dennoch Interesse am Unterrichtsgeschehen.

20-11 Er/Sie ließ sich teilweise leicht ablenken, nahm aber auch immer wieder interessiert am Gespräch teil.

20-12 Er/Sie ermüdete noch rasch und fing dann an zu spielen.

20-13 Nach kurzer Zeit verlor er/sie bei Freiarbeit die Lust.

20-14 Es gelang ihm/ihr noch nicht, dem Unterricht für längere Zeit aufmerksam zu folgen.

20-15 Im Unterricht konnte er/sie sich jetzt besser konzentrieren.

20-16 Er/Sie konnte sich noch nicht längere Zeit auf eine Sache konzentrieren, sondern ließ sich leicht ablenken.

Gruppe 3

21-1 Seine/Ihre Konzentration war noch wenig dauerhaft.

21-2 Er/Sie darf nicht nachlassen, seine/ihre Aufmerksamkeit immer wieder auf den Unterricht zu richten.

21-3 Er/Sie hatte immer wieder Probleme, konzentriert zuzuhören und sich nicht ablenken zu lassen.

21-4 Jede Gelegenheit, sich ablenken zu lassen, nahm er/sie wahr. Deshalb versäumte er/sie viel vom Unterricht.

21-5 Häufig konnte er/sie sich nicht konzentrieren, sodass ihm/ihr wichtige Teile des Gesprächs entgingen.

21-6 Es fiel ihm/ihr noch schwer, konzentriert bei einer Sache zu bleiben.

21-7 Es bereitete ihm/ihr noch große Mühe, sich zu konzentrieren. Dadurch versäumte er/sie Teile des Gesprächs und verlor den Überblick.

21-8 Es fiel ihm/ihr schwer, anderen konzentriert zuzuhören.

21-9 Häufig war er/sie wenig konzentriert und ließ sich leicht ablenken.

21-10 Er/Sie ermüdete rasch und fing dann an zu spielen.

21-11 Er/Sie ermüdete rasch und beschäftigte sich dann mit anderen Dingen.

21-12 Er/Sie war im Unterricht leicht ablenkbar und zeitweise gedanklich abwesend.

21-13 Im Unterricht ließ er/sie sich vor allem in letzter Zeit leicht ablenken.

21-14 Er/Sie ließ sich noch oft ablenken und verlor dann die Orientierung.

21-15 _____s Konzentration ließ rasch nach und seine/ihre Gedanken schweiften ab.

21-16 Teilweise war _____ nicht lange konzentriert und seine/ihre Mitarbeit blieb gering.

21-17 Sein/Ihr aktiver Einsatz blieb teilweise gering, da er/sie sich leicht ablenken ließ und nicht mehr auf den Unterricht konzentriert war.

Arbeitsverhalten bei schriftlichen Arbeiten

Gruppe 1

22-1 Schriftliche Arbeiten erledigte er/sie zielstrebig und sorgfältig.

22-2 Er/Sie war stets um sorgfältige und gewissenhafte Anfertigung seiner/ihrer schriftlichen Arbeiten bemüht.

22-3 Die Arbeitsaufträge erledigt er/sie pflichtbewusst und selbstständig.

22-4 Seine/Ihre Hefteinträge gestaltete er/sie mit Einfallsreichtum und Ausdauer.

22-5 Alle schriftlichen Arbeiten erledigte er/sie flott und selbstständig.

22-6 Bei allen schriftlichen Arbeiten gab er/sie sich viel Mühe und gestaltete sie mit Ausdauer.

22-7 Zielstrebig und pflichtbewusst erledigt er/sie alle schriftlichen Arbeiten.

22-8 _____ arbeitete stets selbstständig und gewissenhaft.

22-9 Bei der Erledigung aller schriftlichen Arbeiten zeigte er/sie Pflichtbewusstsein und Selbstständigkeit.

22-10 Zielstrebig ging er/sie an die Erledigung der schriftlichen Arbeiten heran.

22-11 Heftführung und Schriftbild waren sehr ordentlich.

22-12 Seine/Ihre Hausaufgaben fertigte er/sie zuverlässig und gewissenhaft an.

22-13 Seine/Ihre Einträge in den Hausheften gestaltete er/sie ordentlich und ansprechend.

22-14 Regelmäßig und gewissenhaft erledigte er/sie seine/ihre Hausaufgaben.

22-15 Bei der Erledigung der Hausaufgaben zeigte er/sie stets Pflichtbewusstsein und Sorgfalt.

Gruppe 2

23-1 Bei schriftlichen Arbeiten brauchte er/sie teilweise zu viel Zeit.

23-2 Er/Sie war stets um gewissenhafte und sorgfältige Anfertigung seiner/ihrer schriftlichen Arbeiten bemüht.

23-3 Schriftliche Arbeiten erledigt er/sie meist ordentlich und pflichtbewusst.

23-4 Schriftliche Aufgaben erledigte er/sie flott und mit zunehmender Sorgfalt.

23-5 Durch sein/ihr allzu flottes Arbeitstempo unterliefen ihm/ihr oft Flüchtigkeitsfehler.

23-6 Schriftliche Arbeiten erledigte er/sie meist ordentlich und zügig.

23-7 Schriftliche Arbeiten erledigte er/sie langsam und mit zufriedenstellender Sorgfalt.

23-8 Bei schriftlichen Aufgaben gab er/sie sich Mühe und erledigte sie zunehmend sorgfältig.

23-9 Schriftliche Aufgaben fertigte er/sie meist sorgfältig und zügig an.

23-10 Schriftliche Arbeiten erledigte er/sie ordentlich, aber nicht zügig genug.

23-11 Bei seinen/ihren Hausaufgaben muss er/sie sich mehr Mühe geben.

Gruppe 3

24-1 _____ muss sein/ihr Arbeitstempo noch wesentlich steigern.

24-2 Seine/Ihre Hefte führte er/sie zeitweise zu nachlässig.

24-3 Alle schriftlichen Arbeiten erledigte er/sie viel zu langsam.

24-4 Schriftliche Aufgaben erledigte er/sie zu langsam und mit zufriedenstellender Sorgfalt.

24-5 Seine/Ihre Hausaufgaben fertigte er meist mit geringer Sorgfalt an.

24-6 Bei seinen/ihren Hausaufgaben gab er/sie sich zu wenig Mühe.

24-7 Häufig kam er/sie ohne Hausaufgaben in die Schule.

24-8 Nicht selten machte er/sie seine/ihre Hausaufgaben lückenhaft und unordentlich.

Leistungen 2. Klasse
Deutsch

Lesen

Gruppe 1

1-1   Er/Sie zeigte Freude am Lesen und trug die Texte flüssig und ansprechend vor.

1-2   Er/Sie zeigte Freude am Lesen und trug die Texte langsam, aber genau und sinnbetont vor.

1-3   Er/Sie las gern und trug die Texte flüssig und sinnbetont vor.

1-4   Er/Sie las gern und trug die Texte flüssig vor. Sein/Ihr Textverständnis war groß.

1-5   Er/Sie zeigte Freude am Lesen und trug altersgemäße Texte recht flüssig vor.

1-6   Er/Sie las fließend und mit großem Interesse alle Texte und gewann mühelos Informationen daraus.

1-7   Große Freude zeigte er/sie beim Lesen. Er/Sie trug altersgerechte Texte flüssig vor und erfasste problemlos deren Inhalt.

1-8   Er/Sie zeigte gleichbleibendes Interesse am Lesen und trug altersgemäße Texte flüssig vor.

1-9   Am Lesen zeigte er/sie große Freude. Vortrag, Tempo und Verständnis waren hervorragend.

1-10 Sein/Ihr Interesse am Lesen, das Textverständnis und der mündliche Vortrag verdienen Anerkennung.

1-11 Am Lesen zeigte er/sie Interesse, trug auch unbekannte Texte flüssig vor und erfasste ihren Sinn.

1-12 Er/Sie war am Lesen interessiert, trug auch unbekannte Texte flüssig vor und erfasste ihren Sinn. Dabei zeigte er/sie gute Ansätze zu sinnvoller Betonung.

1-13 Am Lesen zeigte er/sie Freude. Er/Sie las auch unbekannte Texte recht flüssig und konnte den Inhalt genau wiedergeben.

1-14 Unbekannte Texte las er/sie schon recht flüssig und gewann daraus genaue Informationen.

1-15 Er/Sie trug altersgerechte Texte flüssig und in Sinnzusammenhängen vor.

1-16 Er/Sie las fließend und sein/ihr Textverständnis war groß.

1-17 Beim Lesen trug er/sie alle Texte fließend vor und erfasste mühelos deren Sinn.

1-18   Lesevortrag und Textverständnis verdienten volles Lob.

1-19   Sein/Ihr Lesetempo und sein/ihr Textverständnis verdienten volles Lob.

1-20   Sein/Ihr Lesevortrag und sein/ihr Lesetempo waren ansprechend.

1-21   Beim Lesen verstand er/sie mühelos auch anspruchsvollere Texte und trug sie flüssig und ansprechend vor.

1-22   Beim Lesen gelang es ihm/ihr oft, auch unbekannte Texte ausdrucksvoll vorzutragen.

1-23   Auch unbekannte Texte konnte er/sie fließend und Sinn erfassend lesen.

1-24   Auch fremde Texte konnte er/sie selbstständig erlesen und den Inhalt wortgewandt und vollständig wiedergeben.

1-25   Auch ohne Hilfe konnte er/sie aus längeren fremden Texten Informationen gewinnen.

1-26   Das Sinn erfassende Lesen und das betonte Vortragen von Gedichten gelangen ihm/ihr gut.

1-27   Er/Sie konnte geübte wie unbekannte Texte zügig vortragen und deren Sinngehalt durch ausdrucksvolle Betonung verdeutlichen.

1-28   Fremde Texte las er/sie in angemessenem Tempo und verstand deren Inhalt.

Gruppe 2

2-1   Beim Lesen erfasste er/sie den Sinn auch fremder Texte. Seine/Ihre Leseflüssigkeit muss er/sie aber noch verbessern.

2-2   Er/Sie las auch fremde Texte sinnerfassend. Bei längeren Wörtern geriet er/sie jedoch ins Stocken.

2-3   Beim Lesen gelang ihm/ihr noch kein flüssiger Vortrag. Den Inhalt der Texte erfasste er/sie jedoch richtig.

2-4   Am Lesen zeigte er/sie Interesse und bemühte sich um einen flüssigen, sinnvoll betonten Vortrag.

2-5   Er/Sie las gern und erfasste auch den Sinn problemlos. Der Vortrag war jedoch zu langsam und oft ungenau.

2-6   Er/Sie las gern und konnte den Sinn der Texte meist richtig wiedergeben. Seine/Ihre Leseflüssigkeit muss er/sie aber noch verbessern.

2-7   Er/Sie las schon recht flüssig und geriet nur bei schwierigeren Texten ins Stocken.

2-8   Er/Sie las auch unbekannte Texte und verstand den Sinn. Bei schwierigeren Wörtern geriet er/sie jedoch zu leicht ins Stocken.

2-9   Er/Sie konnte fremde Texte lesen und verstehen. Das Tempo muss er/sie aber noch beschleunigen.

2-10 Beim Lesen bemühte er/sie sich um einen sinnvollen Vortrag. Er/Sie las aber noch zu wenig flüssig.

2-11 Er/Sie las gern und betonte die Texte sinnvoll, wenn auch die Leseflüssigkeit noch größer werden muss.

2-12 Er/Sie las auch unbekannte Texte deutlich und relativ flüssig vor.

2-13 Beim Lesen trug er/sie die Texte zu leise und etwas zu langsam vor.

2-14 Er/Sie las unbekannte Texte meist recht flüssig vor und versuchte sie sinnvoll zu betonen.

2-15 Er/Sie las schon recht flüssig. Er/Sie muss nur noch zu ausdrucksvollerem Vortrag kommen.

2-16 Er/Sie verstand altersgemäße Texte. Beim Vorlesen waren Sinnzusammenhänge aber noch nicht zu erkennen.

2-17 Am Lesen zeigte er/sie Freude. Er/Sie trug die Texte ziemlich flüssig vor. Er/Sie soll jetzt noch auf eine sinnvolle Betonung achten.

2-18 Unbekannte Texte las er/sie bedächtig, jedoch sehr sicher vor. Sein/Ihr Vortrag muss nur noch ausdrucksvoller werden.

2-19 Er/Sie las recht flüssig und bemühte sich um eine sinnvolle Betonung.

2-20 Auch unbekannte Texte las er/sie schon recht zügig und erfasste ihren Sinn. Er/Sie muss jetzt noch zu ausdrucksvollerem Vortrag kommen.

2-21 Der/Die Schüler/Schülerin hat seine Leistungen im flüssigen und betonten Vorlesen gesteigert.

2-22 Er/Sie trug die Lesestücke fließend vor, doch zuweilen zu schnell und zu wenig betont.

2-23 Deutliche Fortschritte waren im flüssigen, fehlerfreien Lesen zu erkennen.

2-24 Im Lesen machte er/sie Fortschritte. Er/Sie konnte jetzt auch unbekannte Texte lesen und verstehen.

2-25 Im Lesen hat er/sie große Fortschritte gemacht. Er/Sie las auch fremde Texte selbstständig, insgesamt noch ein bisschen zu langsam.

2-26 Beim Lesen ist er/sie sicherer geworden. Der Vortrag muss nur noch ausdrucksvoller werden.

2-27 Unbekannte Texte konnte er/sie verstehen, las aber noch sehr langsam. Er/Sie muss weiter täglich laut lesen, um größere Sicherheit zu erreichen.

2-28 Er/Sie las zwar selbstständig und hat sein/ihr Lesetempo gesteigert, doch blieb es immer noch zu gering, um zu einem flüssigen Vortrag zu kommen. Er/Sie muss weiter eifrig üben.

2-29 Er/Sie hat sein/ihr Lesetempo verbessert, geriet aber bei längeren Wörtern zu leicht ins Stocken. Die tägliche Leseübung ist unerlässlich.

2-30 Im Lesen hat er/sie Fortschritte gemacht. Er/Sie trug die Texte ziemlich flüssig vor, konnte aber teilweise den Sinn nicht wiedergeben.

Gruppe 3

3-1 Er/Sie las sehr langsam, teilweise ungenau und Wort für Wort.

3-2 Unbekannte Texte las er/sie noch recht langsam und stockend.

3-3 Das Lesen längerer Wörter bereitete ihm/ihr immer noch Schwierigkeiten. Deshalb fiel es ihm/ihr auch schwer, Texte zu verstehen.

3-4 Unbekannte Texte las er/sie noch zu stockend. Die tägliche Leseübung darf er/sie keinesfalls versäumen.

3-5 Unbekannte Texte las er/sie noch recht langsam und längere Wörter konnte er/sie schlecht gliedern. Die tägliche Leseübung darf er/sie nicht vernachlässigen.

3-6 Beim Lesen hatte er/sie Probleme, längere Wörter zu gliedern, sodass der Vortrag nur stockend gelang. Informationen aus den Texten entnahm er/sie meist richtig.

3-7 Besonders längere Wörter las er/sie noch sehr langsam und unsicher. Er/Sie muss unbedingt weiter täglich laut lesen.

3-8 Beim Lesen geriet er/sie noch zu leicht ins Stocken. Er/Sie muss unbedingt täglich laut lesen, um die Sicherheit und Flüssigkeit zu erhöhen.

3-9 Unbekannte Texte las er/sie noch langsam, oft unsicher. Die Leseübungen darf er/sie nicht vernachlässigen, um das Tempo zu steigern und auch ein besseres Verständnis zu erreichen.

3-10 Das Lesen geübter Texte gelang nur stockend.

3-11 Das flüssige Lesen fremder Texte bereitete ihm/ihr noch große Schwierigkeiten.

3-12 Er/Sie konnte auch unbekannte Texte lesen. Teilweise behinderten ihn/sie noch Buchstabenverwechslungen. Sein/Ihr Lesetempo muss er/sie unbedingt durch tägliches Üben steigern.

3-13 Er/Sie verwechselte und verdrehte immer noch Buchstaben, sodass seine/ihre Leseflüssigkeit und das Verständnis gering blieben. Tägliches lautes Lesen ist unverzichtbar.

3-14 Beim Lesen unbekannter Texte kam er/sie noch zu keinem flüssigen Vortrag. Den Sinn entnahm er/sie meist richtig.

3-15 Längere oder ungewöhnliche Wörter las er/sie noch zu langsam, sodass kein flüssiger Vortrag gelang. Den Inhalt der Texte erfasste er/sie nicht immer genau.

3-16 Seine/Ihre Leseflüssigkeit hat er/sie nur geringfügig verbessert. Er/Sie verstand auch nicht immer, was er/sie gelesen hat.

3-17 Er/Sie las auch unbekannte Texte vor, gab aber den Sinn des Gelesenen nicht richtig wieder.

3-18 Unbekannte Texte las er/sie noch recht langsam. Teilweise hatte
er/sie auch Probleme, den Inhalt richtig und genau wiederzugeben.

Schreiben

Gruppe 1

4-1 Die Schreibschrift wendete er/sie sicher in Wörtern und Sätzen an.
Seine/Ihre Schrift war ausgewogen und flüssig.

4-2 Er/Sie wendete die Schreibschrift zügig und gleichmäßig an.

4-3 Die Buchstaben in Schreibschrift schrieb er/sie formgetreu in die Zeilen.

4-4 Das Schriftbild wirkte locker und unverkrampft.

4-5 Er/Sie schrieb sauber und ordentlich in die Zeilen. Auch mit Füller
erzielte er/sie ein gleichmäßiges Schriftbild.

4-6 Er/Sie hatte sich schnell an den Umgang mit Füller gewöhnt und
seine/ihre Schrift war zügig und gleichmäßig.

4-7 An den Umgang mit Füller hatte er/sie sich rasch gewöhnt.

4-8 Den richtigen Umgang mit Füller hatte er/sie rasch erlernt. Er/Sie
schrieb zügig und ordentlich.

4-9 Den richtigen Gebrauch des Füllers hatte er/sie rasch gelernt. Er/Sie
erzielte ein gleichmäßiges Schriftbild.

4-10 Seine/Ihre Hefte führte er/sie in mustergültiger Form.

4-11 Seine/Ihre Hefte führte er/sie stets ordentlich und gestaltete sie
ansprechend.

4-12 Seine/Ihre Hefteinträge waren stets übersichtlich und ansprechend.

4-13 Er/Sie bemühte sich erfolgreich um eine ordentliche Heftführung.

4-14 Er/Sie bemühte sich um eine ordentliche Heftführung und verzierte
die Einträge mit passenden detailreichen Zeichnungen.

4-15 Seine/Ihre Hefte führte er/sie mit großer Sorgfalt, die Ergebnisse
waren ausgezeichnet.

4-16 Seine/Ihre Hefte führte er/sie in ansprechender Form.

Gruppe 2

5-1 Eine saubere Schrift war ihm/ihr oft nicht wichtig, obwohl er/sie
auch mit Füller ein gleichmäßiges Schriftbild erzielen konnte.

5-2 Wenn er/sie sich bemühte, schrieb er/sie sauber und gleichmäßig.

5-3 Er/Sie schrieb ziemlich gleichmäßig, mit Füller war er/sie jedoch
noch nicht sicher.

5-6   Die Schreibschrift war ihm/ihr geläufig, mit Füller war sein/ihr Schriftbild aber nicht mehr so gleichmäßig.

5-7   Die Schreibschrift wendete er/sie ziemlich gleichmäßig an, mit Füller fühlte er/sie sich aber noch unsicher.

5-8   Den richtigen Gebrauch des Füllers hatte er/sie rasch gelernt. Er/Sie schrieb aber jetzt zu schnell und nicht mehr gleichmäßig.

5-9   Seine/Ihre Schrift war ziemlich gleichmäßig. Er/Sie drückte aber zu fest auf und verschrieb sich oft.

5-10   Mit dem Füller ging er/sie sicher um und das Schriftbild wurde zunehmend gleichmäßig.

5-11   Seine Schreibgeschwindigkeit muss er/sie noch steigern.

5-12   Er/Sie schreibt sauber, aber noch zu langsam.

5-13   Er/Sie muss auch bei erhöhtem Arbeitstempo auf eine ordentliche Schrift achten.

5-14   Lobenswert war seine/ihre Anstrengungsbereitschaft, die Buchstaben der Schreibschrift jetzt genauer in die Zeilen zu setzen.

5-15   Ein sauberes Schriftbild und eine ordentliche Heftführung hingen von seiner/ihrer schwankenden Konzentration und Anstrengungsbereitschaft ab.

5-16   Auch mit Füller schrieb er/sie gleichmäßig, verschrieb sich aber oft.

5-17   In letzter Zeit erzielte er/sie auch mit Füller ein ordentliches Schriftbild.

5-18   Es gelang ihm/ihr allmählich auch mit Füller, ein gleichmäßiges Schriftbild zu erzielen.

5-19   Er/Sie konnte auch mit Füller ein ordentliches Schriftbild erzielen. Es wurde aber durch häufige Überschreibungen gestört.

5-20   Seine/Ihre Schrift wurde in letzter Zeit wieder steiler und damit besser leserlich.

5-21   Seine/Ihre Schrift war mit Füller nicht ganz so gleichmäßig wie mit Bleistift. Er/Sie verschrieb sich auch zu häufig.

5-22   An den Umgang mit Füller hat er/sie sich jetzt gewöhnt und teilweise gelang ein ordentliches Schriftbild.

5-23   Er/Sie schrieb immer noch mit starkem Druck, insgesamt ist sein/ihr Schriftbild gleichmäßiger geworden.

5-24   Bei den Hefteinträgen gab er/sie sich meist Mühe und erzielte überwiegend ansprechende Ergebnisse.

5-25   Die Hefte führte er/sie mit wechselndem Eifer.

5-26   Er/Sie konnte seine/ihre Hefte ordentlich führen, verwendete aber oft zu wenig Mühe darauf.

5-27   Zu Hause führte er/sie die Hefte ordentlich, während des Unterrichts wechselnd.

Gruppe 3

6-1   Vor allem mit Füller war seine/ihre Schrift oft zu groß und ungleich-
       mäßig.

6-2   Sein Schriftbild wurde durch die häufigen Verschreibungen beein-
       trächtigt.

6-3   Er/Sie verschrieb sich viel zu oft, so dass sein/ihr Schriftbild immer
       unordentlich wirkte.

6-4   Die Lineatur 2 bereitete ihm/ihr noch Schwierigkeiten.

6-5   Größenunterschiede beachtete er/sie beim Schreiben noch zu wenig.

6-6   Der saubere Umgang mit dem Füller fiel ihm/ihr noch schwer.

6-7   Mit Füller schrieb er/sie nicht genau in die Zeilen und das Schriftbild
       war nicht mehr gleichmäßig.

6-8   Beim Schreiben setzte er/sie noch zu oft ab und die Buchstaben stan-
       den nicht genau in den Zeilen.

6-9   Eifer und Sorgfalt bei der Heftführung schwankten stark.

6-10   Bei seinen/ihren Hefteinträgen gab er/sie sich nur teilweise Mühe.

6-11   Seine/Ihre Hefteinträge waren selten ansprechend.

Rechtschreiben

Gruppe 1

7-1   Nachschriften übte er/sie gründlich, sodass sie fast immer fehlerfrei
       gelangen.

7-2   Wortbilder prägte er/sie sich gut ein, sodass er/sie bei Nachschriften
       durchwegs fehlerfreie Ergebnisse erzielte.

7-3   Die sichere Anwendung des Grundwortschatzes zeigte er/sie in den
       nahezu fehlerfrei geschriebenen Diktaten.

7-4   Gefühl und Regelverständnis für die Rechtschreibung bewies er/sie
       sowohl bei Nachschriften als auch bei Diktaten.

7-5   Den Grundwortschatz beherrschte er/sie sicher.

7-6   Er/Sie hatte keine Schwierigkeiten bei der Rechtschreibung.

7-7   Rechtschriftlich war er/sie auch bei unbekannten Wörtern sehr
       sicher.

7-8   Wörter aus dem Grundwortschatz prägte er/sie sich rasch und gründ-
       lich ein.

7-9   Wortbilder prägte er/sie sich schnell ein, sodass Nachschriften
       nahezu immer fehlerfrei gelangen.

7-10   Wörter aus dem Grundwortschatz schrieb er/sie immer richtig.

7-11   Wörter aus dem Grundwortschatz übte er/sie zuverlässig und arbeitete bei Nachschriften und Diktaten fast immer fehlerfrei.

7-12   Die geübten Nachschriften schrieb der/die Schüler/in immer fehlerfrei.

7-13   Die Groß- und Kleinschreibung beherrschte er/sie sicher.

7-14   Bei der Anwendung des Grundwortschatzes unterliefen ihm/ihr kaum Fehler.

7-15   Die sichere Anwendung des Grundwortschatzes zeigte er/sie in vielen nahezu fehlerfreien Arbeiten.

7-16   Gefühl und Regelverständnis für die Rechtschreibung stellte er/sie immer wieder unter Beweis.

7-17   In der Rechtschreibung zeigte er/sie sich auch bei unbekannten Wörtern sicher.

7-18   Seine/Ihre rechtschriftliche Sicherheit war groß.

7-19   Seine/Ihre rechtschriftliche Sicherheit war beachtlich.

7-20   Beim Rechtschreiben war er/sie schon recht sicher.

7-21   Beim freien Schreiben von Wörtern aus dem Grundwortschatz war er/sie recht sicher.

Gruppe 2

8-1   Wörter aus dem Grundwortschatz schrieb er/sie überwiegend richtig.

8-2   Nachschriften übte er/sie in letzter Zeit gründlich, sodass sie jetzt auch fehlerfrei gelangen.

8-3   Seine/Ihre rechtschriftliche Sicherheit ist etwas größer geworden. Nachschriften gelangen jedoch noch nicht fehlerfrei.

8-4   Harte und weiche Laute konnte er/sie nur schwer unterscheiden.

8-5   Häufige Übung im Rechtschreiben war notwendig.

8-6   Seine/Ihre rechtschriftliche Sicherheit nahm durch eifriges Üben zu.

8-7   Wörter aus dem Grundwortschatz schrieb er/sie zumeist richtig.

8-8   Wörter aus dem Grundwortschatz schrieb er/sie überwiegend richtig.

8-9   Nachschriften gelangen mit wenigen Fehlern. Bei Diktaten war er/sie noch unsicher.

8-10   Im Rechtschreiben wurde er/sie erheblich sicherer.

8-11   Beim Rechtschreiben war er/sie ziemlich sicher.

8-12   Seine/Ihre rechtschriftliche Sicherheit konnte er/sie steigern.

8-13   Bei der Anwendung des Grundwortschatzes unterliefen ihm/ihr noch Fehler.

Gruppe 3

9-1 Bei der Anwendung des Grundwortschatzes unterliefen ihm/ihr oft noch Fehler.

9-2 Der Grundwortschatz war rechtschriftlich noch nicht gesichert.

9-3 In der Rechtschreibung zeigte er/sie auch bei bekannten Wörtern noch große Unsicherheit.

9-4 Wortbilder prägte er/sie sich nur flüchtig ein, sodass Nachschriften selten fehlerfrei gelangen.

9-5 Wörter aus dem Grundwortschatz wandte er/sie nicht sicher an.

9-6 Beim freien Schreiben von Wörtern aus dem Grundwortschatz fehlte es noch an Sicherheit.

9-7 Nachschriften übte er/sie oft nicht gründlich, sodass ihm/ihr zu viele Fehler unterliefen.

9-8 Grundwörter übte er/sie nicht gründlich, sodass ihm/ihr oft Fehler unterliefen.

9-9 Die Großschreibung von Namenwörtern beherrschte er/sie noch nicht sicher.

9-10 Bei der Groß- und Kleinschreibung hatte er/sie noch Schwierigkeiten.

9-11 Er/Sie überprüfte seine/ihre Arbeiten im Hinblick auf die Rechtschreibung nur flüchtig.

9-12 Beim Rechtschreiben entstanden durch Oberflächlichkeit und zu wenig Selbstkontrolle unnötige Fehler.

9-13 Der Grundwortschatz ist rechtschriftlich noch nicht gesichert.

9-14 Seine/Ihre rechtschriftliche Sicherheit war häufig von seiner/ihrer schwankenden Konzentration beeinträchtigt.

9-15 Auch häufig geübte Wörter schrieb er/sie nicht richtig.

9-16 Wörter aus dem Grundwortschatz schrieb er/sie oft nicht richtig.

9-17 Das richtige Ab- und Aufschreiben von Sätzen fiel ihm/ihr äußerst schwer.

9-18 Seine rechtschriftliche Sicherheit war noch sehr gering.

9-19 Die richtige Schreibweise von Wörtern war ihm/ihr oft nicht wichtig.

9-20 Im Rechtschreiben hatte er/sie noch große Probleme, da er/sie den Wortumfang nicht richtig erfasste.

9-21 Im Rechtschreiben brauchte er/sie beständige Übung, um die Wörter aus dem Grundwortschatz zu sichern.

Mündlicher Sprachgebrauch

Gruppe 1

10-1 Persönliche Erlebnisse erzählte er/sie anschaulich und lebhaft.

10-2 Sprachlich geschickt stellte er/sie Beobachtungen dar.

10-3 Sachverhalte konnte er/sie anschaulich erklären.

10-4 Beim Erzählen drückte er/sie sich anschaulich aus.

10-5 Beim Erzählen drückte er/sie sich lebendig aus.

10-6 Er/Sie konnte sich gut ausdrücken und Gedanken und Erlebnisse anschaulich erzählen.

10-7 Beim Erzählen drückte er/sie sich klar aus.

10-8 Er/Sie erzählte gern und unterhaltsam von eigenen Erlebnissen.

10-9 Persönliche Erlebnisse erzählte er/sie folgerichtig und wortgewandt.

10-10 Gern und flüssig erzählte er/sie von eigenen Erlebnissen.

10-11 Beim Erzählen setzte er/sie seine/ihre schauspielerischen Fähigkeiten recht geschickt ein.

10-12 Wortgewandt beteiligte er/sie sich am Unterrichtsgespräch.

10-13 Einfache Gesprächsregeln zu beachten fiel ihm/ihr leicht.

10-14 Er/Sie hielt sich an vereinbarte Gesprächsregeln und ließ auch andere Kinder zu Wort kommen.

10-15 Besonderes Geschick zeigte er/sie beim darstellenden Spiel.

10-16 Beim darstellenden Spiel zeigte er/sie besondere Freude.

10-17 Mit Freude lernte er/sie Gedichte und trug sie betont vor.

10-18 Gedichte lernte er/sie rasch auswendig und trug sie ohne Scheu und gut artikuliert vor.

Gruppe 2

11-1 Am Gesprächskreis nahm er/sie oft aktiv teil.

11-2 Beim Erzählen eigener Erlebnisse war er/sie sehr zurückhaltend.

11-3 Beim Erzählen eigener Erlebnisse war er/sie nur schwer zu bremsen.

11-4 Im Erzählkreis ergriff er/sie selten das Wort.

11-5 Es fiel ihm/ihr beim Gespräch nicht leicht, die vereinbarten Regeln einzuhalten.

11-6 Es fiel ihm/ihr noch schwer zu warten, bis ihm/ihr das Wort erteilt wird.

Gruppe 3

12-1 Die Aussprache einiger Laute bereitete ihm/ihr immer noch Probleme.

12-2 Es fiel ihm/ihr noch schwer, Wünsche in Worte zu fassen.

12-3   Seine/Ihre Erzählbereitschaft war noch gering.

12-4   Sein/Ihr geringer aktiver Wortschatz erschwerte die Beteiligung am Gespräch.

12-5   Am Gespräch nahm er/sie nur zögernd und stockend nach Aufforderung teil.

12-6   Im mündlichen Ausdruck war er/sie oft gehemmt und unsicher.

12-7   Es fiel ihm/ihr noch schwer, seine/ihre Beiträge zum Gespräch ohne Stocken vorzubringen.

12-8   Beim Gespräch fiel es ihm/ihr noch schwer, anderen Kindern zuzuhören.

12-9   Gesprächsregeln zu beachten, fiel ihm/ihr noch schwer.

12-10   Beim Gespräch war er/sie recht einsilbig und gehemmt.

12-11   Er/sie meldete sich nur hin und wieder zu Wort.

12-12   Im Erzählkreis ergriff er/sie selten das Wort.

12-13   Selten leistete er/sie eigene Beiträge zum Gespräch.

12-14   Es fiel ihm/ihr schwer, einfache Sachverhalte folgerichtig und anschaulich zu erklären.

12-15   Er/Sie muss auf eine deutlich artikulierte Aussprache achten.

Schriftlicher Sprachgebrauch

Gruppe 1

13-1   Geschichten aufzuschreiben machte ihm/ihr viel Freude.

13-2   Er/Sie bewies einen reichhaltigen Wortschatz und verwendete diesen in fantasievollen Geschichten.

13-3   Kleine Geschichten schrieb er/sie ideenreich und wortgewandt auf.

13-4   Kleine Geschichten schrieb er/sie folgerichtig und sprachlich gewandt auf.

13-5   Seine/Ihre schriftlichen Erzählungen waren klar im Aufbau und sprachlich gewandt formuliert.

13-6   Geschichten schrieb er/sie ausführlich und lebendig formuliert nieder.

13-7   Kleine Geschichten schrieb er/sie abwechslungsreich in der Wortwahl und recht ausführlich auf.

13-8   Abwechslungsreich in der Wortwahl gelang es ihm/ihr, Geschichten lebendig aufzuschreiben.

13-9   Geschichten schrieb er/sie mit besonderer Freude auf.

13-10   Einfache Sachverhalte schrieb er/sie sicher nieder.

13-11   Motiviert erzählte er/sie Geschichten und bemühte sich, lebendig zu erzählen.

13-12 Er/Sie hatte keine Mühe, kurze Geschichten abwechslungsreich und sprachlich gewandt niederzuschreiben.

13-13 Es gelang ihm/ihr, Geschichten folgerichtig, lebendig und ideenreich aufzuschreiben.

13-14 Er/Sie erzählte mündlich und schriftlich folgerichtige, fantasievolle Geschichten.

13-15 Seinen/Ihren reichhaltigen Wortschatz wandte er/sie mündlich und schriftlich geschickt an.

13-16 Er/Sie schrieb gern Geschichten und drückte sich gewandt aus.

Gruppe 2

14-1 Erlebnisse konnte er/sie in einfachen Sätzen aufschreiben.

14-2 Er/Sie dachte sich gern Geschichten aus. Es fiel ihm/ihr aber noch schwer, sie folgerichtig aufzuschreiben.

14-3 Es gelang ihm/ihr, zu Bildern eine passende Geschichte aufzuschreiben.

14-4 Geschichten erzählte er/sie folgerichtig, aber knapp und sprachlich noch nicht gewandt.

14-5 Mündlich erzählte er/sie gern und drückte sich richtig aus. Im Schriftlichen beschränkte er/sie sich oft auf das Nötigste.

14-6 Mündlich erzählte er/sie wenig, drückte sich jedoch ebenso wie im Schriftlichen richtig aus.

14-7 Beim freien Erzählen äußerte er/sie sich nur knapp, teilweise gehemmt. Im schriftlichen Sprachgebrauch drückte er/sie sich aber richtig aus und zeigte Fantasie.

14-8 Mündlich drückte er/sie sich gewandt aus. Beim schriftlichen Sprachgebrauch fiel es ihm/ihr teilweise schwer, seine/ihre Gedanken zu ordnen.

14-9 Mündlich äußerte er/sie sich wenig. Im schriftlichen Sprachgebrauch bewies er/sie einen reichhaltigen Wortschatz, den er/sie geschickt verwendete.

14-10 Beim Sprechen war er/sie noch sehr gehemmt, bewies aber einen großen Wortschatz und erzählte im Schriftlichen folgerichtige Geschichten.

14-11 Im mündlichen und schriftlichen Sprachgebrauch drückte er/sie sich angemessen aus.

14-12 In Teilbereichen bewies er/sie einen reichen Wortschatz, drückte sich mündlich, hauptsächlich aber schriftlich oft nicht angemessen aus.

14-13 Mündlich äußerte er/sie sich selten freiwillig. Im schriftlichen Sprachgebrauch erzählte er/sie folgerichtige, einfache Geschichten.

14-14 Mündlich äußerte er/sie sich wenig, im schriftlichen Sprachgebrauch gelangen ihm/ihr anschauliche Geschichten.

14-15 Mündlich äußerte er/sie sich selten. Im schriftlichen Sprachgebrauch erzählte er/sie folgerichtig und fand oft treffende Ausdrücke.

14-16 Mündlich drückte er/sie sich gewandt aus und bewies einen reichhaltigen Wortschatz. Im schriftlichen Sprachgebrauch gelangen ihm/ihr nur teilweise anschauliche Gedanken.

Gruppe 3

15-1 Beim Schreiben von Geschichten brauchte er/sie noch Formulierungshilfen.

15-2 Das Schreiben freier Texte bereitete ihm/ihr noch große Schwierigkeiten.

15-3 Beim Aufschreiben von Geschichten fehlte es ihm/ihr noch an Abwechslung im Ausdruck.

15-4 Er/Sie hatte große Mühe, zu Bildern sprachlich richtige Sätze zu bilden.

15-5 Es fiel ihm/ihr noch schwer, kurze Geschichten folgerichtig zu erzählen.

15-6 Im mündlichen und schriftlichen Sprachgebrauch erzählte er/sie einfache, nicht immer folgerichtige Geschichten.

15-7 Im Mündlichen erzählte er/sie kaum, beim schriftlichen Sprachgebrauch brauchte er/sie oft Hilfen, um zu einem geläufigen Ausdruck zu kommen.

15-8 Im mündlichen und schriftlichen Sprachgebrauch drückte er/sie sich nicht immer klar aus.

Mathematik

Gruppe 1

16-1 Zahlbeziehungen konnte er/sie gut erkennen und durch Gleichungen darstellen.

16-2 Beim Addieren und Subtrahieren war er/sie schnell und sicher.

16-3 Die verschiedenen Aufgaben im Hunderterraum löste er/sie flott und sicher.

16-4 Aufgaben mit Zehnerübergang löste er/sie sicher.

16-5 Aufgaben mit Zehnerübergang löste er/sie ohne Anschauungsmaterial flott, selbstständig und sicher.

16-6 In Mathematik konnte er/sie gelernte Lösungswege sicher anwenden.

16-7   Das Rechnen im Zahlenraum bis 100 bereitete ihm/ihr keinerlei Probleme.

16-8   Alle Aufgaben im Zahlenraum bis 100 löste er/sie flott und sicher.

16-9   Mit großem Eifer und gutem Erfolg arbeitete er/sie im Mathematikunterricht mit.

16-10   In Mathematik beherrschte er/sie alle geforderten Rechenarten und löste sie sicher und flott.

16-11   In Mathematik löste er/sie alle geforderten Aufgaben, auch schwierige Varianten, mit großer Sicherheit. Es fiel ihm/ihr leicht, Sachaufgaben zu durchdenken.

16-12   Er/Sie beherrschte die Grundrechenarten und löste die Aufgaben flott und meist richtig.

16-13   Mathematische Beziehungen erkannte er/sie rasch und löste zügig alle geforderten Aufgaben.

16-14   Er/sie erfasste neue Rechenarten rasch und sicher und löste auch schwierigere Aufgaben in angemessenem Tempo.

16-15   Die erarbeiteten Einmaleinssätze beherrschte er/sie sicher.

16-16   Zu Rechengeschichten fand er/sie ohne Hilfe die passenden Gleichungen.

16-17   Bei Sachaufgaben fand er/sie selbstständig verschiedene Rechenwege.

16-18   Sachaufgaben durchdachte er/sie logisch und fand selbstständig Frage und Rechnung.

16-19   Er/Sie durchdachte gern Sachaufgaben.

16-20   Räumliche Beziehungen erfasste er/sie auffallend schnell.

Gruppe 2

17-1   Aufgaben mit Zehnerübergang löste er/sie weitgehend sicher.

17-2   Mit Anschauungsmitteln gelang ihm/ihr das Addieren und Subtrahieren zweistelliger Zahlen.

17-3   Alle Aufgaben im Zahlenraum bis 100 löste er/sie selbstständig und meist sicher.

17-4   In Mathematik beherrschte er/sie alle geforderten Aufgaben weitgehend sicher und löste sie in angemessener Zeit.

17-5   In Mathematik gewann er/sie im zweiten Halbjahr größere Sicherheit. Er/Sie löste die geforderten Aufgaben weitgehend richtig und fand auch bei Sachaufgaben meist den Lösungsweg.

17-6   In Mathematik löste er/sie die Aufgaben, die nicht vom üblichen Schema abwichen, recht sicher und auch in angemessener Zeit.

17-7   In Mathematik fand er/sie die Rechenwege der verschiedenen Aufgaben und konnte auch Sachaufgaben meist lösen, brauchte aber noch viel Zeit dazu.

17-8   In Mathematik brauchte er/sie viel Wiederholung, verbesserte aber seine/ihre Rechenfertigkeit sowie das Verständnis für mathematische Zusammenhänge.

17-9   In Mathematik löste er/sie die verschiedenen Rechenaufgaben meist richtig und konnte sein/ihr Rechentempo steigern.

17-10 In Mathematik fand er/sie oft eigene Lösungswege, rechnete aber teilweise zu langsam.

17-11 In Mathematik gewann er/sie größere Sicherheit und löste die meisten Aufgaben richtig, teilweise zu langsam.

17-12 Die Einmaleinsreihen prägte er/sie sich zuverlässig ein. Aufgaben, die vom üblichen Schema abwichen, löste er/sie sehr langsam.

17-13 Sachaufgaben zu durchdenken fiel ihm/ihr in letzter Zeit etwas leichter.

17-14 Er/Sie konnte sein/ihr Verständnis für Sachaufgaben steigern.

17-15 Bei Sachaufgaben fand er/sie oft den Rechenweg.

Gruppe 3

18-1   Den Zahlenraum bis 100 erfasste er/sie noch nicht sicher.

18-2   In Mathematik verstand er/sie die verschiedenen Rechenarten, löste sie aber sehr langsam und unsicher.

18-3   Beim Über- und Unterschreiten von Zehnerzahlen zeigte er/sie große Unsicherheiten.

18-4   Aufgaben mit Zehnerübergang löste er/sie langsam und nicht immer sicher.

18-5   Zur Lösung neuer Aufgaben brauchte er/sie viel Zeit.

18-6   In Mathematik stellten ihn/sie neue Lerninhalte oft vor Probleme.

18-7   Bei der Lösung von Platzhalteraufgaben hatte er/sie große Schwierigkeiten.

18-8   In Mathematik brauchte er/sie viel Zeit, bis er/sie kompliziertere Rechenvorgänge verstanden hatte.

18-9   In Mathematik zeigte er/sie große Unsicherheiten. Die Einmaleinsreihen prägte er/sie sich nicht genau ein.

18-10 In Mathematik brauchte er/sie teilweise lange, bis er/sie neue Aufgaben verstanden hatte. Es traten auch immer wieder Unsicherheiten auf.

18-11 In Mathematik brauchte er/sie für verschiedene Aufgaben immer wieder konkrete Anschauung und viel Zeit zur Lösung.

18-12 In Mathematik rechnete er/sie die Aufgabenarten äußerst langsam und brauchte wiederholt Hilfe, um zur Lösung zu kommen.

18-13   Die Einmaleinsreihen waren noch nicht geläufig.

18-14   Die erarbeiteten Einmaleinsreihen beherrschte er/sie noch nicht sicher.

18-15   Die Einmaleinsreihen beherrschte er/sie nicht sicher. Die übrigen Rechenarten hatte er/sie verstanden, löste sie aber noch viel zu langsam.

18-16   Die Einmaleinsreihen prägte er/sie sich schwer ein. Die übrigen Aufgaben in Mathematik konnte er/sie meist lösen.

18-17   Die Einmaleinsreihen muss er/sie wiederholen.

18-18   Bei Sachaufgaben benötigte er/sie viel Zeit und oft auch Hilfestellung.

18-19   Bei Sachaufgaben erkannte er/sie nur schwer Zusammenhänge.

18-20   Bei Sachaufgaben fand er/sie selten einen Lösungsweg.

Sachunterricht

Gruppe 1

19-1   Dem Sachunterricht folgte er/sie mit sichtbarer Freude.

19-2   Bei allen sachkundlichen Themen zeigte er/sie großes Interesse.

19-3   Am Sachunterricht zeigte er/sie oft lebhaftes Interesse.

19-4   Sehr interessiert beteiligte er/sie sich am Sachunterricht.

19-5   Den Stoff des Sachunterrichts prägte er/sie sich gut ein.

19-6   Sein/Ihr Interesse am Sachunterricht war groß.

19-7   Themen aus dem Sachunterricht fanden stets sein/ihr Interesse.

19-8   Besonderes Interesse zeigte er/sie an biologischen Themen.

19-9   Bei sozialkundlichen Themen zeigte er/sie anhaltendes Interesse.

19-10   Am Sachunterricht nahm er/sie begeistert teil und konnte einfache naturkundliche Sachverhalte erklären.

19-11   Durch eigene Beiträge bereicherte er/sie den Sachunterricht.

19-12   Im Sachunterricht erkannte er/sie rasch Zusammenhänge und behielt auch Einzelheiten im Gedächtnis.

19-13   Mit großem Eifer sammelte er/sie Material für den Sachunterricht.

19-14   Sein/Ihr Sachkundeheft gestaltete er/sie besonders sorgfältig.

19-15   Sein/Ihr Heft für den Sachunterricht führte er/sie mit großem Eifer.

19-16   Besondere Anerkennung verdienten seine/ihre sorgfältig und liebevoll gestalteten Hefteinträge.

19-17   Mit den Einträgen im Sachunterrichtsheft gab er/sie sich viel Mühe.

19-18   Die Einträge im Sachunterrichtsheft gestaltete er/sie mit viel Fantasie und großer Sorgfalt.

19-19   Im Sachunterricht brachte er/sie immer wieder sachbezogene Beiträge, die er/sie sich selbstständig angeeignet hatte.

19-20   Am Sachunterricht beteiligte er/sie sich bei allen Bereichen mit großem Eifer und bereicherte den Unterricht durch eigene Beiträge.

19-21   Gutes Allgemeinwissen brachte er/sie in den Sachunterricht mit ein.

19-22   Lerninhalte im Sachunterricht verstand er/sie und konnte sie wiedergeben.

19-23   Die Inhalte des Sachunterrichts erfasste er/sie schnell und konnte sie sicher wiedergeben.

19-24   Im Sachunterricht erfasste er/sie Zusammenhänge und prägte sich die Inhalte rasch ein.

19-25   Am Sachunterricht beteiligte er/sie sich oft lebhaft und brachte eigene passende Beiträge.

19-26   Gesprächsfreudig nahm er/sie am Sachunterricht teil.

19-27   Durch eifrige Mitarbeit bewies er/sie sein/ihr reges Interesse an den Sachunterrichtsthemen.

19-28   Den Sachunterricht bereicherte er/sie durch eigene Beiträge.

Gruppe 2

20-1   Im Sachunterricht folgte er/sie dem Unterricht mit Interesse, beteiligte sich aber nur selten mit eigenen Beiträgen.

20-2   Am Sachunterricht zeigte er/sie nur zeitweise Interesse.

20-3   Am Sachunterricht beteiligte er/sie sich mit wechselndem Interesse.

20-4   Im Sachunterricht bemühte er/sie sich zur Lösung von Problemen beizutragen.

20-5   Sein/Ihr Sachkundeheft muss er/sie mit mehr Sorgfalt führen.

20-6   Im zweiten Halbjahr beteiligte er/sie sich wesentlich aktiver am Sachunterricht.

20-7   Im Sachunterricht bemühte er/sie sich, einfache Probleme zu erfassen und zu deren Lösung beizutragen.

20-8   Am Sachunterricht beteiligte er/sie sich zeitweise rege und schaffte es, themenbezogen mitzuarbeiten.

20-9   Die Fragen und Probleme aus dem Sachunterricht fanden nur zeitweise sein/ihr Interesse.

20-10   Im Sachunterricht meldete er/sie sich in letzter Zeit deutlich öfter zu Wort.

20-11   Den Stoff des Sachunterrichts prägte er/sie sich nicht immer sicher ein.

20-12   Sein/Ihr Interesse am Sachunterricht nahm zu.

20-13 Am Unterrichtsgespräch im Sachunterricht muss er/sie sich noch reger beteiligen.

20-14 Sein/Ihr Interesse am Sachunterricht war stark von den Themen abhängig.

Gruppe 3

21-1 Sein/Ihr Interesse am Sachunterricht war wenig ausgeprägt.

21-2 Am Sachunterricht zeigte er/sie nur wenig Interesse und arbeitete kaum aktiv mit.

21-3 Im Sachunterricht arbeitete er/sie selten aktiv mit.

21-4 Die Lerninhalte im Sachunterricht erfasste er/sie nur teilweise.

21-5 Den Stoff des Sachunterrichts prägte er/sie sich schwer ein.

21-6 Am Sachunterricht zeigte er/sie sich nur selten interessiert.

21-7 Mit den Einträgen im Sachkundeheft gab er/sie sich wenig Mühe.

21-8 Sein/Ihr Interesse am Sachunterricht war noch wenig beständig.

21-9 An vielen Themen des Sachunterrichts zeigte er/sie wenig Interesse.

21-10 Er/Sie zeigte nur an bestimmten Themen des Sachunterrichts Interesse.

Musischer Bereich

Sport – Musik – Kunsterziehung – Textilarbeit – Werken

Gruppe 1

22-1 An musischen Tätigkeiten zeigte er/sie viel Freude.

22-2 Musische Tätigkeiten sprachen den/die fantasievollen/fantasievolle Schüler/Schülerin sehr an.

22-3 Anregungen zu musischer Betätigung griff er/sie mit Freude auf.

22-4 Für musische Tätigkeiten war er/sie schnell zu begeistern.

22-5 In sämtlichen musischen Bereichen zeigte er/sie Freude und Können.

22-6 An den musischen Lernbereichen beteiligte er/sie sich gern.

22-7 An den musischen Lernbereichen beteiligte er/sie sich freudig.

22-8 An den musischen Lernbereichen beteiligte er/sie sich eifrig.

22-9 Mit Freude und Einsatzbereitschaft beteiligte er/sie sich an den musischen Bereichen.

22-10 In den musischen Fächern zeigte er/sie Fantasie und Geschick.

22-11 In Kunsterziehung zeigte er/sie viel Fantasie.

22-12 In Kunsterziehung zeigte er/sie ein sicheres Form- und Farbgefühl.

22-13 In Kunsterziehung zeigte er/sie ein gutes Farb- und Formempfinden.

22-14 Seine/Ihre Zeichnungen gestaltete er/sie liebevoll und detailliert.

22-15 Seine/Ihre Zeichnungen gestaltete er/sie harmonisch und farbenfroh.

22-16 Beim Zeichnen und Malen zeigte er/sie Ideenreichtum und Geschick.

22-17 Beim Zeichnen verwirklichte er/sie eigene Ideen.

22-18 Er/Sie malte und zeichnete besonders gern.

22-19 Er/Sie zeichnete und malte mit anhaltender Freude.

22-20 Er/Sie malte farbenfrohe, fantasievolle Bilder.

22-21 Er/Sie zeichnete und malte mit viel Freude.

22-22 Besonders geschickt malte er/sie mit Wasserfarben.

22-23 Bei seinen/ihren Zeichnungen gab er/sie sich viel Mühe.

22-24 Seine/Ihre Zeichnungen gestaltete er/sie liebevoll und detailliert.

22-25 Er/Sie beteiligte sich gern an Kunsterziehung und am Sportunterricht.

22-26 Viel Freude und Interesse zeigte er/sie an Musik.

22-27 Er/Sie sang gern und hat eine schöne Stimme.

22-28 Er/Sie konnte eine einfache Melodie sofort richtig nachsingen.

22-29 Im Musikunterricht bewies er/sie melodische und rhythmische Sicherheit.

22-30 Er/Sie hatte viel Freude daran, Texte durch Rhythmen und körperliche Bewegung zu gestalten.

22-31 Er/Sie war rhythmisch sicher und zeigte Geschick im Umgang mit Orff-Instrumenten.

22-32 Taktsicher begleitete er/sie die Lieder mit den Orff-Instrumenten.

22-33 Rhythmisch sicher zeigte er/sie viel Geschick und Einfallsreichtum im Umgang mit Orff-Instrumenten.

22-34 Viel Eifer zeigte er/sie im Musik- und Sportunterricht.

22-35 Seine/Ihre Zeichnungen fertigte er/sie farbenfroh und fantasievoll.

22-36 Beim Malen und Basteln zeigte er/sie Geschick und Einfallsreichtum.

22-37 Beim Malen zeigte er/sie viel Kreativität.

33-38 Besonders gern zeichnete er/sie differenzierte Bilder.

22-39 An Musik und Bewegungserziehung nahm er/sie gelöst teil.

22-40 Mit Freude nahm er/sie am Musikunterricht teil.

22-41 Besondere Freude bereitete ihm/ihr das Erlernen von Liedern und die Darstellung kleiner Spielszenen.

22-42 Bei Tanz und Spiel zeigte er/sie künstlerische Begabung.

22-43   Mit Begeisterung nahm er/sie an der Interessengemeinschaft Tanz und Spiel teil.

22-44   Viel Freude zeigte er/sie im Umgang mit den Rhythmikinstrumenten.

22-45   Er/Sie sang gern und malte mit Liebe zum Detail.

22-46   Mit viel Freude begleitete er/sie die Lieder mit seiner/ihrer Flöte.

22-47   Mit großer Freude und persönlichem Einsatz nahm er/sie am Sportunterricht teil.

22-48   Am Sportunterricht nahm er/sie mit großem Engagement teil.

22-49   Im Sport zeigte er/sie Geschick und Körperbeherrschung.

22-50   Beim Sport zeigte er/sie sich beweglich und geschickt.

22-51   Er/Sie liebte Sport und besaß ein sicheres Ballgefühl.

22-52   In Leichtathletik erzielte er/sie beste Leistungen.

22-53   In Leichtathletik erzielte er/sie hervorragende Ergebnisse.

Gruppe 2

23-1   An den musischen Lernbereichen beteiligte er/sie sich wenig.

23-2   Für musische Tätigkeiten war er/sie nur manchmal zu begeistern.

23-3   Anregungen zu musischer Betätigung griff er/sie manchmal auf.

23-4   Beim Zeichnen und Malen muss er/sie sich mehr Mühe geben.

23-5   Beim Zeichnen und Malen gab er/sie sich schnell mit Ergebnissen zufrieden.

23-6   In Kunsterziehung zeigte er/sie nur wenig Ausdauer.

23-7   Im Sport zeigten sich noch Koordinierungsschwierigkeiten.

23-8   Am Sport nahm er/sie freudig und geschickt, aber auch oft unbedacht teil.

23-9   Am Sport beteiligte er/sie sich gern, die anderen musischen Bereiche begeisterten ihn/sie kaum.

23-10   Von den musischen Lernbereichen beteiligte er/sie sich nur am Sport gern.

23-11   Wenig Interesse und Freude zeigte er/sie an Musik.

23-12   Nur manchmal zeigte er/sie Eifer im Musikunterricht.

Gruppe 3

24-1   An den musischen Lernbereichen beteiligte er/sie sich selten.

24-2   An den musischen Lernbereichen zeigte er/sie wenig Interesse.

24-3   Für musische Tätigkeiten war er/sie nur schwer zu begeistern.

24-4   Beim Malen und Zeichnen muss er/sie noch mehr Selbstvertrauen entwickeln.

24-5   Bei Bastelarbeiten benötigte er/sie meist Hilfe, weil ihm/ihr die Geduld fehlte.

24-6   Beim Zeichnen und Malen zeigte er/sie keine Ausdauer.

24-7   Es fiel ihm/ihr noch schwer, Arm- und Beinbewegungen zu koordinieren.

24-8   Beim Sport zeigte er/sie oft nicht genug Einsatzbereitschaft.

24-9   Beim Sport muss er/sie größeren persönlichen Einsatz zeigen.

24-10   Beim Sport fehlte es ihm/ihr an Beweglichkeit.

24-11   Nur wenig Freude und Interesse zeigte er/sie an Musik.

6.2 Zeugnisbemerkungen in den 3. bis 6. Klassen

Individual- und Sozialverhalten

Lernverhalten

Individual- und Sozialverhalten

Selbstgefühl – Grundstimmung

Gruppe 1

1-1 Der/Die erzählfreudige Schüler/in belebte den Schulalltag durch sein/ihr spontanes, unbeschwertes Verhalten.

1-2 Der/Die ruhige, ausgeglichene Schüler/in zeigte sich stets hilfsbereit und freundlich.

1-3 Der/Die freundliche, verträgliche Schüler/in ordnete sich bereitwillig in die Klassengemeinschaft ein.

1-4 _____ erfreute durch sein/ihr stets höfliches Verhalten und seine/ihre große Hilfsbereitschaft.

1-5 Sein/Ihr unbeschwertes, stets freundliches Verhalten wirkte sich positiv auf die Klassenatmosphäre aus.

1-6 Der/Die ruhige, freundliche Schüler/in war stets hilfsbereit und ausgeglichen.

1-7 _____ war ein/e freundliche/r, aufgeschlossene/r Schüler/in mit heiterer, gelassener Grundstimmung.

1-8 Mit seinem/ihrem heiteren Wesen belebte der/die Schüler/in die Klassensituation.

1-9 Er/Sie bestimmte das Klassenklima positiv.

1-10 Er/Sie zeigte sich stets einordnungswillig und hilfsbereit.

1-11 In der Klassengemeinschaft war er/sie als stets freundliche/r, hilfsbereite/r Schüler/in bei allen Kindern beliebt.

Gruppe 2

2-1 Der/Die aufgeschlossene, beliebte Schüler/in wirkte im Unterricht öfter unruhig und nervös.

2-2 Der/Die aufgeschlossene Schüler/in zeigte sich im Unterricht zeitweise unruhig und nervös.

2-3 Im sozialen Verhalten war er/sie offen, fand aber nur zu einzelnen Schülern Kontakt.

2-4 Im Verhalten seinen/ihren Klassenkameraden/innen gegenüber schien er/sie zeitweise schüchtern und gehemmt.

2-5 Der/Die Schüler/in fügte sich meist willig in die Klassengemeinschaft ein, blieb aber ein Individualist.

2-6 Durch seine/ihre ausgeglichene Art fand er/sie rasch Freunde, die er/sie aber immer wieder wechselte.

2-7   Er/Sie bewies Willensstärke und Durchsetzungsvermögen im Umgang mit den Mitschülern.

Gruppe 3

3-1   Der/Die sensible, anhängliche Schüler/in unterlag starken Stimmungsschwankungen.

3-2   Er/Sie war empfindlich und schnell kränkbar.

3-3   Der/Die sensible Schüler/in ließ sich oft von seinen/ihren Stimmungsschwankungen beeinflussen.

3-4   Der/Die Schüler/in war zeitweise verspielt und zeigte sich bei Anforderungen schnell niedergeschlagen und mutlos.

3-5   Er/Sie nahm unter den Klassenkameraden stets eine sehr dominierende Stellung ein.

3-6   Aufgrund der noch mangelhaften Deutschkenntnisse und der dadurch entstehenden Verständigungsschwierigkeiten war der/die Schüler/in ein Einzelgänger.

3-7   Er/Sie konnte Kritik von den Mitschülern nur schwer ertragen und sonderte sich dann ab.

Kontaktfähigkeit

Gruppe 1

4-1   Der/Die kontaktfreudige, aufgeweckte Schüler/in war bei seinen/ihren Klassenkameraden anerkannt und beliebt.

4-2   _____ war wegen seines/ihres kameradschaftlichen Verhaltens in der Klasse gern gesehen.

4-3   Wegen seines/ihres freundlichen, hilfsbereiten Verhaltens war er/sie in der Klasse beliebt.

4-4   _____ zeigte sich als höfliche/r Schüler/in, der/die freundlich auf seine/ihre Mitschüler zuging.

4-5   In der Klasse war er/sie wegen seiner/ihrer verträglichen, ruhigen Art angesehen.

4-6   _____ war ein/e freundliche/r Schüler/in, der/die sich schnell in die Klassengemeinschaft eingefügt hat.

4-7   In der Klasse war er/sie wegen seines/ihres kameradschaftlichen Verhaltens beliebt.

4-8   _____ war einordnungswillig und verträglich.

4-9   _____ ordnete sich willig in die Klassengemeinschaft ein und war wegen seines/ihres kameradschaftlichen, offenen Wesens beliebt.

4-10 _____ war wegen seines/ihres kameradschaftlichen Verhaltens in der Klasse gern gesehen.

4-11 _____ zeigte sich als ein/e höfliche/r Schüler/in, der/die viele gute Kontakte in der Klasse hat.

4-12 Der/Die hilfsbereite Schüler/in integrierte sich mühelos in die Gemeinschaft.

4-13 _____ verhielt sich seinen/ihren Mitschülern gegenüber kameradschaftlich und wurde akzeptiert.

4-14 _____ war wegen seines/ihres ruhigen, verträglichen Wesens in der Klassengemeinschaft gerne gesehen.

Gruppe 2

5-1 _____ war ein/e höfliche/r Schüler/in, der/die meist mit den Klassenkameraden gut auskam.

5-2 _____ hatte in der Klassengemeinschaft zu einigen Mitschülern gute Kontakte gefunden, wurde aber von anderen abgelehnt.

5-3 Es fiel _____ nicht immer leicht, sich in die Klassengemeinschaft einzuordnen.

5-4 Zu einigen Mitschülern hatte er/sie feste Kontakte geknüpft.

5-5 Den Mitschülern gegenüber zeigte er/sie sich zaghaft.

5-6 Er/Sie konnte sich gut in eine Gruppe einordnen, fand jedoch nur zögernd engere soziale Kontakte.

5-7 Er/Sie suchte Kontakt zu den Mitschülern, konnte aber auch recht eigenwillig sein.

Gruppe 3

6-1 Er/Sie kam nicht immer mit seinen/ihren Mitschülern gut aus und zeigte manchmal ein rücksichtsloses Verhalten.

6-2 Der/Die Schüler/in zeigte sich wenig selbstbewusst seinen/ihren Mitschülern gegenüber, wirkte zeitweise fast ängstlich.

6-3 In Lerngruppen fügte er/sie sich nur ungern ein, da er/sie nicht kompromissbereit war.

Konfliktverhalten

Gruppe 1

7-1 Sein/Ihr Verhalten war stets tadellos.

7-2 _____ ordnete sich stets willig in die Klassengemeinschaft ein und zeigte sich kooperativ.

7-3   Bei entstandenen Konflikten versuchte er/sie stets durch Gespräche Einigung zu erzielen.

7-4   Er/Sie konnte ohne Scheu seine/ihre Meinung vor der Klasse vertreten und sie begründen.

7-5   _____ erfreute durch tadelloses Verhalten.

7-6   _____ erfreute sich wegen seines/ihres ruhigen, verträglichen Wesens in der Klassengemeinschaft großer Beliebtheit.

7-7   _____ zeigte sich als einfühlsame/r, Schüler/in, der/die mit den Kameraden stets gut auskam.

Gruppe 2

8-1   Mit weitgehend gefestigtem Selbstwertgefühl begegnete er/sie seinen/ihren Mitschülern meist verträglich.

8-2   Er/Sie konnte seine/ihre Meinung präzise formulieren, hatte aber oft Schwierigkeiten, die Meinung anderer gelten zu lassen.

8-3   Es gelang ihm/ihr zunehmend besser, entstandene Konfliktsituationen verbal zu lösen.

8-4   Er/Sie war im Umgang mit den Mitschülern zurückhaltend und konnte sich mit der eigenen Meinung nur selten durchsetzen.

Gruppe 3

9-1   Er/Sie hatte noch Schwierigkeiten, sich bei Gemeinschaftsaufgaben mit seinen/ihren Mitschülern zu verständigen, ohne dass dies zu Konflikten führte.

9-2   Er/Sie versuchte nicht selten durch übersteigerte Verhaltensweisen die Aufmerksamkeit seiner/ihrer Mitschüler und des Lehrers auf sich zu lenken.

9-3   Das Verhalten des Schülers gab nicht selten Anlass zu Ermahnungen.

9-4   Es fiel ihm/ihr schwer, eigenes Fehlverhalten einzugestehen und daraus zu lernen.

Zusammenarbeit

Gruppe 1

10-1   Es machte ihm/ihr keine Schwierigkeiten, anderen zuzuhören und auf die Beiträge einzugehen.

10-2   Sein/Ihr Amt als Klassensprecher/in nahm er/sie vernünftig wahr.

10-3   Bei der Gruppenarbeit ließ er/sie die Meinung anderer gelten, konnte sich aber auch zur rechten Zeit durchsetzen.

10-4   Es machte ihm/ihr Freude, mit anderen zusammmen zu arbeiten.

Gruppe 2

11-1 Bei Gruppenarbeiten fügte er/sie sich immer besser ein und zeigte Freude am gemeinsamen Schaffen.

11-2 Bei Gruppenarbeiten gelang es ihm/ihr immer besser, seine/ihre Meinung mit einzubringen.

Gruppe 3

12-1 Er/Sie zeigte nur selten Bereitschaft, Ratschläge und Hilfestellungen von anderen anzunehmen.

12-2 Der/Die Schüler/in arbeitete lernfreudig und zügig allein, hatte aber Schwierigkeiten sich in die Lerngruppe einzubringen.

12-3 Der/Die Schüler/in war kaum fähig, sich in eine Lerngruppe einzufügen.

Lernverhalten

Allgemeines Lernverhalten

Gruppe 1

13-1 Er/Sie beteiligte sich meist aktiv am Unterricht und verhielt sich stets vorbildlich.

13-2 In den musischen Fächern zeigte er/sie Ideenreichtum und Geschick.

13-3 Besonders anerkennenswert waren seine/ihre hervorragenden sportlichen Leistungen.

13-4 Er/Sie war manuell geschickt und vielseitig interessiert.

13-5 Für die gewissenhafte Verwaltung der Klassenbücherei verdiente er/sie Anerkennung.

13-6 Er/Sie zeigte sehr reges Interesse am Unterricht.

13-7 Er/Sie interessierte sich für den Unterricht.

13-8 Er/Sie hörte immer aufmerksam zu.

13-9 Besonderes Interesse zeigte er/sie für das Fach ...

13-10 Er/Sie brachte oft zu den Unterrichtsthemen passendes Arbeitsmaterial mit.

13-11 Allen Unterrichtsinhalten wendete er/sie sich mit gleichbleibend hoher Anstrengungsbereitschaft zu.

13-12 Er/Sie kam gewissenhaft seinen/ihren Pflichten nach.

13-13 Der/Die Schüler/in erledigte alle ihm/ihr gestellten Aufgaben pflichtbewusst, zügig und sehr sauber.

13-14 Die ihm/ihr gestellten Aufgaben erfüllte er/sie ordentlich und gewissenhaft.

13-15 Die geforderten Leistungen brachte er von sich aus und mühelos.

13-16 Sein/Ihr ausgeprägtes Pflichtbewusstsein zeigte sich in der beständigen, gewissenhaften Erledigung aller gestellten Aufgaben.

13-17 Er/Sie zeigte sich stets bereitwillig und meldete sich häufig mit überlegten Antworten.

13-18 _____ arbeitete aufmerksam und interessiert im Unterricht mit.

13-19 Er/Sie war lernwillig und anstrengungsbereit und zeigte Freude am Lernen.

13-20 Neue Aufgaben nahm er/sie interessiert in Angriff.

13-21 Er/Sie konnte sich die Lerninhalte gut einprägen.

13-22 _____ war ein freundlicher/s Junge/Mädchen, der/das stets großes Interesse am Unterrichtsgeschehen zeigte.

Gruppe 2

14-1 Bisweilen hatte er/sie Schwierigkeiten, Aufgabenstellungen selbstständig zu erfassen, konnte sie aber nach Rückfrage richtig bearbeiten.

14-2 Gerne arbeitete er/sie in der Gruppe zusammen, weil ihm/ihr das seine/ihre Unsicherheit nahm.

14-3 Mit den Lerninhalten befasste er/sie sich nicht immer gründlich genug.

14-4 Er/Sie brauchte viel Zuwendung und Ermunterung, um die geforderten Leistungen zu erbringen.

14-5 _____ zeigte sich stets als ruhige/r, sehr gewissenhafte/r Schüler/in, der/die sich aber zu wenig zutraut.

14-6 Er/Sie interessierte sich nicht immer für den Unterricht.

14-7 Er/Sie nahm seine/ihre schulischen Aufgaben ernst, konnte jedoch noch nicht selbstständig und konzentriert genug arbeiten.

14-8 In Prüfungssituationen lagen seine/ihre Leistungen oft unter dem erwarteten Niveau.

14-9 Er/Sie erfüllte seine/ihre Pflichten.

14-10 Er/Sie bemühte sich, den Pflichten nachzukommen.

Gruppe 3

15-1 Er/Sie vergaß nicht selten, seine/ihre Hausaufgaben zu machen.

15-2 Wegen der großen Schwierigkeiten in Deutsch und Mathematik musste er/sie zusätzlich intensiv üben, um das Klassenziel noch erreichen zu können.

15-3 Große Ängstlichkeit zeigte er/sie bei Klassenarbeiten.

15-4 Es fiel ihm/ihr noch schwer, mit seinen/ihren Arbeitsmitteln sorgfältig umzugehen.

15-5   Mit seinen/ihren Schulsachen ging er/sie achtlos um.

15-6   Er/Sie vergaß oft seine/ihre notwendigen Arbeitsmaterialien.

15-7   Er/Sie bemühte sich um gute Leistungen und war niedergeschlagen, wenn ihm/ihr das nicht gelang.

15-8   Es fiel ihm/ihr nicht leicht, sich die Inhalte des Unterrichts einzuprägen.

15-9   Er/Sie interessierte sich nur selten für den Unterricht.

15-10   Er/Sie zeigte kein Interesse am Unterricht.

15-11   Oft ließ er/sie andere kaum zu Wort kommen.

15-12   Er/Sie arbeitete nicht immer pflichtbewusst.

Beteiligung am Unterricht

Gruppe 1

16-1   _____ erfreute durch tadelloses Verhalten und stets eifrige Beteiligung am Unterrichtsgespräch.

16-2   Oft beteiligte er/sie sich mit großem Interesse am Unterrichtsgespräch.

16-3   Im Unterricht arbeitete er/sie aktiv mit und lieferte treffende Beiträge.

16-4   Er/Sie arbeitete gut mit und überraschte immer wieder mit durchdachten Beiträgen.

16-5   Er/Sie arbeitete stets ausdauernd und interessiert mit.

16-6   Häufig beteiligte er/sie sich eifrig am Unterrichtsgespräch.

16-7   Seine/Ihre stets eifrige Mitarbeit im Unterricht war erfreulich.

16-8   Bei Unterrichtsgesprächen zeigten seine/ihre Beiträge, dass er/sie die besprochenen Themen erfasste und eigene Überlegungen einbrachte.

16-9   Im Unterricht arbeitete er/sie selbstständig und zielstrebig und lieferte sachbezogene Beiträge.

16-10   Seine/Ihre Unterrichtsbeiträge waren genau überlegt und zeigten, dass er/sie gut mitdachte.

16-11   _____ beteiligte sich aufgeschlossen am Unterrichtsgeschehen.

16-12   _____ beteiligte sich mit Eifer in allen Unterrichtsbereichen.

16-13   Im Unterrichtsgespräch konnte er/sie seine/ihre sachbezogenen Beiträge verständlich darstellen.

Gruppe 2

17-1   Er/Sie bemühte sich fleißig mitzuarbeiten und stand den schulischen Aufgaben lernwillig gegenüber.

17-2   Interessiert folgte er/sie dem Unterricht und beteiligte sich zeitweise rege.

17-3   Am Unterrichtsgespräch nahm er/sie nur zögernd teil.

17-4   Am Unterrichtsgespräch nahm er/sie nach Kräften teil.

Gruppe 3

18-1   Nur selten beteiligte er/sie sich am Unterrichtsgespräch.

18-2   Mit Aufmerksamkeit folgte er/sie dem Unterricht, entwickelte aber wenig Aktivität.

18-3   Im Unterricht meldete er/sie sich nur selten.

18-4   _____ beteiligte sich selten aus eigenem Antrieb am Unterrichtsgespräch.

Konzentrationsfähigkeit

Gruppe 1

19-1   Er/sie konnte sich auch über einen längeren Zeitraum gut konzentrieren.

19-2   Er/Sie verfügte über ein gutes Konzentrationsvermögen.

19-3   Mit großem Fleiß und anhaltender Konzentration beteiligte sich der/die vielseitig interessierte Schüler/in am Unterricht.

19-4   Stets aufmerksam verfolgte er/sie das Unterrichtsgeschehen und bereicherte es durch treffende Beiträge.

Gruppe 2

20-1   Im Unterricht zeigte er/sie zeitweise zu wenig Aufmerksamkeit und Konzentration.

20-2   Es fiel ihm/ihr zeitweise nicht leicht, dem Unterrichtsgeschehen mit anhaltender Konzentration zu folgen.

20-3   Er/Sie nahm seine/ihre schulischen Aufgaben ernst, konnte jedoch noch nicht selbstständig und konzentriert genug arbeiten.

20-4   Er/Sie war bemüht, dem Unterricht mit Aufmerksamkeit zu folgen, ließ sich aber immer wieder leicht ablenken.

20-5   Dem/Der willigen Schüler/in fiel es nicht leicht, dem Unterrichtsgeschehen mit gleichbleibender Aufmerksamkeit zu folgen.

20-6   Mit Aufmerksamkeit und Interesse verfolgte er/sie das Unterrichtsgeschehen, entwickelte aber selten Aktivität.

20-7   _____ war immer bemüht, dem Unterricht mit der notwendigen Aufmerksamkeit zu folgen, ließ sich aber zu leicht ablenken.

20-8   Mitunter zeigte er/sie Konzentrationsschwierigkeiten.

20-9   Im Unterricht zeigte er/sie zeitweise zu wenig Aufmerksamkeit und Konzentration.

Gruppe 3

21-1   Er/Sie schaffte es nur selten, den Unterrichtsbeiträgen der Mitschüler zuzuhören.

21-2   Seine/Ihre Konzentration war noch nicht beständig genug.

21-3   Er/Sie ließ sich leicht ablenken und konnte sich noch nicht anhaltend konzentrieren.

21-4   Es fiel dem/der Schüler/in schwer, die nötige Aufmerksamkeit zu erbringen.

21-5   Es bereitete ihm/ihr Mühe, anhaltende Konzentration aufzubringen.

21-6   Sich über einen längeren Zeitraum zu konzentrieren, fiel dem/der Schüler/in schwer.

Arbeitsverhalten bei schriftlichen Arbeiten

Gruppe 1

22-1   Seine/Ihre Hefte führte er/sie sehr gewissenhaft.

22-2   Alle schriftlichen Arbeiten erledigte er/sie gewissenhaft und zuverlässig.

22-3   Seine/Ihre saubere Heftführung verdiente Lob.

22-4   Schriftliche Arbeiten bewältigte er/sie selbstständig, gewissenhaft und zügig.

22-5   Konzentriert, selbstständig und ordentlich erledigte er/sie seine/ihre schriftlichen Arbeiten.

22-6   Schriftliche Aufgaben erfüllte er/sie selbstständig und mit erfreulicher Sorgfalt.

22-7   Seine/Ihre stets ordentliche Arbeitsweise verdiente Lob.

22-8   Seine/Ihre Hausaufgaben erledigte er/sie regelmäßig und achtete auch auf eine ordentliche Darstellung.

22-9   Die Hausaufgaben wurden stets pflichtbewusst und gewissenhaft angefertigt.

22-10   Die saubere Heftführung verdiente besonderes Lob.

22-11   Alle schriftlichen Aufgaben erledigte er/sie flott, selbstständig und zuverlässig.

22-12   Er/Sie führte seine/ihre Hefte sehr gewissenhaft.

22-13   Seine/Ihre Hefte und Arbeitsmappen führte er/sie stets gewissenhaft.

22-14 Schriftliche Aufgaben bewältigte er/sie selbstständig und gewissenhaft.

22-15 Schriftliche Aufgaben fertigte er/sie gewissenhaft, übersichtlich und zielstrebig an.

22-16 Alle schriftlichen Arbeiten erledigte er/sie sehr ordentlich und flott.

22-17 Seine/Ihre Heftführung war vorbildlich.

22-18 Er/Sie arbeitete selbstständig, zügig und recht ordentlich.

Gruppe 2

23-1 Seine/Ihre schriftlichen Arbeiten erledigte er/sie mit zufriedenstellender Sorgfalt.

23-2 Er/sie bemühte sich um ordentliche Heftführung.

23-3 Zeitweise fehlte es an der notwendigen Ordnung.

23-4 Er/Sie arbeitete selbstständig und flott, doch mangelte es teilweise an der nötigen Sorgfalt.

23-5 Seine/Ihre schriftlichen Arbeiten erledigte er/sie mitunter zu wenig sorgfältig.

23-6 Das Schriftbild hat sich positiv weiterentwickelt.

23-7 Seine/Ihre Hausaufgaben erledigte er/sie ordentlich und zuverlässig.

23-8 Seine/Ihre schriftliche Arbeitsweise ist ordentlicher geworden.

23-9 Er/Sie arbeitete zeitweise zu flüchtig.

23-10 Zeitweise mangelte es bei den schriftlichen Arbeiten an der notwendigen Sorgfalt.

23-11 Er/Sie arbeitete zügig und mit erfreulicher Sorgfalt.

23-12 Er/Sie arbeitete rasch, doch häufig zu wenig sorgfältig.

23-13 Das Schriftbild in den Heften hat sich in letzter Zeit positiv entwickelt.

23-14 Seine/Ihre schriftliche Arbeitsweise ist ordentlicher geworden.

23-15 Er/Sie arbeitete zeitweise zu flüchtig und nicht ordentlich genug.

23-16 Alle schriftlichen Aufgaben erledigte er/sie nicht immer zügig und selbstständig.

23-17 Die ihm/ihr gestellten Aufgaben erfüllte er/sie meist ordentlich, selbstständig und gewissenhaft.

23-18 Er/Sie arbeitete selbstständig und meist recht ordentlich.

23-19 _____ arbeitete sehr flott, doch mangelte es mitunter an Selbstständigkeit und Sorgfalt.

23-20 Schriftliche Arbeiten erledigte er/sie selbstständig und zuverlässig, achtete aber bei schnellem Arbeitstempo zu wenig auf saubere und übersichtliche Darstellung.

23-21 Er/Sie arbeitete in letzter Zeit selbstständiger und zügiger, aber die Ergebnisse waren noch nicht fehlerfrei.

23-22 Bei schriftlichen Arbeiten bemühte er/sie sich um ordentliche Darstellung, was aber oft zu viel Zeit in Anspruch nahm.

23-23 Zeitweise hatte er/sie Schwierigkeiten mit der ordentlichen Darstellung seiner/ihrer schriftlichen Arbeiten.

23-24 Er/Sie bemühte sich, seine/ihre Aufgaben sorgfältig zu erledigen.

23-26 Die ihm/ihr gestellten Aufgaben erledigte er/sie flott, selbstständig und meist ordentlich.

Gruppe 3

24-1 Es gelang ihm langsam besser, vermeidbare Leichtsinnsfehler abzustellen.

24-2 Bei allen schriftlichen Arbeiten ließ er/sie nicht genügend Sorgfalt und Genauigkeit walten.

24-3 Bei der Erledigung der schriftlichen Arbeiten zeigte er/sie nicht die notwendige Sorgfalt.

24-4 Seine/Ihre schriftlichen Arbeiten erledigte er/sie mitunter schleppend und nicht gleichmäßig ordentlich.

24-5 Seine/Ihre Hausaufgaben waren oft nicht vollständig und ließen die erforderliche ordentliche Darstellungsweise vermissen.

24-6 Nicht selten vergaß er/sie, seine/ihre Hausaufgaben zu machen.

24-7 Er/Sie arbeitete unordentlich und gab sich oft viel zu wenig Mühe.

24-8 Bei schriftlichen Arbeiten ermüdete er/sie rasch und führte sie dann lustlos und sehr langsam zu Ende.

6.3 Wortgutachten in den Übertrittszeugnissen

Individual- und Sozialverhalten

Gruppe 1

1-1 Der/Die verträgliche Schüler/in zeigt eine positive Grundeinstellung seinen/ihren Mitschülern gegenüber.

1-2 Der/Die Schüler/in ordnet sich problemlos in die Klassengemeinschaft ein.

1-3 In der Klassengemeinschaft ist er/sie als vernünftige/r, hilfsbereite/r Mitschüler/in sehr beliebt.

1-4 Er/sie bestimmt das Klassenklima positiv mit.

1-5 Er/Sie bildet sich sein/ihr eigenes Urteil.

1-6 Er/Sie hat keine Schwierigkeiten, sich einzuordnen.

1-7 Er/Sie zeigt sich einordnungswillig und hilfsbereit.

1-8 Er/Sie ist ein/e gern gesehene/r Spielkamerad/in.

1-9 Bei Partner- und Gruppenarbeiten übernimmt er/sie gern die Führung.

1-10 Der/Die höfliche, stets gut gelaunte Schüler/in ist bei seinen/ihren Klassenkameraden sehr beliebt.

1-11 Er/Sie ordnet sich willig in die Klassengemeinschaft ein und ist wegen seines/ihres kameradschaftlichen Wesens beliebt.

1-12 Er/Sie hat sich nach dem Schulwechsel schnell an die neue Umgebung und die Klassenkameraden gewöhnt.

1-13 Er/Sie ist ein/e höfliche/r, freundliche/r Schüler/in.

1-14 Er/Sie ist stets einordnungswillig und verträglich.

1-15 Führende Rollen übernimmt er/sie ungern, tritt aber für schwächere Schüler mutig ein, wenn er/sie sein/ihr Gerechtigkeitsempfinden veletzt sieht.

1-16 Wegen seines/ihres ruhigen, hilfsbereiten Wesens ist er/sie bei allen Mitschülern beliebt.

1-17 Der/Die kontaktfreudige Schüler/in ist wegen seines/ihres hilfsbereiten Wesens bei allen Mitschülern beliebt.

1-18 Willig ordnet er/sie sich in die Gruppe ein und ist stets kooperationsbereit.

1-19 Der/Die Schüler/in wirkt vernünftig, ausgeglichen und in jeder Weise widerstandsfähig.

1-20 Sein/Ihr gutes Auskommen mit allen Mitschülern verdient Lob.

1-21 Mit weitgehend gefestigtem Selbstwertgefühl begegnet er/sie anderen verträglich und tolerant.

1-22 Umsichtig übernimmt er/sie Verantwortung im Lauf des Schulalltags und setzt sich als Klassensprecher/in für seine/ihre Mitschüler ein.

1-23 Er/Sie lässt die Ansichten anderer gelten, kann jedoch auch eigenen Anliegen entsprechend Ausdruck verleihen.

1-24 Er/Sie ist tolerant, einfühlsam und hat ein ausgeprägtes Gerechtigkeitsempfinden.

1-25 Er/Sie vertritt seine/ihre Meinung überzeugend.

1-26 _____ hat ein gefestigtes Selbstvertrauen und nimmt auch zeitweilige Misserfolge gelassen hin.

1-27 Der/Die Schüler/in hält vereinbarte Ordnungsregeln ein.

1-28 Er/Sie nimmt am Schulgeschehen aufmerksam teil und beobachtet kritisch.

1-29 _____ zeigt sich als frohe/r, ausgeglichene/r Schüler/in.

1-30 Umsichtig übernimmt er/sie auch Verantwortung im Ablauf des Schulalltags und setzt sich als Klassensprecher/in für seine/ihre Mitschüler ein.

1-31 Er/Sie trägt durch sein/ihr umgängliches Wesen zu einem harmonischen Miteinander in der Klassengemeinschaft bei.

1-32 Er/Sie lässt die Ansichten anderer gelten, kann jedoch auch eigenen Anliegen entsprechenden Ausdruck verleihen.

1-33 _____ ist ein/e freundliche/r, aufgeschlossene/r Schüler/in mit heiterer, gelassener Grundstimmung. Mit sicherem Selbstvertrauen begegnet er/sie den Anforderungen des Schulalltags.

1-34 Regeln und Ordnungen hält er/sie verlässlich ein, wenn sie seiner/ihrer Überzeugung nach sinnvoll und notwendig sind.

1-35 Er/Sie zeigt sich tolerant und einfühlsam und hat ein ausgeprägtes Gerechtigkeitsempfinden.

1-36 Durch sein/ihr humorvolles, ausgeglichenes Wesen findet er/sie rasch das Vertrauen und die Anerkennung anderer.

1-37 Er/sie kann seine/ihre Meinung präzise formulieren, erkennt aber auch die Ansicht anderer an.

1-38 _____ ordnet sich gut in die Gemeinschaft ein, bringt kritische und bereichernde Beiträge und kann anderen zuhören.

1-39 Er/Sie kann gut kooperieren und stellt, wenn nötig, seine/ihre eigenen Bedürfnisse zurück.

1-40 _____ ist ein/e aufgeweckte/r, stets freundliche/r Schüler/in, der/die seinen/ihren Mitschülern mit gefestigtem Selbstwertgefühl begegnet.

1-41 In die Gemeinschaft ordnet sich _____ gut ein und belebt mit seinem/ihrem heiteren, unkomplizierten Wesen das Schulleben.

1-42 _____ ist ein/eine frohgestimmte/r, ausgeglichene/r Schüler/in, der/die dem Schulalltag auch gern humorvolle Seiten abgewinnt.

1-43 Seine/Ihre eigene Meinung kann er/sie angemessen vertreten.

1-44 Er/Sie ist auf Grund seines/ihres sicheren Auftretens und seiner/ihrer humorvollen Art beliebt und geachtet und kann gut kooperieren.

1-45 Seinen/Ihren Klassenkameraden gegenüber verhält er/sie sich stets hilfsbereit und selbstbewusst.

1-46 Der/Die höfliche, stets gut gelaunte Schüler/in ist bei seinen/ihren Klassenkameraden sehr beliebt.

1-47 In Lerngruppen fügt er/sie sich problemlos ein, da er/sie kompromiss- und hilfsbereit ist.

1-48 Er/Sie tritt den Lehrern offen und vertrauensvoll gegenüber und sucht oft das persönliche Gespräch.

1-49 Mit Besonnenheit und Gerechtigkeitsempfinden reagiert er/sie in Konfliktsituationen und setzt sich vermittelnd ein.

Gruppe 2

2-1 Der/Die Schüler/in fügt sich ein, bleibt aber ein Individualist.

2-2 Er/Sie ist noch unsicher in der eigenen Urteilsbildung.

2-3 Er/Sie sucht Kontakt zu den Mitschülern, ist aber eigenwillig.

2-4 Im sozialen Verhalten ist er/sie offen, findet aber nur langsam zu einzelnen Schülern Kontakt.

2-5 Der/Die Schüler/in ist ein/e Einzelgänger/in, wünscht aber Kontakt zu Mitschülern.

2-6 Im Verhalten gegenüber den Klassenkameraden erscheint er/sie manchmal gehemmt.

2-7 Wenn seine/ihre Leistungen den eigenen Vorstellungen nicht entsprechen, wirkt er/sie niedergeschlagen und fühlt sich ins Abseits geschoben.

2-8 _____ nimmt unter seinen/ihren Klassenkameraden eine dominierende Position ein.

2-9 Der/Die Schüler/in zeigt sich wenig selbstbewusst, zeitweise sogar ängstlich.

2-10 Zu wenigen Schülern hat er/sie engeren Kontakt gefunden, kommt aber mit allen gut aus.

2-11 _____ ist ein/e gewissenhafte/r Schüler/in, der/die lernen muss, sich mehr zuzutrauen.

2-12 Er/Sie kann sich problemlos anpassen.

2-13 Er/Sie beweist Willensstärke und Durchsetzungsvermögen im Umgang mit den Mitschülern.

2-14 Seine/Ihre ausgeglichene Grundstimmung drückt er/sie zuweilen in fröhlicher Ausgelassenheit aus.

2-15 Konflikte versucht er/sie zunehmend durch verbale Argumentation zu lösen.

2-16 _____ ist im Umgang mit den Mitschülern zurückhaltend. Hat er/sie Vertrauen gefasst, verhält er/sie sich hilfsbereit und kooperativ.

2-17 Konfliktsituationen löst er/sie zunehmend durch verbale Auseinandersetzung und ist dabei zum Einlenken bereit.

2-18 Der/Die höfliche, hilfsbereite Schüler/in ist kontaktoffen und kann sich gut in die Gruppe einordnen, findet jedoch nur zögernd engere soziale Kontakte.

2-19 Er/Sie besitzt ein ausgeprägtes Gerechtigkeitsgefühl und versucht stets, entstandene Konflikte argumentativ zu lösen.

2-20 Er/Sie nimmt unter seinen/ihren Klassenkameraden eine dominierende Position ein.

2-21 _____ ist ein/e zuverlässige/r, hilfsbereite/r Schüler/in, der/die sich meist gut in eine Gemeinschaft einfügen kann.

Gruppe 3

3-1 Er/Sie verträgt nur schwer Kritik seiner/ihrer Mitschüler.

3-2 Es fällt ihm/ihr schwer, eigenes Fehlverhalten einzusehen und daraus zu lernen.

3-3 Gefühle und Bedürfnisse angemessen zu verbalisieren, fällt ihm/ihr manchmal noch recht schwer, eher zieht er/sie sich dann in sich zurück.

3-4 _____ fällt es schwer zu kooperieren.

3-5 Er/Sie zeigt sich als Einzelgänger/in.

3-6 Er/Sie fühlt sich oft unverstanden von seinen/ihren Mitschülern.

3-7 Es fällt ihm/ihr schwer, seine/ihre Aggressionen zu beherrschen.

3-8 Durch sein/ihr unausgeglichenes Wesen findet er/sie nur schwer Zugang zu den Mitschülern.

3-9 Im sozialen Verhalten zeigt er/sie sich gehemmt.

3-10 Der/Die Schüler/in hat Kontaktschwierigkeiten.

3-11 Der/Die Schüler/in ermüdet leicht und wirkt mitunter geistig abwesend.

3-12 Der/Die Schüler/in wirkt zeitweise verspielt und ist schnell niedergeschlagen und mutlos.

3-13 Er/Sie scheint sich manchmal in einer Traumwelt zu befinden.

3-14 Der/Die Schüler/in wirkt stets ruhig, manchmal antriebslos.

3-15 Da aufgrund der Sprache Verständigungsschwierigkeiten bestehen, ist er/sie in der Klasse ein Einzelgänger.

3-16 Häufig versucht er/sie, auf irgendeine Weise Aufmerksamkeit zu erregen.

3-17 Er/Sie lässt sich leicht ablenken und kann sich noch nicht ausdauernd genug konzentrieren.

Lernbereitschaft

Gruppe 1

4-1 _____ zeigt eine positive Grundeinstellung zur schulischen Arbeit.

4-2 Er/Sie erledigt seine/ihre Aufgaben gewissenhaft.

4-3 Er/Sie arbeitet stets pflichtbewusst.

4-4 Er/Sie arbeitet selbstständig und flott.

4-5 Sein/Ihr besonderes Interesse liegt im Fach ...

4-6 Er/Sie ist begeisterungsfähig und zeigt sich immer aufnahmebereit.

4-7 Er/Sie erfüllt zuverlässig seine/ihre Pflichten und arbeitet stets ordentlich.

4-8 Er/Sie zeigt aktive Mitarbeit im Unterricht und anhaltendes Interesse.

4-9 Er/Sie hat eine vorbildliche Arbeitshaltung.

4-10 Er/Sie geht mit Pflichtbewusstsein und Eifer an die ihm/ihr gestellten Aufgaben.

4-11 Die stets ordentliche Arbeitsweise ist lobenswert.

4-12 Allen Unterrichtsinhalten wendet er/sie sich mit gleichbleibend hoher Anstrengungsbereitschaft zu.

4-13 Der/Das lernwillige Junge/Mädchen zeigt in allen Fachbereichen großes Interesse.

4-14 Er/Sie ist vielseitig interessiert.

4-15 Seine/Ihre Fantasie ist lebendig.

4-16 Bei erhöhtem Anforderungsniveau wächst seine/ihre Anstrengungsbereitschaft.

4-17 Der/Die aufgeschlossene Schüler/in nimmt alle auf ihn/sie zukommenden Anforderungen ernst und arbeitet stets gewissenhaft.

4-18 Der/Die Schüler/in steht allen ihm/ihr gestellten Aufgaben aufgeschlossen gegenüber.

4-19 Der/Die Schüler/in arbeitet ordentlich und zeigt sich neuen Aufgaben gegenüber aufgeschlossen.

4-20 Bei der Durchführung seiner/ihrer Lernaufgaben zeigt er/sie Leistungswillen, um die notwendige Ausdauer und Konsequenz aufzubringen und das Lernziel zügig zu erreichen.

4-21   _____ denkt produktiv und logisch, Probleme werden erkannt und durchdacht.

4-22   _____ plant und arbeitet selbstgesteuert bei guter Konzentration und großer Ausdauer.

4-23   _____ arbeitete ausdauernd, gewissenhaft, sauber und übersichtlich bei guter Konzentration.

4-24   Er/Sie kann konzentriert und ausdauernd arbeiten, plant seine/ihre Lernschritte überlegt und führt diese zielstrebig durch.

4-25   Der/Die ausgeglichene, freundliche Schüler/in führt die ihm/ihr gestellten Aufgaben selbstständig, zügig und ordentlich aus.

4-26   Mit großem Fleiß und ausdauernder Konzentration beteiligt sich der/die vielseitig interessierte Schüler/in am Unterrichtsgespräch.

4-27   Das ausgeprägte Pflichtbewusstsein des/der Schülers/Schülerin zeigt sich in der beständigen, zuverlässigen und gewissenhaften Erledigung aller ihm/ihr gestellten Aufgaben.

4-28   Der/Die Schüler/in ist stets bereit, Leistungen zu erbringen.

4-29   Er/Sie bereichert den Unterricht durch vielfältige Beiträge.

4-30   Er/Sie zeigt stets gleichbleibendes Interesse.

4-31   Er/Sie ist leicht zu motivieren.

4-32   Die Freude am Lernen ist oft spürbar.

4-33   Der/Die strebsame Schüler/in bemüht sich um gute Leistungen.

4-34   Der/Die Schüler/in geht freudig auch an die Lösung schwieriger Aufgaben heran.

4-35   Durch großen Einsatz gelingt es dem/der Schüler/in, gute Leistungen zu erreichen.

4-36   Der/Die aufgeschlossene Schüler/in folgt dem Unterricht mit Interesse.

4-37   Mit großer Begeisterung übernimmt er/sie bei Theaterstücken Rollen.

4-38   Besonderes Interesse zeigt er/sie auf musischem Gebiet.

4-39   Für mathematische Aufgaben ist er/sie leicht zu motivieren.

4-40   Sein/Ihr Interesse gilt besonders dem Sport.

4-41   Am Schulchor nimmt er/sie mit großer Freude teil.

4-42   Erfolge stärken ihn/sie, Misserfolge regen ihn/sie zu verstärkter Arbeit an.

4-43   Er/Sie zeigt viel Anstrengungsbereitschaft und Einsatzfreude.

4-44   Der/Die Schüler/in versteht es, sein/ihr Können in Leistungssituationen erfolgreich unter Beweis zu stellen.

4-45   Mit Freude geht er/sie auch an die Lösung schwieriger Aufgaben heran.

4-46   Er/Sie beobachtet gründlich und fasst sicher auf.

4-47 Er/Sie ist vielseitig interessiert und beobachtet genau.

4-48 Er/Sie fasst rasch auf, beobachtet gründlich und denkt selbstständig.

4-49 Die Beobachtung des/der Schülers/Schülerin ist allseitig.

4-50 Mit Interesse geht er/sie an neue Aufgaben heran.

4-51 Er/Sie beobachtet allseitig und gründlich.

4-52 Sein/Ihr Interesse ist leicht zu wecken.

4-53 Der/Die Schüler/in zeigt vielseitiges Interesse.

4-54 Zahlen und Formen werden besonders sicher aufgefasst.

4-55 Mit gesichertem Selbstvertrauen begegnet er/sie den Anforderungen des Schulalltags.

4-56 Besonders bei biologischen Themen beweist er/sie ausgeprägte Lernfreude und kann Erkenntnisse folgerichtig wiedergeben.

4-57 Am Unterrichtsgeschehen nimmt er/sie mit interessierter Aufmerksamkeit teil, wobei er/sie genau beobachtet und seine/ihre Meinung überzeugend vertritt.

4-58 Mit beachtlicher Eigeninitiative vertieft er/sie seine/ihre Kenntnisse innerhalb selbst gewählter Wissensgebiete.

4-59 Er/Sie weist Anstrengungsbereitschaft und anhaltende Konzentration auf, sowie sehr gute Gedächtnisleistungen.

4-60 Er/Sie kann sich Gegebenheiten gut anpassen und ist sehr anstrengungsbereit, wenn er/sie ein Ziel erreichen will.

4-61 Bei motivierter Lerneinstellung kann er/sie sich gut und ausdauernd konzentrieren und zielstrebig arbeiten.

4-62 Seine/Ihre Mitarbeit ist rege, aufmerksam und konstruktiv.

4-63 Der/Die verträgliche Schüler/in zeigt eine positive Grundeinstellung zur schulischen Arbeit.

4-64 Allen Unterrichtsinhalten wendet er/sie sich mit gleichbleibend hoher Anstrengungsbereitschaft zu.

4-65 Mit kritischem Interesse beteiligt er/sie sich lebhaft am Unterricht.

4-66 Der/Die Schüler/in beteiligt sich rege am Unterrichtsgeschehen.

4-67 Er/Sie folgt dem Unterricht mit Interesse und mit nachhaltiger Konzentration.

4-68 Er/Sie nimmt rege Anteil am Unterricht.

4-69 Der/Die Schüler/in beteiligt sich rege und mit treffenden Beiträgen am Unterrichtsgespräch.

4-70 Zuverlässig beteiligt er/sie sich am mündlichen Unterricht.

4-71 Sein/Ihr Arbeitseinsatz bei allen mündlichen Aufgaben ist groß.

4-72 Der/Die Schüler/in arbeitet lebhaft mit regem Interesse im Unterricht mit.

4-73 Interessiert folgt er/sie dem Unterricht und bereichert ihn durch treffende Beiträge.

4-74 Mit Aufmerksamkeit und Konzentration verfolgt er/sie den Unterricht.

4-75 Erfreulich eifrig beteiligt er/sie sich am Unterrichtsgespräch.

4-76 Er/Sie liefert häufig treffende Beiträge.

4-77 Er/Sie arbeitet interessiert mit und überrascht immer wieder mit gut durchdachten Beiträgen.

4-78 Häufig beteiligt er/sie sich eifrig am Unterrichtsgespräch.

4-79 Seine/Ihre eifrige Beteiligung am Unterrichtsgespräch ist anerkennenswert.

4-80 Der/Die Schüler/in kann anderen zuhören und selbst sachlich argumentieren.

4-81 Der/Die vielseitig interessierte Schüler/in zeigt reges Interesse am Unterricht und beteiligt sich oft lebhaft.

4-82 Allen Sachkundethemen bringt er/sie lebhaftes Interesse entgegen.

4-83 Am Unterrichtsgespräch nimmt der/die Schüler/in stets aktiv teil.

Gruppe 2

5-1 Er/Sie verfolgt das Unterrichtsgeschehen aufmerksam, beteiligt sich aber nur selten aktiv daran.

5-2 _____ ist grundsätzlich lernfreudig und besonders interessiert an Themen aus der Biologie und aus dem sozialen Bereich.

5-3 Er/Sie zeigt Anstrengungsbereitschaft und Einsatzfreude, sucht auch bisweilen Unterstützung, wenn er/sie seiner/ihrer Sache nicht ganz sicher ist.

5-4 _____ ist grundsätzlich interessiert an Sachzusammenhängen aus dem Bereich der Technik und Wissenschaft und an Inhalten mit sozialem Hintergrund.

5-5 _____ ist grundsätzlich lernfreudig und besonders interessiert an Bereichen mit sozialen Inhalten.

5-6 Die eigenen Fähigkeiten schätzt er/sie kritisch ein, ist aber bereit, Aufgaben zu übernehmen, die seine/ihre Anstrengungsbereitschaft fordern.

5-7 Der/Die Schüler/in fasst zwar schnell, aber oft zu oberflächlich auf.

5-8 Das Bemühen um genaue Beobachtung und rasche Auffassung ist spürbar.

5-9 Mit wechselndem Interesse begegnet er/sie neuen Aufgabenstellungen.

5-10   Er/Sie erfasst grundlegende Sachverhalte rasch, nimmt jedoch wegen seiner/ihrer zeitweise flüchtigen Betrachtungsweise wesentliche Einzelheiten nicht immer wahr.

5-11   Er/Sie bemüht sich, seine Leistungen zu verbessern.

5-12   Sein/Ihr Leistungswille ist zeitweise noch schwankend.

5-13   Seine/Ihre eigenen Fähigkeiten schätzt er/sie kritisch ein, ist aber bereit Aufgaben zu übernehmen, die seine/ihre Anstrengungsbereitschaft fordern.

5-14   Bei seinen/ihren Lernaufgaben gelingt es ihm/ihr meist, die nötige Ausdauer aufzubringen, um seine/ihre Lernziele zu erreichen.

5-15   Er/Sie arbeitet gerne mit Mitschülern in der Gruppe und ordnet sich dabei gut ein.

5-16   Seine/Ihre Mitarbeit kann als rege und konstruktiv bezeichnet werden.

5-17   Das Arbeitsverhalten des/der Schülers/Schülerin ist Schwankungen unterworfen.

5-18   Er/Sie zeigt teilweise großen Eifer.

5-19   Er/Sie ist um gute Leistungen bemüht.

5-20   Er/Sie zeigt großen Ehrgeiz und nimmt die Schule sehr ernst.

5-21   Er/Sie bemüht sich nach Kräften um gute Leistungen.

5-22   Er/Sie arbeitet zuverlässig und sorgfältig, aber nicht flott genug.

5-23   Die Lernbereitschaft ist stark von seinen/ihren Interessen abhängig.

5-24   Er/Sie muss sein/ihr Arbeitstempo steigern.

5-25   Er/Sie ist lebendig und tatkräftig, wirkt aber mitunter etwas verspielt.

5-26   Die Mitarbeit muss noch gleichmäßiger werden.

5-27   Oft beteiligt er/sie sich rege am Unterrichtsgespräch.

5-28   Im Unterricht ist er/sie um Aufmerksamkeit bemüht, aber auch schnell ablenkbar.

5-29   Er/Sie bemüht sich, fleißig mitzuarbeiten und steht den schulischen Aufgaben lernwillig gegenüber.

5-30   Er/Sie arbeitet meist ausdauernd und konzentriert mit.

5-31   Immer ist er/sie bemüht, dem Unterricht aufmerksam zu folgen, lässt sich aber leicht ablenken.

Gruppe 3

6-1   Er/Sie fühlt sich oft unsicher, wenn er/sie allein arbeiten soll.

6-2   Er/Sie beteiligt sich am Unterricht nur selten aktiv und lässt sich leicht ablenken.

6-3   Sich über einen längeren Zeitraum zu konzentrieren, fällt ihm/ihr schwer; die Lernbereitschaft lässt dann zunehmend nach.

6-4	Große Ängstlichkeit zeigt er/sie bei Lernzielkontrollen bzw. Klassenarbeiten.
6-5	In Prüfungssituationen liegen seine/ihre Leistungen unter dem erwarteten Niveau.
6-6	Er/Sie versucht, den Anforderungen der Schule auszuweichen.
6-7	_____ ist grundsätzlich lernfreudig und aufgeschlossen für das Unterrichtsgeschehen. Ausdauer und Konzentration sind aber stark von der Interessenlage abhängig.
6-8	Er/Sie weicht Schwierigkeiten nicht aus, versucht aber alle ihm/ihr gestellten Aufgaben mit möglichst geringem Zeitaufwand zu erledigen.
6-9	Gesprächsregeln einzuhalten, fällt ihm/ihr häufig noch schwer.
6-10	Es fällt ihm/ihr schwer, im Unterricht die nötige Aufmerksamkeit zu erbringen.
6-11	Am Unterrichtsgespräch nimmt er/sie nur zögernd teil.
6-12	Er/Sie muss im Unterrichtsgespräch noch mehr Aktivität entwickeln.
6-13	Er/Sie muss dem Unterricht noch aufmerksamer und aktiver folgen.
6-14	Der/Die Schüler/in beobachtet noch nicht genau und ausdauernd genug.
6-15	Er/Sie fasst bedächtig auf und beobachtet langsam.
6-16	Der/Die Schüler/in fasst bedächtig und nicht immer sicher auf.
6-17	Der/Die Schüler/in fasst langsam auf und beobachtet flüchtig.

Allgemeines Lernverhalten

Gruppe 1

7-1	Der/Die naturbegeisterte Schüler/in lässt eine positive Grundeinstellung der schulischen Arbeit gegenüber erkennen.
7-2	Der/Die Schüler/in fasst neue Lerninhalte auf und denkt folgerichtig.
7-3	Er/Sie beobachtet genau und anhaltend.
7-4	Er/Sie überschaut Zusammenhänge.
7-5	Er/Sie kann logisch denken.
7-6	Er/Sie erkennt logische Zusammenhänge.
7-7	Er/Sie zeigt überdurchschnittliche logische Denkleistungen.
7-8	Sein/Ihr Gedächtnis ist gut entwickelt.
7-9	Auf sein/ihr Gedächtnis kann er/sie sich verlassen.
7-10	Er/Sie kann vergleichen und einordnen.
7-11	Er/Sie kann selbstständig Gedankengänge entwickeln.
7-12	Seine/Ihre Neigungen liegen auf mathematischem Gebiet.
7-13	Er/Sie besitzt überwiegend produktive Fähigkeiten.
7-14	Er/Sie kann sich gut konzentrieren.

7-15   Er/Sie ist redegewandt.

7-16   Er/Sie denkt kritisch mit.

7-17   Er/Sie bemüht sich um eigene Lösungsstrategien.

7-18   Er/Sie ist schnell und sicher beim mechanischen Rechnen.

7-19   Er/Sie verfügt über ein gutes Allgemeinwissen.

7-20   Er/Sie besitzt einen reichen Wortschatz.

7-21   Er/Sie verbalisiert überlegt und treffend.

7-22   Er/Sie fasst Probleme und Sachverhalte rasch auf und schafft es, sich auf längere Zeit zu konzentrieren.

7-23   Die rege Fantasie zeigt sich besonders beim schriftlichen Ausdruck.

7-24   Er/Sie arbeitet vor allem in Mathematik selbstständig und sicher und schließt folgerichtig.

7-25   Sein/Ihr besonderes Interesse im Sachunterricht gilt allen Themen aus dem Fachbereich Biologie.

7-26   Seine/Ihre Fantasie ist blühend.

7-27   Im mündlichen Gebrauch der Sprache ist er/sie recht gewandt.

7-28   Seine/Ihre Fähigkeiten sind überwiegend produktiv.

7-29   Der/Die Schüler/in kann das Wesentliche vom Unwesentlichen unterscheiden.

7-30   Die Kreativität des/der Schülers/Schülerin ist ausgeprägt.

7-31   Er/Sie denkt produktiv und logisch, Probleme werden erkannt und durchdacht.

7-32   Er/Sie setzt sich mit der anstehenden Problematik konstruktiv auseinander.

7-33   Der/Die Schüler/in erfasst das Wesentliche und findet problemlos Gemeinsamkeiten.

7-34   Der/Die Schüler/in verfügt über ein zuverlässiges Gedächtnis.

7-35   Verse und Gedichte kann er/sie sich besonders gut merken.

7-36   Er/Sie besitzt ein gutes Gedächtnis für Zahlen.

7-37   Auf visuellem Gebiet besitzt er/sie ein gutes Gedächtnis.

7-38   Der/Die Schüler/in verfügt über ein gutes Kurzzeitgedächtnis.

7-39   Der/Die Schüler/in kann sich auf sein/ihr Gedächnis immer verlassen.

7-40   Sein/Ihr Gedächtnis bleibt auch in Prüfungssituationen zuverlässig.

7-41   Was der/die Schüler/in mechanisch geübt hat, prägt sich in sein/ihr Gedächtnis gut ein.

7-42   Sachverhalte, die ihn/sie interessieren, kann er/sie auch nach längerer Zeit genau wiedergeben.

7-43   Hervorzuheben sind seine/ihre hervorragenden Gedächtnisleistungen.

7-44   Er/Sie besitzt ein zuverlässiges Gedächtnis.

7-45   Er/Sie kann leicht lernbare Strukturen und Fakten gut reproduzieren.

7-46   Er/Sie behält dargestellte Sachverhalte detailliert und dauerhaft im Gedächtnis.

7-47   Er/Sie verfügt über ein umfangreiches Gedächtnis.

7-48   Er/Sie kann sich neue Lerninhalte gut merken.

7-49   Er/Sie kann Gelerntes auch nach längerer Zeit noch mühelos wiedergeben.

7-50   Der/Die Schüler/in verfügt über ein gutes Gedächtnis und prägt sich auch Einzelheiten genau ein.

7-51   Besonders im Bezug auf Sachstoffe hat er/sie ein umfangreiches Gedächtnis.

7-52   Bei beherrschter und geordneter Fantasie zeigt er/sie Einfallsreichtum und denkt produktiv und logisch, Probleme werden erkannt und durchdacht.

7-53   Er/Sie bildet sich seine/ihre eigene Meinung und legt sie überzeugend dar.

7-54   Er/Sie ist redegewandt und kann seine/ihre Meinung überzeugend vertreten. Häufig nimmt er/sie sich aber zurück und lässt die Meinung anderer gelten.

7-55   Er/Sie erfasst Zusammenhänge und kann diese gut verbalisieren und begründen.

7-56   Durch sein/ihr waches Interesse und seine/ihre große Lesefreude hat er/sie sich ein beachtliches Allgemeinwissen erworben.

7-57   Der/Die ausgeglichene und zuverlässige Schüler/in fasst Zusammenhänge schnell und gründlich auf, beobachtet genau und besitzt einen Blick für das Wesentliche.

7-58   Er/Sie verfügt über ein zuverlässiges Gedächtnis und vermag kritisch zu vergleichen.

7-59   Er/Sie fasst Zusammenhänge schnell auf und besitzt einen Blick für das Wesentliche.

7-60   Er/Sie verfügt über ein umfassendes Langzeitgedächtnis.

7-61   Lobenswert sind seine/ihre hervorragenden Gedächtnisleistungen, sein/ihr gutes Konzentrationsvermögen und sein/ihr sicheres Instruktionsverständnis.

7-62   Er/Sie erfasst rasch das Wesentliche und findet problemlos Gemeinsamkeiten mit bereits gelernten Sachverhalten.

7-63   Einmal Gelerntes kann er/sie auch nach langer Zeit sicher wiedergeben.

7-64   Er/Sie kann sich auch längere Zeit gut konzentrieren.

7-65 Er/Sie kann auf längere Zeit sehr konzentriert mitarbeiten.

7-66 Er/Sie fasst rasch auf und behält dargestellte Sachverhalte detailliert und dauerhaft im Gedächtnis.

7-67 Der/Die Schüler/in besitzt eine rasche Beobachtungs- und Auffassungsgabe und ein gut ausgeprägtes logisches Denkvermögen.

7-68 Er/Sie verarbeitet Gelerntes schnell und weiß es auch auf andere Gebiete sachgerecht anzuwenden.

7-69 Er/Sie verfügt über ein umfangreiches, sicheres Gedächtnis.

7-70 _____ ist ein/e kluge/r, ruhige/r Schüler/in, der/die eine rasche Beobachtungs- und Auffassungsgabe und ein stark ausgeprägtes logisches Denkvermögen besitzt.

7-71 Schriftliche Aufgaben fertigt er/sie zügig, ordentlich und selbstständig an. Besonders gerne arbeitet er/sie an Übungsreihen.

7-72 Alle schriftlichen Arbeiten werden zügig, selbstständig und ordentlich erledigt.

7-73 Schriftliche Arbeiten werden gewissenhaft und selbstständig angefertigt.

7-74 Schriftliche Aufgaben gestaltet er/sie ordentlich und gewissenhaft.

7-75 _____ erledigt die ihm/ihr gestellten Aufgaben pflichtbewusst, zügig, dabei sehr sauber und ordentlich.

7-76 Die ihm/ihr gestellten Aufgaben erledigt er/sie durchwegs mühelos und sehr selbstständig.

7-77 Alle schriftlichen Arbeiten führt er/sie ansprechend, übersichtlich und zügig aus.

Gruppe 2

8-1 Gelerntes behält er/sie meist sicher.

8-2 Er/Sie erfasst Probleme und versucht, sie selbstständig zu lösen.

8-3 Er/Sie kann Gelerntes sinngemäß anwenden.

8-4 Er/Sie kann Gelerntes sinngemäß übertragen.

8-5 Er/Sie hat eine beherrschte Fantasie.

8-6 Er/Sie hat eine blühende Fantasie.

8-7 Er/Sie besitzt überwiegend reproduktive Fähigkeiten.

8-8 Die Konzentration ist noch nicht beständig genug.

8-9 Er/Sie braucht Anschauungsmaterial beim Rechnen.

8-10 Er/Sie versteht es noch nicht, seine/ihre Gedanken sachgemäß zu verbalisieren.

8-11 Zeitweise hat er/sie Konzentrationsschwierigkeiten.

8-12 _____ weicht Schwierigkeiten nicht aus, versucht sie aber mit möglichst geringem Zeitaufwand zu bewältigen, was oft zu Leichtsinnsfehlern führt.

8-13   Er/Sie fasst im Allgemeinen schnell und gründlich auf und hat ein gutes Gedächtnis.

8-14   Er/Sie fasst Probleme und Sachverhalte meist rasch auf und schafft es zunehmend, Gelerntes im neuen Kontext anzuwenden.

8-15   Seine/Ihre Konzentration lässt rasch nach und er/sie beschäftigt sich dann mit anderen Dingen.

8-16   Die Konzentration des/der Schüler/s/in ist Schwankungen unterworfen, neue Sachverhalte erfasst er/sie eher langsam.

8-17   Nach eingehender Übung kann er/sie Einzelheiten zueinander in Beziehung setzen und kommt zu einer gedanklichen Durchdringung des jeweiligen Lerninhaltes.

8-18   Sein/Ihr Gedächtnis kann leicht lernbare Strukturen und Fakten gut reproduzieren. Allerdings bereitet es dem/der Schüler/in Schwierigkeiten, das Gelernte auf neue Problemstellungen zu übertragen.

8-19   Seine/Ihre Fähigkeiten schätzt er/sie kritisch ein, ist aber bereit Aufgaben zu übernehmen, die seine/ihre Anstrengungsbereitschaft fordern.

8-20   Im mündlichen Unterricht arbeitet er/sie meist konzentriert mit.

8-21   Er/Sie erfasst grundlegende Sachverhalte rasch, jedoch werden durch seine/ihre zeitweise flüchtige Beobachtungsweise wesentliche Einzelheiten oft nicht wahrgenommen und gedanklich nicht verarbeitet.

8-22   Lerninhalte prägt er/sie sich teilweise zu mechanisch ein, sodass es ihm/ihr oft schwer fällt, Gelerntes in andere Problemsituationen adäquat anzuwenden.

8-23   Das Vorstellungsvermögen des/der Schüler/s/in ist noch stark an Anschauung gebunden.

8-24   Der/Die Schüler/in braucht einige Zeit, um neue Eindrücke zu verarbeiten, prägt sie sich dann aber gut ein.

8-25   Seine/Ihre Fantasie ist beherrscht.

8-26   Er/Sie zeigt sich im mündlichen und schriftlichen Ausdruck noch oft gehemmt.

8-27   Neue Eindrücke werden langsam verarbeitet, prägen sich dann aber sicher ein.

8-28   Lerninhalte prägt er/sie sich mechanisch ein, sodass es ihm/ihr schwer fällt, Gelerntes in anderen Situationen sinngemäß anzuwenden.

8-29   Er/Sie beobachtet zeitweise zu oberflächlich.

8-30   Da dem/der Schüler/in der Überblick noch fehlt, merkt er/sie sich nur viele Einzelheiten.

8-31   Seine/Ihre schriftlichen Arbeiten fertigt er/sie je nach Interessenlage gewissenhaft, übersichtlich und zielstrebig an.

8-32   Er/Sie bemüht sich sehr, Arbeiten zügig, selbstständig und ordentlich auszuführen.

8-33   Schriftliche Arbeiten erledigt er/sie zielstrebig und meist mit der nötigen Sorgfalt.

Gruppe 3

9-1   Auch geübte Lerninhalte prägt er/sie sich oft nur lückenhaft ein.

9-2   Die Lerninhalte aus dem Sachunterricht prägt er/sie sich nicht genau genug ein.

9-3   Das Wiederholen und Behalten vom Lernstoff fällt ihm/ihr schwer.

9-4   Er/Sie hat Schwierigkeiten, Wesentliches vom Unwesentlichen zu trennen.

9-5   Er/Sie ist zeitweise leicht ablenkbar.

9-6   Er/Sie ist konzentrationsschwach.

9-7   Er/Sie ist im Konkreten verhaftet.

9-8   Er/Sie ist an Anschauungen gebunden.

9-9   Er/Sie fasst langsam und häufig unsicher auf.

9-10   Er/Sie beobachtet nicht genau genug.

9-11   Es gelingt ihm/ihr noch nicht, sich für längere Zeit auf eine Sache zu konzentrieren.

9-12   Es fällt ihm/ihr schwer, sich auf längere Zeit zu konzentrieren.

9-13   Bei Misserfolgen braucht er/sie viel Verständnis und Zuspruch, um wieder motiviert an die schulische Arbeit heranzugehen.

9-14   Seine/Ihre unterrichtliche Mitarbeit unterliegt starken Schwankungen.

9-15   Im Urteilen scheint er/sie oft unsicher und schließt sich der Mehrheit der Kinder an.

9-16   Mit den Lerninhalten befasst er/sie sich nicht immer gründlich genug.

9-17   Seine/Ihre schriftlichen Arbeiten will er/sie eigenverantwortlich erledigen, überfordert sich dabei aber öfter selbst.

Besonderheiten der körperlichen Verfassung und der Schulverhältnisse

10-1   Der/Die Schüler/in ist ein/e umerzogene/r Linkshänder/in.

10-2   Er/Sie leidet unter einer Hörschwäche.

10-3   Er/Sie ist stark kurzsichtig.

10-4   Er/Sie ist ein/e Brillenträger/in.

10-5   Aufgrund seines/ihres Übergewichtes hat er/sie Schwierigkeiten bei allen sportlichen Betätigungen.

10-6   Er/Sie ist körperlich sehr zart und häufig krank.

10-7   Er/Sie leidet unter einer leichten Sprachstörung.

10-8   Er/Sie zeigt auffällige Reaktionen bei schlechten Leistungen.

10-9   Bei allen schriftlichen Aufgaben arbeitet er/sie mit großer Nervosität.

10-10 Er/Sie leidet an Asthma.

10-11 Er/Sie spricht undeutlich.

10-12 Er/Sie ist sehr ängstlich.

10-13 Er/Sie ist körperlich belastbar.

10-14 Er/Sie ist ein besonders guter Sportler.

10-15 Seine/Ihre sportlichen Leistungen sind hervorragend.

10-16 Er/Sie ist auffällig unruhig und nervös.

10-17 Er/Sie ist körperlich nicht belastbar.

10-18 Er/Sie wird vom Elternhaus sehr zum Lernen angehalten.

10-19 Er/Sie hat während seiner/ihrer Grundschulzeit mehrere Male die Schule gewechselt.

10-20 Seine/Ihre motorische Unruhe ist auffällig.

10-21 Die Feinmotorik des/der Schüler/s/in ist gut entwickelt.

10-22 Durch die Linkshändigkeit ergeben sich Schwierigkeiten.

10-23 Bei kleinen technischen Problemen ist sein/ihr Rat hilfreich.

10-24 Er/Sie verfügt über handwerkliche Grundfähigkeiten.

10-25 Er/Sie besitzt großes Handgeschick.

10-26 Er/Sie ist geschickt im Umgang mit Werkzeugen.

10-27 Er/Sie besitzt große Fingerfertigkeit.

10-28 Er/Sie ist manuell geschickt.

10-29 Er/Sie gebraucht seine/ihre Hände sehr geschickt.

10-30 Er/Sie löst gerne praktische Probleme in der Klasse.

10-31 Er/Sie verfügt über große Handgeschicklichkeit.

10-32 Er/Sie kann Farben nicht unterscheiden.

10-33 Er/Sie verwechselt ähnlich klingende Laute.

10-34 Er/Sie leidet an einer Sehschwäche.

10-35 Er/Sie leidet an einer Hörschwäche.

10-36 Er/Sie leidet an einer Sprachstörung.

10-37 Er/Sie hat ein starkes Übergewicht.

10-38 Er/Sie hat ein starkes Untergewicht.

10-39 Er/Sie ist körperlich sehr zart und nicht belastbar.

10-40 Er/Sie leidet unter Kreislaufstörungen.

10-41 Er/Sie ist sehr nervös und unkonzentriert.

10-42 Überstandene schwere Krankheiten zeigen noch Nachwirkungen.

10-43 Er/Sie leidet an Diabetes.

Leistungen
Deutsch

Gruppe 1

1-1   Der sprachliche Ausdruck ist altersgemäß.

1-2   Der/Die Schüler/in wendet sprachliche Normen richtig an.

1-3   Er/Sie hat eine blühende Fantasie im schriftlichen Ausdruck.

1-4   Er/Sie kann sich schriftlich klar und angemessen ausdrücken.

1-5   Er/Sie besitzt überwiegend sprachliche Fähigkeiten.

1-6   Er/Sie hat einen reichen Wortschatz und ein großes Begriffsvermögen.

1-7   Er/Sie ist im Rechtschreiben sicher.

1-8   Er/Sie kann sprachlich gut formulieren.

1-9   Er/Sie kann ausdrucksvoll vortragen.

1-10   Er/Sie hat eine ausdrucksreiche Sprache.

1-11   Er/Sie ist redegewandt.

1-12   Er/Sie kann kurze, interessante Referate halten.

1-13   Im Gebrauch der Sprache ist er/sie gewandt.

1-14   Sein/Ihr Gedächtnis für Wortbilder ist genau.

1-15   Seine/Ihre besondere Stärke liegt im Fachbereich Deutsch.

1-16   Er/Sie ist rechtschriftlich sehr sicher und drückt sich wortgewandt aus.

1-17   Er/Sie zeigt eine ausgeprägte Lesefreude und kann Erkenntnisse folgerichtig wiedergeben.

1-18   Er/Sie kann seine/ihre Meinung sehr präzise formulieren.

1-19   Seine/Ihre sprachliche Ausdrucksfähigkeit ist klar und differenziert.

1-20   Bei beherrschter Fantasie zeigt er/sie im mündlichen und schriftlichen Ausdruck viel Einfallsreichtum.

1-21   Er/Sie liest sehr viel und ist deshalb auf verschiedenen Wissensgebieten gut informiert.

1-22   Aufsätze schreibt er/sie mit viel Fantasie.

1-23   Er/Sie schreibt fantasievolle Geschichten mit lebendigem Wortschatz und gutem Sprachempfinden.

1-24   Er/Sie ist redegewandt und kann seine/ihre Meinung überzeugend vertreten.

1-25   Sprachlich drückt er/sie sich klar und differenziert aus.

1-26   Er/Sie zeigt Fantasie und sicheres Sprachempfinden beim Schreiben eigener Geschichten.

1-27   Sprachregeln erfasst er/sie schnell.

1-28 Beim Erzählen von Geschichten zeigt er/sie viel Fantasie und einen differenzierten Wortschatz.

1-29 Der/Die Schüler/in liest sehr viel und ist auf vielen Wissensgebieten gut informiert.

1-30 Hervorzuheben ist seine/ihre große Sicherheit im Rechtschreiben.

1-31 Der/Das fantasievolle Junge/Mädchen weiß sich gewandt und mit umfangreichem Wortschatz mündlich auszudrücken.

1-32 Der/Die Schüler/in besitzt einen umfangreichen Wortschatz und ein sicheres Gefühl für die Sprachstruktur.

1-33 Selbst erlebte Geschichten schreibt er/sie mit viel Fantasie.

1-34 Seine/Ihre Stärke liegt im sprachlichen Bereich. Hier schreibt er/sie Geschichten mit geordneter Fantasie und gedanklicher Tiefe bei ausgewogenem, lebendigem Wortschatz.

1-35 Sprachlich drückt er/sie sich klar und differenziert aus und zeigt Fantasie beim Entwurf eigener Geschichten.

1-36 Sprachregeln erfasst er/sie schnell und sicher.

1-37 Geschichten schreibt _____ mit viel Fantasie und differenziertem Wortschatz.

1-38 Er/sie verfügt über einen differenzierten Wortschatz, den er/sie mit sicherem Sprachgefühl einsetzt, wobei er/sie die Fähigkeit zu kreativer Gedankenbildung beweist.

1-39 Der sprachliche Ausdruck wirkt in seiner Gesamtheit flüssig und fantasievoll.

1-40 Er/Sie besitzt einen umfangreichen aktiven Wortschatz und versteht diesen auch richtig anzuwenden.

1-41 Er/Sie besitzt einen umfangreichen Wortschatz, den er/sie auch anzuwenden versteht.

1-42 Hervorzuheben ist seine/ihre große Sicherheit im Rechtschreiben.

Gruppe 2

2-1 Eine Rechtschreibschwäche beeinträchtigt die schriftlichen Leistungen.

2-2 Er/Sie verfügt über einen durchschnittlichen Wortschatz, den er/sie richtig anwendet.

2-3 Der Wortschatz ist altersgemäß, die Fantasie beherrscht.

2-4 Im schriftlichen Sprachgebrauch zeigt er/sie großen Leistungswillen, gerät aber durch seine/ihre Rechtschreibschwäche an die Grenze seiner/ihrer Belastbarkeit.

2-5 Schwierigkeiten bereitet ihm/ihr das Rechtschreiben.

2-6 In der Rechtschreibung ist er/sie relativ sicher.

2-7   Im schriftlichen Sprachgebrauch schweift er/sie zuweilen vom klaren Handlungsablauf ab und lässt seiner/ihrer Fantasie freien Raum.

2-8   Es gelingt dem/der Schüler/in noch nicht immer, seine/ihre Gedanken zielgerichtet und sprachlich gewandt zu formulieren.

2-9   Er/Sie entwickelt immer mehr Verständnis für Struktur und Aufbau der Sprache.

2-10   Der sprachliche Ausdruck sowie der angewandte Wortschatz sind altersgemäß.

2-11   Sein/Ihr Wortschatz ist seinem/ihrem Alter gemäß, sprachlich drückt er/sie sich fantasievoll und geschickt aus.

2-12   Im schriftlichen Sprachgebrauch hält er/sie sich genau an die gemeinsam erarbeiteten Gestaltungsvorschläge. Es gelingt ihm/ihr noch nicht, seine/ihre Gedanken sprachlich gewandt zu formulieren.

2-13   Obwohl er/sie über einen umfangreichen Wortschatz verfügt, hat er/sie noch Schwierigkeiten, seine/ihre Gedanken prägnant und flüssig zu verbalisieren.

2-14   Im Bereich des schriftlichen Sprachgebrauchs hat er/sie Schwierigkeiten, ein Thema in sich geschlossen und für den Leser interessant auszuformulieren.

2-15   Der/Das fantasievolle Junge/Mädchen weiß sich mit umfangreichem Wortschatz und großer Gewandtheit mündlich auszudrücken. Im schriftlichen Bereich gelingt es ihm/ihr noch nicht, das Wesentliche kurz und klar zu formulieren.

2-16   Er/Sie weiß sich klar und folgerichtig auszudrücken, wenn es um sachliche Zusammenhänge geht. Es fehlt ihm/ihr jedoch an Fantasie und Einfühlungsvermögen bei der sprachlichen Bewältigung erlebnisbetonter Inhalte.

Gruppe 3

3-1   Im schriftlichen und mündlichen Gebrauch der Sprache fehlt es ihm/ihr an Gewandtheit.

3-2   Beim schriftlichen Sprachgebrauch verfügt er/sie noch über zu wenig Sprachgewandtheit und grammatikalischer Sicherheit, um sich treffend auszudrücken.

3-3   Er/Sie zeigt sich im mündlichen Ausdruck oft gehemmt.

3-4   Es fehlt ihm/ihr an Gewandtheit im Gebrauch der Sprache.

3-5   Er/Sie verfügt über einen geringen Wortschatz.

3-6   Er/Sie hat bei schriftlichen Formulierungen Schwierigkeiten.

3-7   Er/Sie zeigt Unsicherheiten in der Grammatik.

3-8   Im schriftlichen Ausdruck mangelt es oft an Folgerichtigkeit.

3-9   Unsicherheit zeigt _____ in der Rechtschreibung.

3-10   Im schriftlichen Sprachgebrauch bemüht sich der/die Schüler/in gemeinsam erarbeitete Gestaltungsvorschläge umzusetzen; er/sie verfügt aber noch über zu wenig Sprachgewandtheit.

Mathematik

Gruppe 1

4-1   Die Grundrechnungsarten beherrscht er/sie.

4-2   Lösungswege findet er/sie selbstständig.

4-3   Der/Die Schüler/in verfügt über mathematische Fähigkeiten.

4-4   Er/Sie kann Aufgaben mit komplexer Struktur selbstständig lösen.

4-5   Er/Sie findet eigene Lösungswege.

4-6   Die Zahlvorstellung ist gut entwickelt.

4-7   Er/Sie kann folgerichtig denken.

4-8   Er/Sie erkennt mathematische Zusammenhänge.

4-9   Er/Sie kann logisch denken.

4-10   Er/Sie ist fähig, bei Sachaufgaben Gleichungen mit einer Unbekannten selbst aufzustellen.

4-11   Er/Sie ist sicher und flott beim mechanischen Rechnen.

4-12   Er/Sie durchschaut graphisch dargestellte mathematische Aufgaben.

4-13   Er/Sie kann Lösungswege von ähnlichen Aufgaben übertragen.

4-14   Er/Sie kann vergleichen und einordnen.

4-15   Er/Sie fasst Sachaufgaben schnell und gründlich auf.

4-16   Er/Sie erfasst Gesetzmäßigkeiten.

4-17   Er/Sie ist selbstständig beim Finden von Lösungswegen.

4-18   Seine/Ihre Begabung liegt mehr auf mathematischem Gebiet.

4-19   Er/Sie verfügt über gute mathematische Fähigkeiten.

4-20   Auf mathematischem Gebiet fasst er/sie rasch und sicher auf und beweist logisches Denkvermögen.

4-21   Er/Sie beherrscht die Grundrechnungsarten sicher und findet bei Sachaufgaben selbstständig Lösungswege.

4-22   Er/Sie ist schnell und sicher beim Kopfrechnen.

4-23   _____ kann schnell und sicher kopfrechnen und erkennt bei Sachaufgaben rasch logische Zusammenhänge.

4-24   Motiviert wendet er/sie sich schwierigen Sachaufgaben zu und löst gerne komplexe Rechenprobleme.

4-25   Mathematische Probleme löst er/sie eifrig und mit logischem Verstand.

4-26 Sein/Ihr Leistungsschwerpunkt liegt eindeutig auf mathematischem Gebiet: Hier erkennt er/sie ohne Schwierigkeiten mathematische Zusammenhänge und kann seine/ihre Abstraktions- und Kombinationsfähigkeit anwenden.

4-27 Er/Sie zeigt eine sichere Rechenfertigkeit.

4-28 Im mathematischen Bereich fasst er/sie rasch und sicher auf und beweist logisch gegliedertes, umfassendes Denkvermögen.

4-29 An mathematische Probleme geht er/sie bedacht heran, beweist dabei geordnetes, sachbezogenes Denken und richtige Durchführung der Rechenoperationen.

4-30 Bei mathematischen Aufgaben erfasst er/sie das Problem rasch und findet selbstständige Lösungswege.

4-31 In Mathematik beherrscht er/sie die Grundrechnungsarten und kann bei Sachaufgaben eigenständig Lösungswege finden.

4-32 Sein/Ihr Leistungsschwerpunkt liegt eindeutig auf mathematischem Gebiet. Hier erkennt er/sie ohne Schwierigkeiten logische Zusammenhänge und kann seine/ihre Abstraktions- und Kombinationsfähigkeit anwenden.

4-33 Im mathematischen Bereich durchschaut der/die vor allem bei schriftlichen Leistungsnachweisen voll konzentriert arbeitende Schüler/in auch komplexere Aufgabenstellungen rasch und kommt selbstständig und zügig zur richtigen Lösung.

4-34 Der/Die konzentriert arbeitende Schüler/in durchschaut auch komplexere Sachaufgaben rasch und kommt selbstständig und zügig zu richtigen Lösungen.

Gruppe 2

5-1 Im mathematischen Bereich zeigt er/sie sichere Rechenfertigkeit; es gelingt ihm/ihr meist, auch komplexere Aufgabenstellungen in ihren logischen Zusammenhängen zu erfassen.

5-2 In Mathematik werden Aufgaben, die nach einem eingeübten Schema zu lösen sind, in der Regel gut bewältigt. Bei Aufgaben mit gesteigertem Schwierigkeitsgrad braucht der/die Schüler/in noch Hilfestellung.

5-3 Er/Sie hat Schwierigkeiten, die Fragen bei Sachaufgaben herauszufinden.

5-4 Er/Sie rechnet schnell, aber zu flüchtig.

5-5 Anspruchsvolle Sachaufgaben machen ihm/ihr Schwierigkeiten.

5-6 In Mathematik muss er/sie langsamer und konzentrierter arbeiten, um vermeidbare Leichtsinnsfehler abzustellen.

| 5-7 | Mathematische Sachverhalte fasst er/sie bedächtig auf, er/sie denkt dann geordnet und findet selbst Lösungswege. |

5-7 Mathematische Sachverhalte fasst er/sie bedächtig auf, er/sie denkt dann geordnet und findet selbst Lösungswege.

5-8 An mathematische Probleme geht er/sie bedacht heran, kann aber dann die Rechenoperationen verlässlich durchführen.

5-9 In Mathematik zeigt er/sie sich anstrengungsbereit und gleicht damit Unsicherheiten bei rechnerischen Abläufen aus.

5-10 Die Grundrechnungsarten beherrscht er/sie sehr sicher, es fällt ihm/ihr dagegen schwer, komplexere Sachaufgaben ohne Hilfestellung zu lösen.

5-11 Es gelingt ihm/ihr meist, auch komplexere Aufgabenstellungen in ihren logischen Zusammenhängen zu erfassen.

5-12 In Mathematik werden Aufgaben, die nach einem eingeübten Schema zu lösen sind, in der Regel gut bewältigt. Bei Aufgaben mit gesteigerter Schwierigkeit braucht der/die Schüler/in noch Hilfestellung.

5-13 In Mathematik hält er/sie sich lieber an vorgegebene Lösungswege, als eigene zu suchen.

5-14 Er/Sie beschäftigt sich gern mit mathematischen Aufgaben und findet zunehmend Sicherheit im selbstständigen Lösen eines Rechenproblems bei geordneter, logischer Denkweise.

5-15 Im mathematischen Bereich sind bei der Erarbeitung von Lösungsstrategien gelegentlich noch unterstützende Impulse notwendig.

Gruppe 3

6-1 Beim Lösen von Sachaufgaben bedarf es häufig unterstützender Impulse.

6-2 Mathematisches Denken fällt ihm/ihr schwer.

6-3 Er/Sie muss zu lange bei den Einmaleins-Aufgaben überlegen.

6-4 Er/Sie braucht genaue Anweisung, um mathematische Aufgaben lösen zu können.

6-5 In Mathematik hat er/sie mit großen Schwierigkeiten zu kämpfen.

6-6 Bei Sachaufgaben benötigt er/sie oft Hilfe, um einen richtigen Lösungsweg zu finden.

Sachunterricht

Gruppe 1

7-1 Am Sachunterricht nimmt er/sie interessiert teil und beobachtet genau.

7-2 Er/Sie kann früher erkannte Sachzusammenhänge transferieren.

7-3 Der/Die Schüler/in beobachtet genau und anhaltend bei Versuchen.

7-4 Er/Sie trennt Wesentliches vom Unwesentlichen.

7-5 Er/Sie hat ein gutes Gedächtnis für Sachstoffe.

7-6 Er/Sie bringt Sachstoffen besonderes Interesse entgegen.

7-7 Logische Zusammenhänge werden erfasst.

7-8 Er/Sie macht eigene kleine physikalische Versuche.

7-9 Er/Sie kann sich schnell auf geographischen Karten orientieren.

7-10 Er/Sie zeigt besonderes Interesse für alle chemischen und physikalischen Themen.

7-11 Er/Sie bereichert den Unterricht durch eigene Beiträge.

7-12 Er/Sie interessiert sich besonders für biologische Themen.

7-13 Großes Interesse hat er/sie an allen Sachkundethemen.

7-14 Im Sachunterricht liefert er/sie treffende Beiträge.

7-15 Er/Sie ist besonders interessiert an sozialen Inhalten und Sachzusammenhängen in Biologie.

7-16 Er/Sie bringt im Sachunterricht bereichernde, oft kritische Beiträge und kann sachlich argumentieren.

7-17 Der/Die Schüler/in ist grundsätzlich interessiert an Sachzusammenhängen, besonders im Bereich der Technik.

7-18 Bei technischen Dingen verfügt er/sie über ein ausgeprägtes Detailwissen und kann Inhalte folgerichtig wiedergeben.

7-19 Besonders interessiert ist er/sie an sozialen Inhalten im Sachunterricht.

7-20 Mit beachtlicher Eigeninitiative vertieft er/sie sein/ihr sachkundliches Wissen durch Lesen vieler Sachbücher.

7-21 Im Sachunterricht erfasst er/sie die gedanklichen Zusammenhänge und kann diese gut verbalisieren und begründen.

7-22 Durch sein/ihr waches Interesse mit häufigen Fragestellungen hat er/sie sich ein beachtliches Allgemeinwissen erworben.

7-23 Der/Die kritische Schüler/in bezieht bei Sachverhalten Stellung und hinterfragt diese.

7-24 Sachliche Zusammenhänge kann er/sie klar und folgerichtig erklären.

7-25 In Bereichen der Wissenschaft und Technik hat er/sie ein großes Detailwissen und kann die Inhalte folgerichtig wiedergeben.

7-26 Im Sachunterricht beobachtet er/sie differenziert und planvoll.

7-27 Am Sachunterricht nimmt er interessiert teil und beobachtet differenziert.

7-28 Großes Interesse zeigt er/sie für den Sachunterricht.

Gruppe 2

8-1   Den Sachunterricht bereichert er/sie durch sein/ihr umfangreiches Sach- und Allgemeinwissen, versteht es jedoch noch nicht, diese Kenntnisse in schriftlichen Leistungsnachweisen entsprechend einzubringen.

8-2   Er/Sie schafft es zunehmend, Gelerntes im neuen Kontext anzuwenden.

8-3   Am Sachunterricht nimmt er/sie mit unterschiedlich großem Interesse teil.

Gruppe 3

9-1   Es fällt ihm/ihr schwer, erkannte Sachzusammenhänge zu transferieren.

9-2   Bei der Durchführung von Versuchen fehlt es ihm/ihr an Durchhaltevermögen.

9-3   Er/Sie hat es noch nicht gelernt, differenziert und planvoll zu beobachten, sondern zeigt sich hierbei oft zu oberflächlich.

Musische Fächer

Allgemein

10-1   In den musischen Fächern zeigt er/sie Ideenreichtum und freudige Mitarbeit.

10-2   In den musischen Fächern zeigt er/sie Ideenreichtum und Geschick.

10-3   Er/Sie zeigt viel Kreativität in musischen Bereichen.

10-4   Bei allen musischen Fächern zeigt er/sie Freude und großen persönlichen Einsatz.

Musik

11-1   Hervorzuheben ist seine/ihre schöne Singstimme. Im Umgang mit dem Orffinstrumentarium zeigt er/sie rhythmische Sicherheit.

11-2   Er/Sie hat ein ausgeprägtes rhythmisches Gefühl.

11-3   Seine/Ihre Neigung gehört der Musik; er/sie spielt mit Freude einfache instrumentale Begleitung zu Liedern.

11-4   Er/Sie singt mit Freude im Schulchor mit.

11-5   Im Umgang mit den Orffinstrumenten zeigt der/die Schüler/in ein sicheres Rhythmusgefühl.

11-6   Er/Sie spielt rhythmisch sicher auf den Orffinstrumenten und verfügt über eine schöne Singstimme.

11-7 _____ ist ein überdurchschnittlich musikalische/r/s Junge/ Mädchen.

11-8 Mit großem Eifer spielt _____ Blockflöte.

11-9 Auf musischem Gebiet zeigt er/sie viel Einfühlsamkeit und kreativen Einsatz.

11-10 Besondere Neigung zeigt er/sie für das Fach Musik; er/sie spielt mit Flöte oder Stabspielen gerne instrumentale Begleitung zu Liedern und singt mit Freude.

11-11 Großes Interesse zeigt er/sie am Musikunterricht, hier spielt er/sie rhythmisch sicher auf den Orffinstrumenten und verfügt über eine schöne Singstimme.

11-12 _____ ist ein überdurchschnittlich musikalisch begabte/r/s Junge/Mädchen. Er/Sie spielt technisch sicher Flöte und stellt sein/ihr fortgeschrittenes Klavierspiel immer wieder bei Konzerten unter Beweis.

Sport

12-1 Der/Die Schüler/in weiß seine/ihre Körperkraft im Sport geschickt einzusetzen.

12-2 Seine/Ihre besondere Neigung gilt dem Sportunterricht.

12-3 An sportlichen Aktivitäten nimmt er/sie mit großem Einsatz teil.

12-4 Hervorragend sind seine/ihre Erfolge im Geräteturnen.

12-5 Er/Sie ist sehr ausdauernd im Sport.

12-6 Er/Sie zeigt hervorragende Leistungen in der Leichtathletik.

12-7 Seine/Ihre Bewegungen wirken gewandt und gut koordiniert.

12-8 Er/sie zeigt Freude an körperlichen Betätigungen.

12-9 Er/Sie zeigt Interesse an Tätigkeiten, die körperliche Fertigkeiten erfordern.

12-10 Die körperliche Geschicklichkeit des/der Schüler/s/in ist groß.

12-11 Die motorische Koordination ist gut entwickelt.

12-12 Er/Sie beherrscht seine/ihre Körperbewegungen.

Kunst/Werken

13-1 Er/Sie ist manuell sehr geschickt.

13-2 Er/Sie malt fantasievolle, farbenfrohe Bilder.

13-3 Seine/Ihre besondere Neigung gilt dem Werkunterricht.

13-4 Besonders gern malt er/sie Bilder, in denen er/sie seiner/ihrer Fantasie freien Lauf lassen kann.

13-5 Seine/Ihre Zeichnungen fertigt er/sie sehr farbenfroh und fantasievoll an.

Literaturverzeichnis

Ammer C., Buggle F., Wetzel H., Wilhelm M., Veränderung von Schülerverhalten. Urban und Schwarzenberg, München 1976.
Bartnitzky, H., Christiani, R., Zeugnisschreiben in der Grundschule, Agentur Dieck, Heinsberg 1994.
Besser H., Wöbcke M., Ziegenspeck J., Der Schülerbeobachtungsbogen. Westermann, Braunschweig 1977.
Blackham, G., Der auffällige Schüler. Beltz, Weinheim 1979.
Bolscho, D., Beurteilen in der Grundschule. Urban und Schwarzenberg, München 1979.
Braun, A., Erwartungen und Perspektiven von Schulanfängern. Pilotstudie. In: Empirische Pädagogik, 1987, 1, S. 53 – 59.
Brem-Gräser L., Familie in Tieren, Reinhardt, München 1995.
Brezinka, W., Tüchtigkeit – Analyse und Bewertung eines Erziehungsziels. Reinhardt, München, Basel 1987.
Deutscher Bildungsrat. Gutachten und Studien der Bildungskommission. Klett, Stuttgart 1972.
Dreikurs R., Cassel P., Disziplin ohne Strafe. Maier, Ravensburg 1984.
Dumke, D., Die Auswirkungen von Lehrererwartungen auf Schülerleistungen und die Schülerbeurteilung, in: Blätter für Lehrerfortbildung 7/8, 33. Jahrgang. Ehrenwirth, München 1981.
Empfehlungen der Kultusministerkonferenz zur Arbeit in der Grundschule, KWMBl Nr. 21/1994.
Engelmayer, O., Das Soziogramm in der modernen Grundschule. Ehrenwirth, München 1970.
Fend, H., Gesellschaftliche Bedingungen schulischer Sozialisation. Beltz, Weinheim 1976.
Gaude, P., Beobachten, Beurteilen und Beraten von Schülern. Diesterweg 1989.
Gordon, T., Familienkonferenz. Hoffmann und Campe, Hamburg 1995.
Grell, J., Techniken des Lehrerverhaltens. Beltz, Weinheim 1990.
Grzesik, J., Fischer, M., Was leisten Kriterien für die Aufsatzbeurteilung? Opladen Westdeutscher Verlag, Opladen 1984.
Hanke, B., Lohmöller, J.-B., Mandl, H., Schülerbeurteilung in der Grundschule (ppf-Forschungen). Oldenbourg, München 1980.
Heim, D., Lehrer begegnen Eltern. Urban und Schwarzenberg, München 1977.
Heller, K. (Hrsg.), Leistungsbeurteilung in der Schule. Quelle und Meyer, Heidelberg 1974.
Hofer, M., Die Schülerpersönlichkeit im Urteil des Lehrers. Beltz, Weinheim 1970.
Hofer, M., Sozialpsychologie erzieherischen Handelns. Hogrefe, Göttingen, Toronto, Zürich, 1986.
Ingenkamp, K., Horn, R., Jäger, R. (Hrsg.), Tests und Trends. Jahrbücher der Pädagogischen Diagnostik. 6 Bände erschienen. Beltz, Weinheim 1982 – 1987.
Ingenkamp, K., Diagnostik in der Schule. Beltz, Weinheim 1989.
Janowski, A., Fittkau, B., Rauer, W., Beurteilungshilfen für den Lehrer, Westerham, Göttingen 1994.
Klauer, K.-J. (Hrsg.), Handbuch der Pädagogischen Diagnostik. Düsseldorf 1978.
Kleber, E., Meister, H., Schwarzer, C., Schwarzer, R., Beurteilung und Beurteilungsprobleme, Beltz, Weinheim 1976.
Kormann, A. (Hrsg.), Beurteilen und Fördern in der Erziehung. Orientierungshilfen bei Schulproblemen. Müller, Salzburg 1987.
Kutscher, J. (Hrsg.), Beurteilen und verurteilen. Urban und Schwarzenberg, München 1977.
Lehrplan für die Grundschule. Maiß, München 2000.
Lübke, S., Schule ohne Noten. Leske + Budrich, Obladen 1991.
Mees, U., Selb, H. (Hrsg.), Verhaltensbeobachtung und Verhaltensmodifikation. Klett, Stuttgart 1977.
Meyer, P., Beurteilung und Auslese in der Schule. Schweizerische Koordinationsstelle, Aarau 1994.
Mierke, K., Konzentrationsfähigkeit und Konzentrationsschwäche. Klett, Stuttgart 1966.
Rosenthal, R., Jakobsen, L., Pygmalion im Unterricht. Beltz, Weinheim 1971.
Sacher, W., Prüfen und Beurteilen. Klinkhardt, Bad Heilbrunn 1996.
Sanger, J., Der vollkommene Beobachter. Studienverlag, Innsbruck 1998.
Schiefele, H., Motivation im Unterricht. Ehrenwirth, München 1963.
Schönig, W., Vom Sinn und von den Grenzen einer Beratung in der Schule. In: Die Deutsche Schule, 1986, 1, S. 16 – 27.
Schwarzer, C., Praxis der Schülerbeurteilung, Kösel, München 1979.
Singer, K., Verhindert die Schule das Lernen? Ehrenwirth, München 1983.
Singer, K., Maßstäbe für eine humane Schule. Fischer, Taschenbuch 1981
Steinhorst, H., Schülerbeurteilung als pädagogische Aufgabe des Lehrers. In: Blätter für Lehrerfortbildung 7/8 33. Jahrgang. Ehrenwirth, München 1981.
Stritzke, R., Schüler kennen und beurteilen, Auer, Donauwörth 1991.
Ulich, D., Mertens, W., Urteile über Schüler, Beltz, Weinheim 1979.
Weigert, H., Weigert, E., Schülerbeobachtung. Ein pädagogischer Auftrag. Beltz, Weinheim/Basel 1993.
Ziegenspeck, J., Fehlarten und Mängel bei der Zensurengebung, in: Blätter für Lehrerfortbildung 7/8 33. Jahrgang. Ehrenwirth, München 1981.